劳动关系协调员
（一级）

中国就业培训技术指导中心　组织编写

中国劳动社会保障出版社

图书在版编目(CIP)数据

劳动关系协调员：一级/中国就业培训技术指导中心组织编写. -- 北京：中国劳动社会保障出版社，2020

ISBN 978-7-5167-4743-8

Ⅰ.①劳… Ⅱ.①中… Ⅲ.①劳动关系-中国-职业培训-教材 Ⅳ.①F249.26

中国版本图书馆 CIP 数据核字（2020）第 255898 号

中国劳动社会保障出版社出版发行

（北京市惠新东街 1 号 邮政编码：100029）

*

北京市艺辉印刷有限公司印刷装订 新华书店经销
787 毫米×1092 毫米 16 开本 19.75 印张 250 千字
2020 年 12 月第 1 版 2020 年 12 月第 1 次印刷

定价：**68.00** 元

读者服务部电话：（010）64929211/84209101/64921644
营销中心电话：（010）64962347
出版社网址：http://www.class.com.cn

版权专有 侵权必究

如有印装差错，请与本社联系调换：（010）81211666
我社将与版权执法机关配合，大力打击盗印、销售和使用盗版图书活动，敬请广大读者协助举报，经查实将给予举报者奖励。

举报电话：（010）**64954652**

编审委员会

主　任　聂生奎　刘　康　郑东亮
委　员　葛恒双　徐　艳　唐　鑛　刘　燕　王文珍
　　　　曹可安　阴漫雪　黄　昆　陈玉杰　郑海涛
　　　　仲艳平

本书编写人员

主　编　郑东亮　唐　鑛
副主编　徐　艳　汪　鑫
编　者　王冠迪　刘　兰　刘　江　刘　海　卢衍江
　　　　李　桃　李　潇　李劭劼　朱明伟　陈玉杰
　　　　冷宜臻　汪　鑫　郑东亮　郑海涛　周亚颖
　　　　赵　楠　徐　艳　嵇月婷　童　欣　焦　杨
　　　　雷晓天

出版前言

为促进和谐劳动关系建设，培养专业化、高素质的劳动关系协调员队伍，推动劳动关系协调员职业培训和职业技能等级认定工作的开展，我们组织国内高等院校、科研机构和企业界的有关专家，根据新修订的《劳动关系协调员国家职业技能标准（2019年版）》（以下简称《标准》），编写了劳动关系协调员职业技能等级认定培训教程（以下简称教程）。

教程以《标准》为依据，突出"以职业活动为导向，以职业能力为核心"的指导思想。在结构上针对我国劳动关系协调工作的职业活动领域，按照模块化的方式进行编写，包括《劳动关系协调员（基础知识）》《劳动关系协调员（四级）》《劳动关系协调员（三级）》《劳动关系协调员（二级）》《劳动关系协调员（一级）》《劳动关系协调员（常用法律手册）》。教程体现了理论性和实践性的统一、系统性和实用性的统一。在介绍相关理论知识的同时，立足于我国劳动关系协调工作的实际，通过"复习思考题"及"案例分析题"引导读者思考实际问题，提高解决问题的能力。在兼顾教程系统性和整体性的同时，通过"延伸阅读"拓宽读者的知识面。本套教程的适用对象为企业、工会和政府部门等从事劳动关系协调工作的人员，以及大中专院校学生，并适用于劳动关系协调员的相关技能培训，是职业技能等级认定的推荐辅导用书。

教程由中国劳动和社会保障科学研究院党委书记、副院长郑东亮及中国人民大学劳动人事学院教授唐鑛任主编，中国劳动和社会保障科学研究院职业与技能研究室主任徐艳、汪鑫博士任副主编。参与编写和审稿工作的人员有：王冠迪、刘兰、刘江、刘海、卢衍江、李桃、李潇、李劭劼、朱明伟、陈玉杰、冷宜臻、汪鑫、郑东亮、郑海涛、周亚颖、赵楠、徐艳、嵇月婷、童欣、焦杨、雷晓天等。此外，刘福平、孙瑜香、赵碧倩、王茹茵、刘亚萱、刘灏、赵梓瑾、徐小雯、康岱哲等也参加了《劳动关系协调员（常用法律手册）》的编写和审稿工作。汪鑫和陈玉杰负责全套教程的统稿和校稿工作。

尽管秉承严谨规范的态度，但由于认知水平有限，本套教程难免存在一些不足之处，希望读者和学界同仁批评指正，来信请发至邮箱 calsszys@163.com。在此感谢中国劳动社会保障出版社为教程的出版所做的努力和辛苦付出！

郑东亮

2020 年 9 月

目　　录

第一章　劳动标准管理 …………………………………………（ 1 ）

　学习目标 ………………………………………………………（ 1 ）

　第一节　劳动标准的实施 ……………………………………（ 2 ）

　　第一单元　影响劳动标准实施的因素分析 …………………（ 2 ）

　　第二单元　国际劳工标准 ……………………………………（ 11 ）

　第二节　用人单位劳动标准的完善 …………………………（ 23 ）

　　第一单元　劳动标准调整的影响因素 ………………………（ 23 ）

　　第二单元　用人单位劳动标准与单位发展战略 ………（ 32 ）

　第三节　企业社会责任报告的编制 …………………………（ 38 ）

　相关法律法规 …………………………………………………（ 52 ）

　复习思考题 ……………………………………………………（ 52 ）

　案例分析题 ……………………………………………………（ 53 ）

第二章　劳动合同管理 …………………………………………（ 55 ）

　学习目标 ………………………………………………………（ 55 ）

　第一节　劳动合同的订立 ……………………………………（ 55 ）

　第二节　劳动合同的履行和变更 ……………………………（ 73 ）

　第三节　劳动合同的解除、终止和续订 ……………………（ 81 ）

　　第一单元　劳动合同的解除 …………………………………（ 81 ）

　　第二单元　劳动合同的终止和续订 …………………………（ 88 ）

　相关法律法规 …………………………………………………（ 90 ）

　复习思考题 ……………………………………………………（ 90 ）

案例分析题 …………………………………………………（ 91 ）

第三章　集体协商与集体合同管理 ……………………（ 93 ）

学习目标 ……………………………………………………（ 93 ）
第一节　集体协商的组织开展 ……………………………（ 94 ）
　　第一单元　集体协商概述 ……………………………（ 94 ）
　　第二单元　区域性、行业性集体协商 ………………（112）
第二节　集体合同的订立和履行 …………………………（130）
　　第一单元　集体协商的评估与改进 …………………（130）
　　第二单元　区域性、行业性集体合同 ………………（143）
相关法律法规 ………………………………………………（152）
复习思考题 …………………………………………………（152）
案例分析题 …………………………………………………（153）

第四章　劳动规章制度管理 ……………………………（155）

学习目标 ……………………………………………………（155）
第一节　劳动规章制度的制定 ……………………………（157）
　　第一单元　劳动规章制度概述 ………………………（157）
　　第二单元　劳动规章制度的内容和制定程序 ………（171）
第二节　劳动规章制度的实施与评估 ……………………（185）
　　第一单元　劳动规章制度的实施 ……………………（185）
　　第二单元　劳动规章制度的评估 ……………………（191）
相关法律法规 ………………………………………………（200）
复习思考题 …………………………………………………（201）
案例分析题 …………………………………………………（201）

第五章　企业民主管理 …………………………………（203）

学习目标 ……………………………………………………（203）
第一节　劳企协商管理 ……………………………………（204）

第一单元　劳企协商成果的评估 …………………（204）
　　第二单元　劳动关系氛围 ………………………（210）
　第二节　职工代表大会管理 …………………………（216）
　第三节　厂务公开管理 ………………………………（220）
　第四节　职工董事监事管理 …………………………（230）
　第五节　新型民主参与制度 …………………………（237）
　相关法律法规 …………………………………………（247）
　复习思考题 ……………………………………………（247）
　案例分析题 ……………………………………………（248）

第六章　劳动争议处理 ……………………………………（249）

　学习目标 ………………………………………………（249）
　第一节　劳动争议的预防 ……………………………（250）
　第二节　劳动争议的协商和调解 ……………………（261）
　　第一单元　劳动争议协商 ………………………（261）
　　第二单元　劳动争议调解 ………………………（268）
　第三节　劳动争议的仲裁和诉讼 ……………………（273）
　　第一单元　劳动争议仲裁 ………………………（273）
　　第二单元　劳动争议诉讼 ………………………（277）
　第四节　冲突管理 ……………………………………（280）
　　第一单元　劳动关系重大事件的处理 …………（280）
　　第二单元　冲突管理系统建设 …………………（287）
　相关法律法规 …………………………………………（299）
　复习思考题 ……………………………………………（299）
　案例分析题 ……………………………………………（300）

参考文献 ……………………………………………………（302）

第一章 劳动标准管理

 学习目标

1. 掌握影响用人单位劳动标准实施的主要因素，熟悉我国基本劳动标准的地方差异，了解用人单位劳动标准实施中存在问题的汇总方法，掌握制定用人单位劳动标准的程序。

2. 熟悉国际劳工标准的概念和内容，了解我国实施核心劳工标准情况。

3. 掌握用人单位必须修改或调整劳动标准的情形，熟悉用人单位劳动标准适当性的主要判断依据和分析方法，掌握影响工资标准调整的主要因素。

4. 熟悉调整或修改用人单位劳动标准应注意的问题。

5. 熟悉用人单位劳动标准与单位发展战略之间的关系。

6. 掌握制定或调整薪酬和福利标准时应注意的问题。

7. 了解全球化对用人单位劳动标准实施的挑战，以及企业社会责任运动与用人单位劳动标准的实施。

8. 熟悉企业社会责任报告的概念和编制流程，以及我国企业社会责任问题与应对策略。

第一节　劳动标准的实施

第一单元　影响劳动标准实施的因素分析

 知识要求

一、影响用人单位劳动标准实施的主要因素

（一）劳动标准的概念

劳动标准是指对劳动领域内的重复性事物、概念和行为进行规范，以定性形式或者以定量形式所作出的统一规定。它以涉及劳动领域的自然科学、社会科学和实践经验的综合成果为基础，经有关方面协商一致并决定，或由有关方面批准，以多种形式发布，作为共同遵守的准则和依据。

用人单位劳动标准是指劳动关系双方共同遵守的劳动方面的办事规程或行为规则。用人单位劳动标准是国家、行业、地方劳动标准的延伸和细化，是劳动力市场主体——用人单位和劳动者双方或用人单位单方以国家、行业、地方劳动标准为基础，针对本单位实际情况而制定的劳动标准。用人单位劳动标准仅适用于用人单位范围内的全体劳动者。

（二）用人单位制定劳动标准的方式

1. 集体合同

通过集体合同形成劳动标准是用人单位内部自发形成劳动标准的一种方式，主要指工会或者职工代表在与用人单位进行协商谈判的基础上签订集体合同，通过集体合同确定用人单位的劳动标准，从而更好地保护用人单位劳动者的各方面权益。用人单位集体合同的约束范围包括本用人单位的所有劳动者，以及未来加入本用人单位的劳动者。集体合同中的劳动标准主要包括工资标准、工时标准（包括休息休假标准）、劳动安全卫生标准、社会

保险标准等。关于集体合同的具体要求详见本教程相关章节。

2. 劳动规章制度

用人单位劳动规章制度是用人单位制定劳动标准的一种主要方式。用人单位劳动规章制度中形成的劳动标准是用人单位在国家、行业和地方劳动标准的基础上，针对各项劳动条件制定的适合本单位发展的劳动标准，由用人单位自主建立，经过职工代表大会或者全体职工讨论，并由用人单位与工会和职工代表平等协商确认。

3. 劳动合同

劳动合同中的劳动标准主要包括工资标准、工时标准（包括休息休假标准）、劳动安全卫生标准、社会保险标准等。劳动合同中的有关劳动标准由劳动者与用人单位双方协商制定。

（三）影响用人单位劳动标准实施的主要因素

1. 劳动保障监察的力度

劳动保障监察是指劳动行政部门依法对用人单位遵守劳动法律、法规的情况进行监督检查，并对违反劳动法律、法规的行为进行制止、责令改正和给予处罚的具体行政行为。各级劳动行政部门、劳动保障监察机构和劳动保障监察人员应该依法对用人单位和劳动者遵守劳动法律、法规的情况进行监督和检查，依据劳动法律、法规和国家标准来判断用人单位的行为是否违反规定，并采取相应措施，及时制止并纠正违反劳动法律、法规的行为，消除隐患，预防劳动争议的发生，保证劳动法律、法规得到全面正确的贯彻。

劳动保障监察可以监督检查现行劳动法律、法规所确定的劳动标准在用人单位的贯彻落实情况，是保证法定劳动标准得以贯彻实施的重要手段。

2. 劳动标准的制定

（1）劳动标准的制定过程

为了使用人单位的劳动标准得到很好的实施，用人单位劳动标准的制定程序就必须具备其合理性。劳动标准制定程序的合理性可以从两方面来衡量：一是要注意劳动标准的制定方式，用人单位要在充分汲取职工意见的基础上制定劳动标准，采用"由下至上"而不是"由上至下"的制定方式；二是在制定劳动标准的过程中要注意取得基层职工的支持，以夯实劳动标准的职工基础，从而使劳动标准更容易得到落实。

（2）劳动标准的可操作性

影响用人单位劳动标准实施的另一个因素是劳动标准的可操作性。首先，用人单位要根据其经营状况和生产特点制定符合自身要求的劳动标准。如果劳动标准言之无物，大而不当，对管理没有实际的指导作用，就难以得到实施。其次，用人单位制定的劳动标准中体现的信息要能够被准确无误地传递到基层职工中，并为他们所理解。要保证这一点，在制定劳动标准时，就要做到对劳动标准的条款表述清晰，对具体行为的描述准确细致，以增强劳动标准的可理解性。同时，语言必须严谨，每个章节、每个条款甚至每个词语都必须有确定的属性，人们的理解必须是一致的。如果劳动标准表述前后矛盾，语言漏洞较多，就难以严格执行下去。

3. 用人单位的经营情况

一般来说，如果用人单位的经营状况良好，盈利能力较强，那么该用人单位劳动标准的实施情况就会较好。这种用人单位有能力、有资金去执行法律规定的，甚至是远远高于法律规定的劳动标准；而对于那些经营状况较差、连自身盈利都不能实现的用人单位而言，它们往往只将关注点放在如何通过削减成本获得更多的利润上，从而很难有效地实施劳动标准。

4. 劳动力供求关系

如果劳动力市场是处于供大于求的状态，那么用人单位就处于优势地位，用人单位劳动标准的实施状况往往不好，因为它们不需要依靠较高的劳动标准来吸引和留住劳动者。而如果劳动力市场是处于供小于求的状态，那么劳动者就处于优势地位，他们可以选择"用脚投票"；此时用人单位劳动标准的实施状况一般较好，因为它们需要以此来吸引和留住劳动者。

二、我国基本劳动标准的地方差异

由于我国地域广、区域间经济发展不均衡，我国的劳动标准在与经济发展水平密切相关的项目上存在明显的地方差异。

（一）最低工资标准的地方差异

2004年3月1日起施行的《最低工资规定》第三条规定："本规定所称最低工资标准，是指劳动者在法定工作时间或依法签订的劳动合同约定的工作时间内提供了正常劳动的前提下，用人单位依法应支付的最低劳动报酬。本规定所称正常劳动，是指劳动者按依法签订的劳动合同约定，在法定工作时间或劳动合同约定的工作时间内从事的劳动。劳动者依法享受带薪年休假、探亲假、婚丧假、生育（产）假、节育手术假等国家规定的假期间，以及法定工作时间内依法参加社会活动期间，视为提供了正常劳动。"

《最低工资规定》第七条还规定："省、自治区、直辖市范围内的不同行政区域可以有不同的最低工资标准。"因此在我国，各地区由于经济发展的差异，最低工资标准也有所不同。如截至2020年3月31日，月最低工资标准最高的是上海市的2 480元，北京市和深圳市同为2 200元，并列第二。而小时最低工资标准最高的是北京市的24元，第二、第三名是上海市和天津市，分别为22元和20.8元。

各地区除了最低工资的数目有所差异外，最低工资标准的具体项目也有所不同。以最低工资标准扣除项目为例，全国存在四种情况：第一种情况是最低工资标准中包括个人应承担的社会保险费和住房公积金，全国大部分地区是这样规定的；第二种是最低工资标准中不包括个人应承担的社会保险费和住房公积金，例如上海市和北京市；第三种是最低工资标准中包括个人应承担的社会保险费，但不包括个人缴纳的住房公积金部分，例如江苏省；第四种则是双重标准，即一方面规定了包括个人承担的社会保险费和住房公积金在内的最低工资标准，同时又规定了扣除个人承担的社会保险费和住房公积金后的最低工资标准，例如新疆维吾尔自治区。对于上述地方差异，企业应特别予以注意。

(二) 假期及加班工资支付的地方差异

根据《中华人民共和国劳动法》第四十四条规定，支付加班费的具体标准是：在标准工作日内安排劳动者延长工作时间的，支付不低于工资的150%的工资报酬；休息日安排劳动者工作又不能安排补休的，支付不低于工资的200%的工资报酬；法定休假日安排劳动者工作的，支付不低于工资的300%的工资报酬。但是对加班工资的计算基数，我国目前还没有统一的规定，各地的规定也不尽相同。上海市、北京市、广东省、福建省厦门市等地都规定加班工资计算基数为用人单位和劳动者在劳动合同中约定的劳动者本人所在岗位相对应的工资。广东省深圳市采用了标准工资的概念，将支付周期超过1个月的劳动报酬（如季度奖、半年奖、年终奖、年底双薪）与按照季度、半年、年结算的业务提成以及无确定支付周期的劳动报酬（如一次性的奖金、津贴、补贴）等全部剔除在外。从通常意义上来理解，劳动者的实际工资一般都会高于其劳动合同中约定的岗位工资。河北省则规定，在未明确劳动者工资标准的情况下，以劳动者本人当月实发工资总额作为支付加班或者延长工作时间工资的计算标准。上海市还有一项特殊的规定，即如果用人单位与劳动者没有任何相关约定，则假期（婚假、丧假、探亲假、事假、加班加点）工资的计算基数统一按劳动者本人所在岗位（职位）正常出勤的月工资的70%确定。

(三) 休息休假的地方差异

目前，我国劳动者享有的假期主要有法定节假日、带薪年休假、病假、探亲假、婚假、丧假、女职工产假、节育手术假、产前假、哺乳假、丈夫的护理假等。其中除了法定节假日国家有明确规定外，有关其他休息休假，地方具有制定休息休假标准的权力，因此各地标准不一。例如婚假，主要依据《中华人民共和国人口与计划生育法》和《国家劳动总局 财政部关于国营企业职工请婚丧假和路程假问题的通知》中的有关规定，按法定结婚年龄（女20周岁，男22周岁）结婚的，可享受3天婚假。

 **技能要求**

一、用人单位劳动标准实施中存在问题的汇总方法

问题的汇总就是把所有问题分门别类地归纳出来，包括资料的鉴别和问题的整理。

（一）资料的鉴别

鉴别资料就是对搜集来的原始资料进行质量上的评价和核实，对资料进行一番筛选、取舍，找到所需要的资料。

1. 鉴别资料的真伪

因为资料不一定完全真实，如果用了不真实的资料进行研究，那么研究的结论很可能就是不真实的。要想鉴别资料的真伪，就要鉴别资料的客观实在性和本质真实性，也就是弄清楚资料记录的事情是否真的发生了，是否在有条件的情况下才能发生；发生是偶然还是必然，是个别情况还是一般情况；是现象还是本质，是主流还是支流。我们既要从事物的总体本质及其联系上探求事物本质的真实性，还要结合各方面的资料综合思考，分清真伪，进行比较分析，从而不被局部或暂时现象所迷惑。

2. 鉴别程度

同是真实资料，也有程度深浅的区别。常用的鉴别方法包括比较法和专注法。比较法是通过对同一资料的不同部分和不同资料进行对比，来确定资料的正误和优劣。例如，把资料本身的论点和论据相比较，把正在阅读的资料和已经确认可靠的资料相比较，把宣传性广告和产品目录相比较等。专注法则是对某些原始资料进行鉴别时，需要留意一些鉴别性文章。学术界针对某一劳动标准经常会产生不同的观点，甚至产生针锋相对的论点争论，因此，用人单位在制定和实施劳动标准时，一定要结合单位实际来鉴别标准中的问题。

（二）问题的整理

问题的整理就是把获取的资料分门别类地加以归纳，将原来分散的、个别的、局部的、不系统的信息资料，变成能说明问题

的过程或整体，显示问题变化轨迹或状态的、系统的资料。问题的整理一般可分为三步。

1. 根据资料的性质、内容或特征进行分类

将相同或相近的资料合为一类，将相异的资料区别开来。对资料进行分类，是要按一定的标准将与所研究的问题有关的资料分成不同的组或类，然后按分类标准将总体资料加以划分，构成系列。可以把问题按劳动标准的类别分类，也可以把问题按性质（如违规问题、效率问题）分类。

2. 进行资料汇编

汇编就是按照对用人单位实施劳动标准存在的问题进行研究的目的和要求，对分类后的资料进行汇总和编辑，使之成为能反映客观情况的系统、完整、集中、简明的材料。汇编有三项工作要做。一是审核资料是否真实、准确和全面，不真实的予以淘汰，不准确的予以核实修正，不全面的补全找齐。二是根据客观情况确定合理的逻辑结构，对资料进行初次加工。三是汇编好的资料要井井有条、层次分明，能系统、完整地反映研究对象的全貌。还要用简短明了的文字说明研究对象的客观情况，并注明资料来源和出处。

3. 进行资料分析

资料分析就是运用科学的分析方法对汇编后的资料进行分析，研究特定问题的现象、过程及其内外各种联系，找出规律性的东西，构成分析框架。

二、制定用人单位劳动标准的程序

（一）劳动标准方案的起草步骤

1. 起草班子形成一致意见

起草方案，首先是在起草班子内部形成对有关问题的一致意见。由于起草班子成员来自不同的部门，有着不同的背景，代表不同的利益，各成员对同一问题产生不同的观点是自然的，因而起草班子应该注意对问题统一认识。在调查研究的基础上，起草班子应该展开对问题的讨论，如果仍不能形成一致意见，则进行

进一步的调查研究，或请有关上级裁决，以确定对政策问题的基本判断和政策价值取向的基调。

2. 汇报

汇报是对前期调研成果的总结，一般包括起草班子对问题的现状、现有标准的要点、有关各方对标准的要求以及拟制定标准的要点的认识，有时还包括对各种不同情况的预测。

汇报的形式和详细程度视起草班子与决策者的工作关系而定，如果由主要领导亲自带队调研或主要领导已经对标准有明确、具体指示的，汇报可以从简甚至省略；如果以一般工作人员为主进行调研的，则起草班子需要做比较详细的汇报，以听取领导指示。

3. 正式起草

先是选定执笔人。如果起草工作量很大，则需确定方案各部分执笔人和总的统稿人。执笔人的素质和工作负责程度对方案的质量起关键性作用。如果方案文本不够严谨或没有对可能出现的情况作出规定，很可能会使公布方案出现很多漏洞，或者使方案出现可操作性很差的问题，以至于用人单位不得不随即颁布补充规定。重要方案的文本起草基本完成后，还要由不同的人员审读，在文字、内容、法律等各方面把关。

4. 征求意见

方案初稿完成后，要以不同形式送有关各方征求意见。对重大问题的决策，应该先在调查研究的基础上提出方案，有的问题应提出两个以上可供比较的方案。除了有关部门外，一般还应征求劳动者或工会的意见，有时还要组织专家学者进行分析论证，对方案作出评估。

如此反复几次，直至各部门没有新的意见为止。

5. 公布实施

审查并签发方案，公布实施。

(二) 劳动标准方案的可行性研究

方案的可行性研究是对方案是否具有可操作性以及可能取得的经济效益和社会影响进行预测，从而提出该方案是否值得实施的咨询意见，为决策提供依据。方案的可行性研究内容包括技术可行性、财务可行性、社会可行性和风险因素及对策等。

1. 可行性研究的一般要求

方案的可行性研究，必须在国家有关政策、法规的指导下完成。

为了保证可行性研究工作的科学性、客观性和公正性，有效地防止错误和遗漏，可行性研究的内容深度必须达到规定的标准，基本内容要完整；应尽可能多地收集数据资料，避免粗制滥造；应该先论证，后决策。此外，应该将调查研究贯彻始终。一定要掌握切实可靠的资料，保证资料选取的全面性、重要性、客观性和连续性。

2. 可行性研究的主要内容

方案可行性研究的内容及侧重点因行业特点不同而差异很大，但一般应包括以下内容：①技术可行性，主要从方案实施的技术角度分析方案的可行性，避免方案流于形式。②财务可行性，主要从投入产出的角度进行测算，评价方案的财务效果，从而进行决策。③社会可行性，主要分析方案的社会影响，避免方案违反政策、法律、道德等。④风险因素及对策，主要对方案的技术风险、财务风险、法律风险及社会风险等风险因素进行评价，制定规避风险的对策，为方案全过程的风险管理提供依据。

 **案例**

用人单位工资标准应该高于当地最低工资标准

陈某于 2017 年 3 月 1 日入职合肥市 A 公司从事保安室保安工作，双方签订一年期劳动合同，合同约定 A 公司支付给陈某的月工资为 1 520 元。2017 年 11 月 1 日，陈某听工友说最低工资是到手的实得工资，而现在扣除了社会保险费、住房公积金之后，其每月实得工资仅为 1 200 元左右。于是陈某找公司理论。A 公司回复：一是支付1 520元符合合肥市最低工资规定；二是双方签订劳动合同时对此约定均无异议，现陈某属于无理取闹，因此公司不予理会。后陈某不服，以A公司未依法支付其最低工资为由，向其所在区劳动争议仲裁委员会提出仲裁申请，要求A公司支付其实得工资与最低工资之间的那部分差额。

依据2017年2月1日实施的《安徽省最低工资规定》第十条规定，在确定用人单位支付劳动者的工资是否低于当地最低工资标准时，下列项目不计入用人单位支付给劳动者的工资：（一）延长工作时间工资；（二）中班、夜班、高温、低温、井下、有毒有害等特殊工作环境、条件下的津贴；（三）用人单位和劳动者个人依法缴纳的社会保险费和住房公积金；（四）用人单位支付给劳动者的伙食、交通、通信、培训、住房补贴；（五）用人单位支付给劳动者的一次性奖励；（六）用人单位按照国家规定为劳动者提供的其他福利待遇。依据上述最低工资规定，陈某自行承担的社会保险费和住房公积金不应包括在应发工资之中。陈某月工资在扣除其个人缴费部分的社会保险费和住房公积金320元后，实得工资仅为1 200元，低于合肥市的月最低工资标准1 520元，A公司的做法属于违法行为。按照《劳动合同法》第八十五条规定，劳动报酬低于当地最低工资标准的，应当支付其差额部分。因此，陈某的仲裁请求事实清楚、于法有据，劳动争议仲裁委员会依法支持了他要求的补足最低工资差额的仲裁请求。

资料来源：合肥市人力资源和社会保障局. 员工工资不得低于当地最低工资标准［Z/OL］. 2018-10-25. https://www.sohu.com/a/271343825_740683.

第二单元　国际劳工标准

 **知识要求**

一、国际劳工标准

国际劳工标准是指由国际劳工大会通过的国际劳工公约和建

议书，以及其他达成国际协议的具有完备、系统的关于处理劳动关系和与之相关联的一些关系的原则、规则。

（一）国际劳工标准的主要形式

国际劳工标准的主要形式有两种：一种是国际劳工公约，另一种是建议书。国际劳工公约和建议书虽然都属于国际劳动立法文件，但它们的效力是不同的。国际劳工公约经国际劳工大会通过后，提交成员国批准；公约一经批准，成员国必须遵守和执行。而建议书则是向成员国提供的其制定法律和采取其他措施的参考，不需要成员国批准，因而成员国没有必须遵守和执行的义务。

自1919年至2019年，国际劳工组织已经通过了190个公约和206个建议书，形成了一个完整的国际劳工公约体系，其发展趋势与各国的劳动立法大致相同。国际劳工标准的内容几乎涉及劳动问题的所有方面，并随着世界经济发展和社会进步而逐渐丰富与扩展。国际劳工标准对世界劳动条件和实践的影响不容忽视。

（二）国际劳工标准的核心和宗旨

国际劳工标准的核心和宗旨是确立和保障世界范围内的工人权利。工人权利又称劳工权益，是指法律所规定的处于现代劳动关系中的劳动者在履行劳动义务的同时所享有的与劳动有关的权益。工人权利是一个历史和发展的概念，在不同历史时期、不同的背景条件下，工人权利的内涵有所不同。

国际劳工立法的目标，在《国际劳工组织章程》中确定为"只有以社会正义为基础，才能建立世界持久和平"，在《费城宣言》中进一步确立为"全人类不分种族、信仰和性别都有权在自由和有尊严、经济保障以及机会均等的条件下谋求物质福利和精神发展"。因此，国际劳工组织需要通过制定和实施国际劳工标准的方式，来确立和保障世界范围内的工人权利，改善各国工人的劳动条件，以达到维护社会正义和世界和平的目标。

（三）国际劳工标准的内容和分类

国际劳工标准的内容涉及劳动和社会保障领域方方面面的问题。目前，国际劳工组织制定的国际劳工公约和建议书主要包括以下 22 类主题：结社自由、集体谈判和产业关系、废除强迫劳动、禁止童工劳动和保护未成年人、机会和待遇平等、三方协商、劳动行政管理和劳动监察、就业政策和就业促进、职业指导和培训、就业保障、工资、工作时间、职业安全卫生、社会保障、生育保护、社会政策、移民工人、海员、渔船船员、码头工人、土著工人与部落人口、特殊行业劳动者以及最后条款。

二、核心劳工标准

核心劳工标准包括结社自由和集体谈判权、废除一切形式的强迫和强制劳动、有效地废除童工劳动、同工同酬以及消除就业与职业歧视。核心劳工标准是国际劳工组织通过并批准的劳工标准体系中最重要的部分，也是成员国政府、雇主和工人三方智慧的结晶。国际劳工组织提出，作为国际劳工组织成员国，各国有义务根据《国际劳工组织章程》的要求，尊重、促进和实现关于作为这些公约主题的基本权利的各项原则，从而使得这些公约对所有成员国都具有道义上的法律约束力。

（一）结社自由和集体谈判权

结社自由是工人的首要权利，又称团结权或组织权，一般是指劳动者为实现维持和改善劳动条件的基本目的而结成暂时的或永久的团体，并使其运作的权利。结社自由和集体谈判权，是劳工权益中最为基本和最为核心的权利，这是劳动者集体享有的权利，也称集体劳权。集体劳权的特点主要体现为这些权利并不是由劳动者个人来行使，而主要是由劳动者集体的组织——工会来行使。劳动者运用这一权利与雇主形成力量平衡。

关于结社自由的核心劳工标准主要反映在 1948 年《结社自由和保护组织权利公约》（第 87 号）中。所谓自由结社权，第 87 号公约第 2 条规定，工人和雇主应毫无区别地有权不经事先批准建立和参加他们自己选择的组织，其唯一条件是遵守有关组织的规章。第 4 条规定，行政当局不得解散工人组织和雇主组织或中止其活动。换言之，该公约提出的自由结社权，既是工人的权利，也是雇主的权利；不仅建立组织不需要事前得到批准，而且加入某个组织也不需要事先得到批准。同时，无论是创建组织还是参加组织，都是可以自由选择的。

关于集体谈判的核心劳工标准主要反映在1949年《组织权利和集体谈判权利原则的实施公约》（第98号）中。第98号公约第4条规定，必要时应采取符合国情的措施，鼓励和推动在雇主或雇主组织同工人组织之间最广泛地发展与使用集体协议的自愿谈判程序，以便通过这种方式确定就业条款和条件。该公约不但规定工人和工会应当受到保护，还进一步提出政府应鼓励、推动工会和雇主组织充分地发展和运用集体谈判和集体合同。这一公约在世界上被广泛地用作进行集体谈判和签订集体合同的国际法依据。

（二）废除一切形式的强迫和强制劳动

1930年，国际劳工大会通过了《强迫或强制劳动公约》（第29号）。1957年，国际劳工大会通过了《废除强迫劳动公约》（第105号）。这是国际劳工标准在禁止强迫劳动方面两个重要的公约。

国际劳工组织《强迫或强制劳动公约》第2条将强迫劳动定义为以任何惩罚相威胁，强迫任何人从事的非本人自愿的一切劳动或服务，但有些义务不包括在强迫劳动之内。《废除强迫劳动公约》要求，凡批准该公约的国际劳工组织成员国应承诺禁止强迫或强制劳动，并不以下列任何形式使用强迫或强制劳动：把其作为一种政治强制或政治教育的手段，或者作为对持有或发表某些政治观点或表现出同既定的政治、社会或经济制度对立的思想意识的人的一种惩罚；把其作为动员和利用劳动力以发展经济的一种方法；把其作为一种劳动纪律的措施；把其作为对参加罢工的一种惩罚；把其作为实行种族、社会、民族和宗教歧视的一种手段。

（三）有效地废除童工劳动

各国劳工立法最先重视的问题之一就是对童工和未成年工人给予必要的特殊保护。国际劳工组织1973年《准予就业最低年龄公约》（第 138 号）和 1999 年《禁止和立即行动消除最恶劣形式的童工劳动公约》（第 182 号）是这方面两个主要的公约。

《准予就业最低年龄公约》规定，凡批准该公约的成员国应承诺执行一项国家政策，旨在保证有效地废除童工，并将准予就业或工作的最低年龄逐步提高到符合年轻人身心最充分发展的水平。该公约还规定，根据上述目标具体规定的准许就业的最低年龄，不得低于完成义务教育的年龄，并在任何情况下不得低于 15 岁。不过，如果成员国的经济和教育设施不够发达，得在与有关的雇主组织和工人组织协商后，初步规定最低年龄为 14 岁。另外，准予从事按其性质或其工作环境很可能有害年轻人健康、安全或道德的任何职业或工作类别，其最低年龄不得低于 18 岁。这些职业类别应由国家法律或条例规定，或由主管当局在与有关的雇主组织和工人组织协商后确定。

《禁止和立即行动消除最恶劣形式的童工劳动公约》对最恶劣形式的童工劳动进行了非常详细的定义。最恶劣形式的童工劳动包括：所有形式的奴隶制或类似奴隶制的做法，如出售和贩卖儿童、债务劳役和奴役，以及强迫或强制劳动，包括强迫或强制招募儿童用于武装冲突；使用、招收或提供儿童卖淫、生产色情制品或进行色情表演；使用、招收或提供儿童从事非法活动，特别是生产和贩卖有关国际条约中界定的毒品；在可能对儿童健康、安全或道德有伤害性的环境中工作。该公约规定，凡批准本公约的成员国应立即采取有效的措施，以保证将禁止和消除最恶劣形式的童工劳动作为一项紧迫事务。成员国应将制订和实施行动计划作为优先目标，以消除最恶劣形式的童工劳动。制订和实施此类行动计划，应同有关政府机构以及雇主组织和工人组织进行磋商，凡适宜时，考虑其他有关群体的意见。

（四）同工同酬以及消除就业与职业歧视

在现实社会中，广泛存在着人们在就业机会上不均等、在就业条件上不公平的现象。为了消除现实社会中就业机会的不均等，消除就业歧视，国际劳工组织在一系列旨在保护特定类别的工人

（如女工、移民工人、老年工人、非自治领地的工人等）的公约基础上，于1951年制定了《对男女工人同等价值的工作付予同等报酬公约》（第100号）并于1958年制定了《消除就业和职业歧视公约》（第111号）。

《对男女工人同等价值的工作付予同等报酬公约》规定，各成员国应通过与确定报酬标准的现行方法相适应的手段，促进并在尽可能与这些方法协调的情况下保证在所有工人中实行对男女工人同等价值的工作付予同等报酬的原则。《消除就业和职业歧视公约》对"歧视"进行了界定，即基于种族、肤色、性别、宗教、政治见解、民族血统或社会出身等原因，具有取消或损害就业或职业机会均等或待遇平等作用的任何区别、排斥或优惠。该公约要求各成员制定和实施旨在消除就业和职业歧视的国家政策，把促进机会均等和待遇平等作为基本目标。

三、我国实施核心劳工标准情况

我国共批准了26个国际劳工公约，新中国成立前批准14个，新中国成立后批准12个（包括4个核心公约）。其中，20个国际劳工公约已生效，有5个公约已退出，1个公约被废除。

（一）结社自由和集体谈判权

在结社自由方面，我国许多法律有明确规定予以确认，如《宪法》《工会法》《劳动法》有结社自由的规定。这些规定与国际劳工组织第87号公约的原则一致，但是我国成立工会必须经过审批。此外，我国《劳动法》《劳动合同法》《工会法》等法律对于集体谈判也作出了规定。我国集体协商和集体合同制度建设已经取得了阶段性成效。

（二）废除一切形式的强迫和强制劳动

我国涉及禁止强迫劳动的法律规定较多，如《宪法》《刑法》《劳动法》《劳动合同法》等。根据法律规定，我国遵守废除一切形式的强迫或强制劳动的原则，《宪法》《刑法》《劳动法》《劳动合同法》等均明确规定，保障公民的人身自由不受侵犯，禁止强迫劳动，对实施强迫劳动的责任人依法追究刑事责任。

（三）有效地废除童工劳动

我国于1998年12月和2002年6月分别批准了第138号和第182号两个核心国际劳工公约。在我国，儿童受国家的保护，法律明文禁止使用童工，我国通过多方面的立法对此加以保证。首先，《宪法》第四十九条规定，婚姻、家庭、母亲和儿童受国家的保护。禁止虐待老人、妇女和儿童。这就确立了我国保护儿童权益的基本原则。1991年通过的《未成年人保护法》是我国最早明确提出禁止使用童工的法律。1994年颁布的《劳动法》第十五条也明确规定，禁止用人单位招用未满16周岁的未成年人。2002年10月，国务院颁布《禁止使用童工规定》，这是目前仍然生效的保护童工的最全面、最具体的行政法规，对于未成年工的使用范围和违法使用童工的处罚都做了具体的规定。

（四）同工同酬以及消除就业与职业歧视

我国于1990年9月和2005年8月分别批准了第100号和第111号两个核心国际劳工公约。我国《劳动法》第三条明确规定，劳动者享有平等就业和选择职业的权利。第十二条进一步规定，劳动者就业，不因民族、种族、性别、宗教信仰不同而受歧视。针对现实中比较常见的性别歧视，《劳动法》第十三条规定，妇女享有与男子平等的就业权利。在录用职工时，除国家规定的不适合妇女的工种或者岗位外，不得以性别为由拒绝录用妇女或者提高对妇女的录用标准。由此可见，我国《劳动法》明确规定了劳动者的平等就业权，这与我国批准的上述国际劳工公约的规定是基本一致的。

 **技能要求**

我国批准的国际劳工标准

（一）新中国成立前批准的14个国际劳工公约

1. 1936年12月2日批准的1920年第2届国际劳工大会通过的《确定准许儿童在海上工作的最低年龄公约》（第7号）。主要内容是，凡儿童在 14 岁以下者不得受雇用或工作于船舶上。根据第 138 号公约，第 7 号公约于 2000 年 4 月 27 日自动退出。

2. 1934 年 4 月 27 日批准的 1921 年第 3 届国际劳工大会通过的《农业工人的集会结社权公约》（第 11 号）。主要内容是，承诺保证使从事农业的工人取得与工业工人同等的集会结社权。

3. 1934 年 5 月 17 日批准的 1921 年第 3 届国际劳工大会通过的《工业企业中实行每周休息公约》（第 14 号）。主要内容是，工业企业工作中每周休息 1 日，每日工作 8 小时，每周工作 48 小时。

4. 1936 年 12 月 2 日批准的 1921 年第 3 届国际劳工大会通过的《确定准许使用未成年人为扒炭工或司炉工的最低年龄公约》（第 15 号）。主要内容是，凡 18 岁以下的未成年人不得受雇用或工作在船舶上充任扒炭工或司炉工。根据 2017 年国际法委员会第 106 届会议决定，第 15 号公约废除。

5. 1936 年 12 月 2 日批准的 1921 年第 3 届国际劳工大会通过的《在海上工作的儿童及未成年人的强制体格检查公约》（第 16 号）。主要内容是，任何船舶对于 18 岁以下儿童或未成年人的使用，应以提出证明其适宜此种工作并经主管机关认可的医生签字的体格检查证明书为条件。根据《2006 年海事劳工公约》（第 186 号），第 16 号公约于 2016 年 11 月 11 日自动退出。

6. 1934 年 4 月 27 日批准的 1925 年第 7 届国际劳工大会通过的《事故赔偿同等待遇公约》（第 19 号）。主要内容是，本国工人与外国工人关于事故赔偿享受同等待遇。

7. 1936 年 12 月 2 日批准的 1926 年第 9 届国际劳工大会通过的《海员协议条款公约》（第 22 号）。主要内容是与海员协议条款相关的若干提议。根据《2006 年海事劳工公约》，第 22 号公约于 2016 年 11 月 11 日自动退出。

8. 1936 年 12 月 2 日批准的 1926 年第 9 届国际劳工大会通过的《海员遣返公约》（第 23 号）。主要内容是，凡海员在受雇用期间或在受雇用期满时被送登岸者，应享有被送回本国或其受雇用的港口或船舶开航的港口的权利。根据《2006 年海事劳工公约》，第 23 号公约于 2016 年 11 月 11 日自动退出。

9. 1930 年 5 月 5 日批准的 1928 年第 11 届国际劳工大会通过的《制定最低工资确定办法公约》（第 26 号）。主要内容是，为那些在无从用集体协议或其他办法有效规定工资且工资特别低的行业工作的工人确定最低工资率。

10. 1931 年 6 月 24 日批准的 1929 年第 12 届国际劳工大会通过的《航运包裹标明重量公约》（第 27 号）。主要内容是，凡在成员国国境内交付总重量在 1 000 千克或以上的任何包裹或物件，由海道或内河运送的，应在该包裹或物件外面标明其总重量。

11. 1935 年 11 月 30 日批准的 1932 年第 16 届国际劳工大会通过的《船舶装卸工人伤害防护公约》（第 32 号）。主要内容是与船舶装卸工人防护相关的若干提议。

12. 1936 年 12 月 2 日批准的 1935 年第 19 届国际劳工大会通过的《妇女在各类矿山井下作业公约》（第 45 号）。主要内容是，任何妇女一概不得受雇从事矿山井下作业。

13. 1940 年 2 月 21 日批准的 1937 年第 23 届国际劳工大会通过的《确定准许使用儿童于工业工作的最低年龄公约》（第 59 号）。主要内容是，凡 15 岁以下儿童不得受雇用或工作在任何公营或私营工业企业。根据《准予就业最低年龄公约》（第 138 号），第 59 号公约于 2000 年 4 月 27 日自动退出。

14. 1947 年 8 月 4 日批准的 1946 年第 29 届国际劳工大会通过的《一九四六年最后条款修正公约》（第 80 号）。主要内容是，对国际劳工组织全体大会最初 28 届会议通过的各个公约进行局部修改，文本内凡遇有"国际联盟秘书长"字样一律改为"国际劳工局局长"，凡遇有"秘书处"字样一律改为"国际劳工局"等。

（二）新中国成立后批准的 12 个国际劳工公约

1. 1990 年 9 月 7 日批准的 1951 年第 34 届国际劳工大会通过的《对男女工人同等价值的工作付予同等报酬公约》（第 100 号）。主要内容是，要求通过国家法律、法规或集体协议等确定工资的办法，在全体工人中实行男女同工同酬。

2. 2005年8月28日批准的1958年第42届国际劳工大会通过的《消除就业和职业歧视公约》（第111号）。主要内容是，成员国承诺宣布和遵循旨在以符合国家条件和惯例的方法促进就业与职业机会均等及待遇平等的国家政策，以消除这方面的任何歧视。

3. 1997年5月9日批准的1964年第48届国际劳工大会通过的《就业政策公约》（第122号）。主要内容是，为了促进经济增长和发展，提高生活水平，满足对人力的需求，并解决失业和不充分就业的问题，各成员国作为一项主要目标，应宣布并实行一项积极的政策，其目的在于促进充分的、自由选择的生产性就业。

4. 1998年12月29日批准的1973年第58届国际劳工大会通过的《准予就业最低年龄公约》（第138号）。主要内容是，准予从事按其性质或其工作环境很可能有害年轻人健康、安全或道德的任何职业或工作类别，其最低年龄不得低于18岁。

5. 1990年9月7日批准的1976年第61届国际劳工大会通过的《三方协商促进实施国际劳工标准公约》（第144号）。主要内容是，成员国承诺对国际劳工组织活动的有关事宜，在政府、雇主和工人代表之间进行有效协商。

6. 2001年10月27日批准的1978年第64届国际劳工大会通过的《劳动行政管理公约》（第150号）。主要内容是，批准国得按国家法律、条例或本国的实践，指派或委托非政府组织，特别是雇主组织和工人组织，或在适当情况下是雇主代表和工人代表，从事某些劳动行政管理活动；对劳动行政管理系统的各项职能和责任作出规定。

7. 2006年10月31日批准的1981年第67届国际劳工大会通过的《职业安全和卫生及工作环境公约》（第155号）。主要内容是，各成员国应根据本国情况和惯例，经与最有代表性的雇主组织和工人组织协商后，制定、实施和定期审查有关职业安全、职业卫生及工作环境的连贯的国家政策。这项政策的目的应是在合理可行的范围内，把工作环境中内在的危险因素减少到最低限度，以预防来源于工作、与工作有关或在工作过程中发生的事故和对健康的危害。

8. 1987年9月5日批准的1983年第69届国际劳工大会通过的《残疾人职业康复和就业公约》（第159号）。主要内容是，为各类残疾人提供适当的职业康复措施，增加残疾人的就业机会。

9. 2001年10月27日批准了1988年第75届国际劳工大会通过的《建筑业安全卫生公约》（第167号）；同时声明在中华人民共和国政府另行通知前，《建筑业安全卫生公约》暂不适用于中华人民共和国香港特别行政区。该公约的主要内容是，界定了该公约的适用范围，即公约适用于成员国的一切建筑活动。但是，批准该公约的成员国在与有关雇主组织、工人组织协商后，可以对特定经济活动部门或者特定企业的建筑活动免予实施该公约的全部或者部分条款；要求成员国应当参照国际组织制定的建筑安全和卫生标准，制定其国内的有关法律或者条例，并以此确保公约关于建筑安全和卫生的规定得到实施；规定了公约的生效、修订和解约程序。

10. 1994年10月27日批准的1990年第77届国际劳工大会通过的《作业场所安全使用化学品公约》（第170号）。主要内容是，成员国应该制定和实施有关作业场所安全使用化学品的政策，并进行定期检查；主管当局应有权禁止或限制某些有害化学品的使用；对所有化学品加贴标签；对于有害化学品，应向雇主提供化学品安全使用说明书等。

11. 2002年6月29日批准的1999年第87届国际劳工大会通过的《禁止和立即行动消除最恶劣形式的童工劳动公约》（第182号）。国际劳工组织于2020年8月4日发布公报，宣布该组织187个成员全部批准了第182号公约。一项国际劳工标准得到所有成员的批准，这在国际劳工组织的历史上还是第一次。该公约是国际劳工组织8个核心公约之一，要求禁止和立即消除最恶劣形式的童工劳动，包括奴役、强迫劳动；禁止在武装冲突、卖淫、色情和贩毒等非法活动以及危险工作中使用儿童。这意味着所有儿童现在都受到相关法律保护,避免进行最恶劣形式的童工劳动。

12. 2015年8月29日批准的2006年第94届国际劳工大会通过的《2006年海事劳工公约》(第186号)。第186号公约的目的是为海员争取更好的工作环境,因此该公约也被称作海员的"权利法案",它与《国际海上人命安全公约》(SOLAS)、《海员培训、发证和值班标准国际公约》(STCW)和《国际防止船舶造成污染公约》(MARPOL)合称国际海运业的"四大支柱"。第186号公约详细规定了海员的最低从业要求、就业条件、船上生活设施标准、职业健康安全保障等内容,明确了海员的权利和成员国的义务。

 延伸阅读

劳动保障监察事项范围

劳动保障监察事项涉及包括用人单位规章制度制定及执行,劳动合同订立和解除,禁止使用童工,女职工和未成年工特殊劳动保护,工作时间和休息休假,劳动者工资支付和最低工资标准执行,社会保险参加和缴费,职业中介、职业技能培训及职业技能考核鉴定等方面的内容。

1. 用人单位制定和执行内部劳动保障规章制度的情况。
2. 用人单位与劳动者订立和解除劳动合同的情况。
3. 用人单位遵守禁止使用童工规定的情况。
4. 用人单位遵守女职工和未成年工特殊劳动保护规定的情况。
5. 用人单位遵守工作时间和休息休假规定的情况。
6. 用人单位支付劳动者工资和执行最低工资标准的情况。
7. 用人单位参加各项社会保险和缴纳社会保险费的情况。
8. 职业中介机构、职业技能培训机构和职业技能考核鉴定机构遵守有关规定的情况。

9. 其他劳动保障监察事项，包括：

（1）用人单位遵守《工会法》有关规定的情况；

（2）用人单位遵守外国人和台港澳居民就业管理规定的情况；

（3）用人单位遵守反就业歧视规定的情况。

资料来源：张健明，等. 劳动标准与劳动监察：政策与实务 [M]. 北京：北京大学出版社，2008.

第二节　用人单位劳动标准的完善

第一单元　劳动标准调整的影响因素

 **知识要求**

一、用人单位必须修改或调整劳动标准的情形

（一）法律法规修改

用人单位劳动标准的制定必须以遵守强制性劳动标准为前提。发挥强制性作用的劳动标准根据其表现形式不同，可以分为立法型劳动标准和国家标准化机构批准的要求强制执行的劳动标准。立法型劳动标准主要包括法律、行政法规、地方性法规、部门规章和地方性规章中的规定；国家标准化机构批准的要求强制执行的劳动标准通常是指劳动安全卫生方面的技术性标准，主要是涉及劳动领域自然科学属性的劳动标准。

因此，法律法规修改导致立法型劳动标准和国家标准化机构批准的要求强制执行的劳动标准发生改变时，用人单位的劳动标准也要随之作出改变。

（二）不符合用人单位生产发展需要

由于劳动标准会显著影响到用人单位的成本，因此用人单位制定的劳动标准与用人单位的发展状况息息相关。在用人单位发展的初期，用人单位管理规模小、抵抗风险的能力差，其最核心的问题是解决生存问题。因此，在这一阶段用人单位制定的劳动标准水平一般较低，可能仅仅达到法定的劳动标准水平，而且其劳动标准体系也很不完善，可能仅仅包括最基础的劳动标准。在用人单位发展的成熟阶段，用人单位的规模扩大，管理者的管理幅度增大。在这一阶段，原先简单、不完善的劳动标准已不能满足用人单位生产发展的需要，此时管理者就需要不断制定各类劳动标准，建立起完善的用人单位劳动标准体系。同时，用人单位盈利能力的增强，也为其提高劳动标准水平提供了支撑。在这一阶段，用人单位通过劳动标准水平的提升，保持了其自身的外部竞争力。因此，当劳动标准不符合用人单位生产发展需要时，用人单位的劳动标准也需要发生改变。

二、用人单位劳动标准适当性的主要判断依据和分析方法

对用人单位的劳动标准是否科学合适作出判断，主要依据是分析用人单位劳动标准是否符合法律，是否维护了公平的原则，是否提高了组织的效率。概括来讲，就是要符合合法、合情、合理的原则。

（一）合法

用人单位劳动标准可以被视为强制性劳动标准在用人单位层面的延伸，因此，合法原则是用人单位制定劳动标准时首先要遵守的。主要分析方法就是将用人单位劳动标准与相关法律法规中的规定相比较，分析用人单位是否达到了法律法规规定的标准。

1. 劳动标准的内容合法

内容合法就是指用人单位的劳动标准内容要符合相关的法律法规，不能与法律法规相抵触，凡与法律法规相抵触的部分都是无效的。依法制定劳动标准，是保证劳动标准的内容合法的基础。法律法规有明文规定的，用人单位可以依据强制性标准的规定，制定出符合本用人单位实际情况的细化、具体的劳动标准；对于没有相关法律法规规定以及法律法规没有禁止性规定的，用人单位可以依据自身的经营发展状况和公平合理原则制定相应的劳动标准。

2. 劳动标准的程序合法

在制定劳动标准的过程中，凡属于法定程序的，都必须严格履行。例如根据《劳动合同法》，制定规章制度需要遵循以下程序：讨论→提出方案和意见→平等协商→确定方案→公示。如果程序不完整，那么规章制度中的劳动标准就是不合法的。

（二）合情

用人单位劳动标准合法是最基本的要求。合情是指用人单位在制定劳动标准时要将职工视为单位的利益相关者，遵循公平的原则，充分考虑职工的权益，实现劳动关系的健康和谐，化解劳动争议，避免劳动冲突。用人单位劳动标准是否合情的主要判断依据是职工的反馈，可以通过问卷调查或者访谈的方法，来获得职工对劳动标准公平性的理解和看法。

（三）合理

用人单位劳动标准除了要合法、合情之外，还要合理。合理主要是指用人单位能够通过制定和执行科学的劳动标准，提高其经济运行效率，从而获得竞争优势，实现用人单位的可持续发展，实际上也是对效率目标的落实和追求。其主要判断依据就是用人单位的经济效益情况，可以使用打分排队法、综合指数法和功效系数法来评价用人单位的经济效益。

1. 打分排队法

打分排队法是国际货币基金组织用于评价各个国家竞争能力大小的一种方法。在对企业经济效益进行评价时，该方法主要用于多个企业经济效益综合评价的排序。其基本步骤是：①将指标体系中各项指标的实际值，按照优劣程度分别排队。其中，正指标从大到小依次排列，逆指标从小到大依次排列。②计算每个企业每项指标的得分。指标排第一的企业得100分，指标排在最后一名的企业得0分。③计算每个企业每类指标的平均得分。④计算每个企业全部指标的总得分。⑤按照各企业的总得分进行排队，确定各企业名次。

2. 综合指数法

综合指数法是将每项指标的实际值与标准值进行比较，计算各项指标的个体指数，再加权平均计算综合指数。其基本步骤为：①计算各项指标的个体指数。②加权平均计算综合指数。

3. 功效系数法

功效系数法是利用特定的方法，将每项指标的实际值转化为百分制表示的分数，再汇总计算进行企业经济效益综合评价的方法。其基本步骤是：①根据经验和评价目的，为每项指标确定上限值（或称满意值）和下限值（或称不允许值）。上限值可以是所有参评企业的最优值，也可以是同行业、全国、世界的先进水平，还可以是某一时期的奋斗目标等。下限值可以是所有参评企业的最差值，也可以是同行业、全国、世界的最低水平，或某一时期的最差值。②计算每项指标的功效系数。③将各项指标的功效系数得分，用各项指标的权数进行加权平均，求得各类指标的功效系数综合得分和企业功效系数总得分。④按照各评价企业的功效系数总得分，依次排队，确定企业的名次。

三、影响工资标准调整的主要因素

（一）工资标准的主要内容

工资标准是指关于工资的规范或约定，这里主要指用人单位的工资制度。工资制度是指与工资决定和工资分配相关的一系列原则、标准和方法，包括工资原则、工资水平、工资形式、工资等级、工资标准、工资发放等内容。在现代工资制度的发展中，形成了岗位工资制、技能工资制、结构工资制、绩效工资制等工资制度类型。

1. 工资制度设计的原则

在现实中，不同组织可有不同的工资制度。但不论组织选择哪一种类型的工资制度，都必须遵循以下四项基本原则。

（1）按劳取酬原则。按劳取酬原则是指按照劳动贡献的大小领取报酬，多劳多得。

（2）同工同酬原则。同工同酬原则是指用人单位对于从事相同工作，付出等量劳动且取得相同劳动业绩的劳动者，支付同等的劳动报酬。同工同酬必须具备三个条件：一是劳动者的工作岗位、工作内容相同；二是劳动者在相同的工作岗位上完成了与其他人同样的劳动工作量；三是在同样的工作量的情况下劳动者取得了相同的工作业绩。同工同酬的内容包括以下四个方面：第一，男女同工同酬；第二，不同种族、民族、身份的劳动者同工同酬；第三，地区、行业、部门间同工同酬；第四，用人单位内部同工同酬。

（3）平衡原则。平衡原则是指用人单位对内部职工之间的工资水平差距以及与外部同行业单位市场工资水平之间的差距加以调整，使之趋向合理化，从而使职工取得心理上的平衡。

（4）合法保障原则。工资保障制度一般包括两方面的内容。一是最低工资的保障。最低工资是法律规定的职工在法定工作时间内提供了正常劳动的前提下，用人单位在最低限度内应当支付的足以维持职工及其平均供养人口基本生活需要的工资，即工资的法定最低限额。二是工资支付规则，包括货币支付规则、直接支付规则、定期支付规则、全额支付规则和优先支付规则。货币支付规则是指工资应当以法定货币支付，不得以实物和有价证券替代货币支付。直接支付规则是指应当将工资支付给职工本人。定期支付规则是指工资必须在固定的日期支付。全额支付规则是指应当将职工应得的工资全部支付。优先支付规则是指企业破产或依法清算时，职工应得的工资必须作为优先受偿的债权。

2. 工资制度设计的方法

（1）工作评价的方法。工作评价是工资制度设计的关键步骤。工作评价的结果体现为表示各项工作的劳动价值或重要性的顺序、等级、分数或象征性的货币值。常见的工作评价方法有五种，即经验排序法、因素综合分类法、因素比较法、因素评分法和市场定位法。

（2）工资结构线的确定方法。工作评价为组织内部各项工作确定了一个表示其劳动价值或重要性大小的工作评价值，这个工作评价值可以是顺序、等级，也可以是分数或象征性的货币值。

接下来的工作是要为这些工作评价值确定与其相对应的工资值。也就是说，要把这些工作评价值转换为实际的工资值。

（3）工资分级方法。工资分级的典型方法是，把那些通过工作评价而获得相近的劳动价值或重要性的工作，归并到同一等级，形成一个工资等级系列。尽管这些工作的劳动价值或重要性并不绝对相等，但因差别不大，所以对它们加以归并组合可以大大简化操作，便于管理。总的原则是，等级的数目不能少到相对价值相差甚大的工作都处于同一等级而无区别，也不能多到价值稍有不同的工作便处于不同等级而需作区别的程度。如果等级数目太少，则职工难以晋升，不利于鼓舞士气；而若等级数目太多，则职工晋升过多，激励效果不强，也不利于管理。现实中，用人单位的工资等级系列一般在 10~15 级之间。

（二）影响工资标准调整的主要因素

1. 外部影响因素

（1）劳动力市场因素。由于工资水平会受到劳动力市场供求关系的影响，因此当劳动力市场供求关系发生改变时，用人单位的工资标准也需要发生相应的改变，以保持自身的竞争力。例如，前些年国内劳动力市场供给过剩，导致我国劳动力价格明显偏低，而近年来，江苏、浙江、广东等地的劳动力开始供不应求，这时相关单位的工资标准就需要作出相应的提升。

（2）国家法律法规。与工资相关的法律法规涉及最低工资保障制度、个人所得税征收制度以及社会保险的种类和缴费水平等。这些制度的变化会直接导致工资标准的调整。

2. 内部影响因素

（1）用人单位经营状况。用人单位经营状况是影响工资标准的最直接的因素。显然，经营状况好的用人单位负担能力强，一般都能保持工资水平有一定的增幅；而经营状况差的用人单位则不得不考虑人工成本的因素，工资的整体水平和增幅都会受到影响。因此，当用人单位的经营状况发生改变时，用人单位的工资标准也应当进行相应的调整，从而使职工能够共享组织的发展成果。

（2）企业文化和战略。企业文化是用人单位价值观、目标追求、价值取向和制度的土壤。企业文化不同，必然会导致观念和制度的不同，从而会对用人单位工资标准的制定造成影响。用人单位的发展战略也是如此，专注于利润的发展战略与专注于企业社会责任的发展战略必然会导致不同的工资标准。因此，当用人单位的企业文化和发展战略发生改变时，工资标准也要作出相应的调整。

 延伸阅读

海氏薪酬制

海氏岗位评估法又叫作"指导图表-形状构成法"，它是由美国薪酬设计专家艾德华·海于1951年研究开发出来的。海氏岗位评估法着眼于确定不同岗位对实现组织目标的相对重要性，可以很客观和科学地给每个岗位一个评价点数。

海氏岗位评估法认为所有岗位所包含的最主要的付酬因素有三种：①智能水平；②解决问题的能力；③岗位所承担的责任。

一、智能水平

智能水平指的是要使工作绩效达到可接受的水平，员工所必须具备的专门业务知识及相应的实际运作技能的综合。这些知识和技能可能是技术性的、专业性的，也可能是行政管理性的。智能水平因素中包含三种成分。

1. 对该岗位要求的相关职业领域理论、实际方法与专门性知识的了解。

2. 管理技巧，是指为达到要求绩效水平所应具备的计划、组织、执行、控制及评价的能力与技巧。

3. 人际技巧，是指该岗位所需要的激励、沟通、协调、培养、关系处理等方面的技巧。

智能水平有深度（综合性）与广度（彻底性）之分，即一个岗位是要求了解许多事情，还是要求对少数事情了解很多。总的智能水平应是深度与广度的乘积。除了最低一级外，每提升一级则对应分数随之提高 15%。

二、解决问题的能力

解决问题的过程包括考察与发现问题，分清已找出问题的主次轻重，诊断问题产生的原因，针对性地拟出若干备选对策，在权衡与评价这些对策各自利弊的基础上作出决策，然后付诸实施等。

从解决问题的能力中可以分解出两种成分。

1. 思维环境，是指环境对当事者思维所设定的限制的松紧程度。从几乎一切都按规定办的第一级（高度常规的），到只做了含混规定的第八级（抽象规定的），此成分共分为八级。

2. 思维难度，是指解决问题时当事者需要进行创造性思维的程度。从几乎无须动多少脑筋只按老规矩办的第一级（重复性的），到完全无规范可供借鉴的第五级（无先例的），此成分共分为五个等级。

解决问题的能力是用智能的利用率来测量的，以一个百分数来表示。

三、岗位所承担的责任

1. 行动的自由度，是指岗位能在多大程度上对在该岗位员工的工作进行个人性的指导与控制。这方面是从自由度最小的第一级（有规定的），到自由度最大的第九级（一般性无指引的）。

2. 岗位对后果形成所起的作用。这方面共分四级。

（1）第一级是后勤性作用，即只在提供信息或偶然性服务上做一点贡献。

（2）第二级是咨询性作用，即给出一些主意和建议，补充一些解释与说明，或提供一些方便。第一级和第二级作用都是间接性的、辅助性的。

（3）第三级是分摊性作用，即共同负责的，指该岗位员工与本企业内部（不包括本人的下级和上司）其他部门或企业外部的人员合作，共同行动，因而责任分摊。

（4）第四级是主要作用，即由该岗位员工本人承担主要责任，独立承担或虽然有别人参与，但他们是次要的、附属的、配角性的。第三级和第四级作用都是直接性的、主角性的。

3. 岗位职责，是指可能造成的经济性的正负后果，也分为四级，即微小的、少量的、中级的和大量的。每一级都有相应的数额下限，具体数额要视企业的具体情况而定。

利用指导图表评定各岗位在三种主要付酬因素中不同的分数时，还必须考虑各岗位的"形状"构成，以确定各因素的权重，进而据此计算出各岗位相对价值的总分，完成岗位评估活动。

所谓岗位的"形状"，主要取决于智能水平和解决问题的能力两个因素相对于岗位所承担的责任这一因素的影响力的对比与分配。

从这个角度去观察，企业中的岗位可分为三种类型。

1. "上山"型。此岗位所承担的责任比智能水平与解决问题的能力更重要，如公司总裁、销售经理、负责生产的管理者等。

2. "平路"型。智能水平和解决问题的能力在此类岗位中与责任并重，平分秋色，如会计、人力资源管理等职能人员。

3. "下山"型。此类岗位所承担的责任不及智能水平与解决问题的能力重要，如科研开发人员、市场分析人员等。

通常要由岗位薪酬设计专家分析各类岗位的"形状"构成，并据此给智能水平、解决问题的能力这两个因素与岗位所承担的责任因素各自分配不同的权重，即分别向前两者与后者各指派代表其重要性的一个百分数，百分数之和恰为100%。

资料来源：北京大学心理学系人力资源开发中心. 海氏薪酬制［EB/OL］.［2010－06－12］. http://wenku.baidu.com/view/56ac1860ddccda38376baf8a.html? from_page=view&from_mod=download.

 **技能要求**

调整或修改用人单位劳动标准应注意的问题
（一）调整或修改的必要性与可行性评估
在调整或修改某一劳动标准之前，一定要先对该劳动标准的实施情况进行评估，使用问卷法、访谈法或是观察法，判断其是否确实不合理，为什么不合理，有多少职工迫切想要修改这一劳动标准等。

（二）职工接受度的把握和评估

为了保证职工的接受度，一定要针对调整或修改的方案向职工征求意见。

劳动标准调整或修改完毕后，先送交各有关主管部门征求意见或召开座谈会，按反馈意见修改后，再将方案送各有关部门征求意见。如此反复几次，直至各部门没有新的意见为止。然后，征求职工或工会的意见。对职工或工会提出的意见，要慎重考虑，认真推敲，尽量吸纳。最后，还可以咨询有关专家学者，听取他们的意见和建议，进一步完善方案文本。

第二单元　用人单位劳动标准与单位发展战略

知识要求

一、单位发展战略的制定

单位发展战略是指用人单位根据环境的变化、本身的资源和实力选择适合的经营领域和产品，形成自己的核心竞争力，并通过差异化在竞争中取胜。世界经济全球化和一体化进程的加快以及随之而来的国际竞争加剧，对单位发展战略的要求越来越高。

为了科学地制定单位发展战略，必须注重对单位内外部环境的分析，深入剖析单位面临的机遇与挑战、现有的优势与弱项，敏锐洞悉单位未来发展可能存在的重大环境变化及其带来的影响，加强对单位重大发展战略课题的研究。在此基础上，要清晰地制定单位中长期发展目标，明确发展的总体思路及重大战略举措，确定未来的发展重点，从而更好地引领单位的发展。

（一）开展内外部战略环境分析

战略环境分析是战略制定的基础，主要包括外部环境分析和内部能力分析两大部分。外部环境分析包括宏观环境分析和行业环境分析。宏观环境分析包括对经济环境、社会环境、政治环境、技术环境等方面的分析。行业环境分析是对行业监管政策、行业中的竞争者和潜在竞争者、目标或细分市场、各细分市场上的竞争状况等方面进行分析，具体包括对行业特性、产品发展方向及市场走向进行广泛的研究；获得竞争对手的财务或经营数据，分析对手动向，评估对手给本行业带来的影响；评估行业竞争程度，确定单位在本行业的战略方向，及时修正或调整单位在市场上的定位等。内部能力分析主要是对单位内部价值链（生产价值链和管理价值链）进行分析，也包括对单位内部组织流程进行诊断。由此识别单位的相对竞争状况，帮助单位认识自身各个环节上的优劣势，确定内部能力的重大提升方向。

（二）制定总体战略目标与思路

在内外部战略环境分析的基础上，认识了单位发展的外部机遇与挑战、内部优势和劣势之后，即可制定单位的中长期战略目标和实现目标的途径，以统一全单位的工作思路，明确单位未来的发展方向。单位的中长期战略目标要结合单位运营的实际环境及单位的发展愿景来制定。可通过一系列指标体系来对宏观目标做具体的分解细化。单位的战略总体思路是单位在形成明确的中长期战略目标后，明确实现单位战略目标的手段和途径，以及单位将在哪些重大方面作出努力等。通过确定决策焦点、形成策略表和备选思路方案及分析，最终确定单位的总体战略思路。

（三）编制战略措施规划

在明确总体战略思路之后，应制定并落实实现战略目标的关键措施规划并进行措施规划分解。这是确保中长期战略目标得以顺利实现的重要保障。战略措施规划是将目标实现的关键方面层层分解为一系列可执行、可衡量的战略行动，主要包括战略关键措施、主要工作和项目三个层次。战略关键措施是根据总体战略思路确定的实现单位战略目标的关键方面。主要工作是为实现每个战略关键措施及其目标需要实施的几项主要工作内容。项目是每项主要工作中需要相关部门独立开展或者牵头开展的、一个完整的最小工作单元内容。

二、用人单位劳动标准与单位发展战略之间的关系

单位发展战略描述了用人单位的发展目标，是用人单位行动的向导，从而引领了用人单位制定劳动标准的方向。

1. 单位发展战略为制定劳动标准确立了核心思想。单位发展战略会随着用人单位所处的发展阶段的不同而变化的，因此就需要相应的劳动标准予以配合。劳动标准实质上是保障单位发展战略顺利实施的重要工具。

2. 用人单位劳动标准通过对职工的行为标准进行规范，营造了良好而有序的内部工作环境和秩序；通过对各项作业的流程及标准进行规范，提高了职工的工作效率；通过对用人单位的劳动管理活动进行规范，创造了良好的企业社会形象。这些都有利于用人单位更好地实现单位发展战略。因此，用人单位劳动标准是实现单位发展战略的重要保证。

 **技能要求**

一、适应用人单位发展战略，制定或调整薪酬和福利标准应注意的问题

用人单位发展战略是制定薪酬和福利标准的指导方针，薪酬和福利标准的制定和实施不能偏离用人单位发展战略的要求，薪酬战略是用人单位发展战略能否实现的一个至关重要的驱动因素。与用人单位发展战略匹配的薪酬和福利标准能够保留现有人才，吸引外部优秀人才，为用人单位发展战略的实施提供人才保障，同时提高战略实施的运营效率。

因此，在制定或调整薪酬和福利标准时应当考虑五个方面的问题。

1. 用人单位的薪酬和福利标准是否配合了用人单位的发展战略。也就是现有的薪酬制度能否驱动用人单位发展战略的实施。例如，在总的发展战略目标下，用人单位现阶段的销售策略如果是提高销售量，对销售员的考核就主要是销售量；如果是提高收入和利润，对销售员的考核则主要是毛利率；如果是新产品推广，就要适当提高销售员的固定工资比例和新产品销售的提成系数。同样，用人单位在不同的阶段也有不同的薪酬策略。在初创期，用人单位更多地是采取长期激励的方式；在发展期，奖金的比例比较高；在成熟期，短期激励和长期激励要结合起来；在衰退期，要节约人工成本。总之，薪酬和福利标准一定要能够驱动用人单位发展战略的推行。

2. 用人单位的薪酬和福利标准是否具有外部竞争力。职工往往都喜欢用薪酬来进行比较，会和外部同等岗位进行比较，如果觉得薪酬高就会产生满意感，如果薪酬低就会产生不满意感。职工对薪酬的满意度会影响职工的工作效率。另外，在职工选择用人单位的时候，薪酬是其很重要的选择因素。所以，用人单位要定期进行薪酬调查，及时调整薪酬水平，保留、激励现有人员，吸引高素质人才加入组织中来。

3. 用人单位的薪酬和福利标准是否具有内部公平性。职工不仅仅喜欢和外部用人单位同等岗位进行薪酬比较，还喜欢在内部进行比较，特别是和同等岗位、同等职级的人进行比较。如果发现自己干得多、拿得少，自然就会不满意；如果干得少时还和别人拿得一样多，干得多的人也会不满意。"不患寡而患不均"，平均主义的思想对用人单位来说是不好的和非常具有伤害力的。很多用人单位无法推行绩效考核，其中一个很重要的原因就是平均主义思想在作怪。所以，对价值评价一定要科学，价值贡献大的人拿得自然就多，价值贡献小的人拿得自然就少，贡献越大拿得越多，只有把收入差距拉开来，才有激励作用。当然前提是要建立岗位评估系统和绩效系统，从而使收入分配的依据能够令职工信服。

4. 用人单位的薪酬和福利标准是否是成本节约的。薪酬设计要考虑用人单位的支付能力和投资回报率。高薪对于优秀人才的引进当然具有不可替代的重要作用，但是用人单位的薪酬标准在市场上应该处于什么位置要视用人单位的财力、人才的可获得性等具体条件而定，不能一味地强调高薪。在薪酬支付上，用人单位也要对不同的人才类型制定不同的薪酬标准。对于核心人才、通用人才可以采用市场领先薪酬策略，对于辅助性人才可以采用跟随市场薪酬策略，而对于独特人才则可以采用合作的形式，这样人力成本的投入才能获得科学、合理的回报。

5. 用人单位的薪酬和福利标准是否是有效率的。这是执行层面的问题。即使前面四个方面都考虑了，但是用人单位在执行上出现了问题，还是不能达到应有的效果。用人单位与职工之间的基础是互相信任，如果没有了信任，一切都会是空中楼阁。薪酬和福利标准制定出来以后，如果用人单位不能秉公执行，或者是朝令夕改，虎头蛇尾，那么双方搭建起来的信任基础就会被一点一点腐蚀掉。所以，建立有效的执行机制非常重要。薪酬和福利标准的实施不仅要专业，而且要得到用人单位的高度重视，规矩定下来以后，就要坚决地执行，不能因为个人的权威而损害公平、公正性。

二、全球化对用人单位劳动标准实施的挑战

（一）全球化的概念

经济全球化的概念出现于20世纪80年代中期，于90年代得到认可。国际货币基金组织（IMF）在1997年5月发表的一份报告中指出，经济全球化是指跨国商品与服务贸易及资本流动规模和形式的增加，以及技术的广泛迅速传播使世界各国经济的相互依赖性增强。而经济合作与发展组织（OECD）认为，经济全球化可以被看作一个过程，在这个过程中，经济、市场、技术与通信形式都越来越具有全球特征，民族性和地方性在减少。为此，可以从三个方面来理解经济全球化。一是世界各国经济联系的加强和相互依赖程度日益提高；二是各国国内经济规则不断趋于一

致；三是国际经济协调机制强化，即各种多边或区域组织对世界经济的协调和约束作用越来越强。总的来讲，经济全球化是指以市场经济为基础，以先进科技和生产力为手段，以发达国家为主导，以最大利润和经济效益为目标，通过分工、贸易、投资、跨国公司和要素流动等，实现各国市场分工与协作并相互融合的过程。

全球化主要是指一系列的趋势，这些趋势在第二次世界大战后变得尤为突出。它们包括：全球范围内的通用标准数目的增长，例如版权法；国际贸易以比世界经济增长速度更快的速度增长；由跨国公司控制的世界经济份额的增长；全球金融体系的发展；国际文化影响的加大，例如好莱坞电影的出口所带来的文化影响；文化多样性的减少；国际旅游业的发展；通过诸如互联网等技术使得共享的信息资源不断增长；移民（包括非法移民）的增长。

（二）全球化对用人单位劳动标准的影响

1. 降低劳动标准

随着经济全球化的推进，资本在全球范围内自由流动，世界产业格局正在经历一个新的调整过程。这种调整不仅涉及一些产业的整体转移，更主要的是涉及同一产业的部分生产环节的转移。这种调整主要是通过跨国公司来进行的。跨国公司把生产经营活动从其母国延展到世界各地，把劳动和资源密集型产业向发展中国家转移，特别是把上述产业以及一些高技术产业中的劳动密集型生产环节向劳动力成本较低的国家转移，以降低成本，提高竞争力。而本土的用人单位，在面对来自全世界同类企业空前激烈的竞争时，由于没有那些跨国公司的实力，只能依靠降低劳动力成本，即降低劳动标准，从而在世界竞争中获得一席之地。

2. 提高劳动标准

将加工工业产品大量地向发达国家出口是劳动标准尚低的发展中国家凭借本国劳动力廉价获得产品价格低廉优势的主要策略之一。与此相对的是，发达国家的政府和雇主为了维护其产品的国内市场占有率，从而保障本国的就业和国内投资的收益，在使用"反倾销"之类的武器不足以遏制发展中国家强劲的出口势头的情况下,往往拿起"国际劳工标准"这一武器,企图削弱发展中国家产品在价格上的优势。

如今,国际劳工标准、企业社会责任、全球契约等一系列国际性的劳动标准逐渐得到了承认和施行,这就要求用人单位提高劳动标准。这对用人单位劳动标准的实施是一个巨大的挑战。

第三节　企业社会责任报告的编制

知识要求

一、企业社会责任运动与用人单位劳动标准实施

企业社会责任是在一定时期社会赋予企业的经济、法律、伦理以及人道主义的期望,包括遵纪守法、保护环境、保护消费者权益、保护劳动者的基本权利和人权、支持慈善事业、捐助社会公益、保护弱势群体,等等。它使企业在追求自身利益的同时,关注消费者、股东、职工、政府和社区等利益相关者的需要。

企业社会责任运动与劳动标准、国际贸易之间存在着紧密联系。随着关税壁垒在世界各国间的去除,发达国家逐渐将技术标准、环境标准等非关税壁垒作为限制发展中国家产品出口的主要手段,劳动标准也逐渐成为发达国家与发展中国家之间围绕贸易问题产生争议的一个焦点。发达国家认为,由于发展中国家的工资很低,劳动者的生活和工作环境也很差,有的国家甚至存在强迫劳动、使用童工、禁止组织工会等违反国际劳工组织核心公约的情况,这使得这些国家的生产成本被扭曲了,从而在国际贸易中形成了对发达国家的"劳动力倾销"。因此,发达国家在各种国际多边贸易谈判场合要求将包括劳动标准、环保标准在内的社会条款写入国际贸易和投资协议,并且要求对违反这些条款的国家和企业予以制裁。

以劳动标准为主要内容的社会责任标准正在成为公认的国际贸易标准，这在一定程度上迫使相关用人单位提高自身的劳动标准。这对我国的用人单位而言是一把"双刃剑"。好处在于，如果用人单位能够出色地履行相应的企业社会责任，那么用人单位将能得到更多的订单和贸易机会，从而促进其竞争力的增强和效益的提高；提高劳动标准后，有利于用人单位吸引人才、留住人才，提高职工的绩效。但是也存在很多不利的影响。当企业社会责任标准成为发达国家的市场准入条件后，这从某种意义上讲成为我国产品出口的新的贸易壁垒；高劳动标准增加了用人单位的运营成本，无形中削弱了我国产品在国际市场上的竞争力。

二、企业社会责任报告

企业社会责任报告，又叫非财务报告，是企业就其履行社会责任的理念、内容、方式和绩效所进行的系统信息披露，是企业与利益相关方进行全面沟通交流的重要载体。

企业社会责任报告经历了一个较长的发展过程，其关注的议题不断变化，逐渐从单项社会责任报告演变为综合性社会责任报告。20世纪70年代，西方国家的一系列重大社会事件引发了全社会对企业的道德和责任等问题的反思，出现了企业社会责任报告的萌芽——雇员报告。20世纪90年代，社会对企业环境信息关注程度的提高、环境保护相关立法的出台以及生态环境遭到破坏的重大负面事件的发生都助推了环境报告的兴起，而企业独立环境报告的出现也是企业社会责任报告兴起的标志。随着人们对企业社会责任的期望不断提高，企业需要披露的社会责任议题也不断拓展，从环境问题发展到包括职工健康和工作场所安全等内容的社会问题。与之相适应，企业环境安全报告逐步取代了原有的、单一的环境报告。21世纪以来，政府和社会公众全面关注企业社会责任的各项议题，对企业全面披露社会信息的期望和要求越来越高，于是涵盖了经济责任、环境责任、社会责任的综合性企业社会责任报告应运而生。

 **技能要求**

一、编制企业社会责任报告

（一）企业社会责任报告编制流程

1. 项目启动

企业社会责任报告的质量与全体职工，尤其是高层管理者的支持密不可分。项目启动阶段的主要任务是报告编制工作动员和对职工进行企业社会责任及报告编制相关知识的培训，其目的是使企业社会责任报告的编制工作得到高层管理者和职工的支持。

2. 团队组建

企业社会责任报告编制小组的构成有三种模式：以外为主、以内为主和内外结合。以外为主是指从外部聘请企业社会责任方面的机构或专家个人作为编制小组的主要成员，在企业内部人员的协助下，由他们具体负责编制企业社会责任报告。在以内为主的模式下，编制小组主要是由企业内部人员组成，由企业自己完成编制报告的各项工作，编制小组中的少数几位外部专家只发挥指导作用。内外结合则是指由外部专家和内部人员共同探讨、编制企业社会责任报告的模式。

3. 计划制订

报告编制计划主要由以下四个部分组成：

（1）预算，主要包括外部专家咨询费、调研费、设计费、印刷费等；

（2）报告编制的时间计划；

（3）编制小组成员分工；

（4）报告发布方式，如确定发布会及印刷版、网络版、英文版等报告方式。

4. 资料收集

企业社会责任报告的资料收集大致可以分为基础资料收集和专题资料收集两大类。基础资料收集主要是指对书面的现有资料的收集，包括反映企业社会责任理念、制度和行动的文字性资料以及反映企业社会责任绩效的数据资料。专题资料收集主要是指针对特定问题进行进一步的资料充实，比如针对特定问题的问卷调查和访谈。

5. 内容撰写

对收集的基础资料进行深加工，形成报告语言。

6. 报告设计

报告设计主要包括风格和版式的设计，如图片的挑选、色彩的运用和版式的考量等。

7. 意见征集

将报告初稿进行内部评估，倾听各部门意见，修改、完善报告。同时，邀请重要的利益相关方代表阅读报告初稿，吸纳他们的建议。

8. 定稿发布

发布报告的最终版。

（二）企业社会责任报告质量提升方法

企业社会责任管理水平是好报告的基础，但一份好的企业社会责任报告也离不开报告编制技术。用人单位在编制企业社会责任报告时采用以下方法和技术将有利于提升报告水平。

1. 借用外脑，提升报告专业水平

企业社会责任方面的专家加入报告编制小组主要有以下两个作用：一是他们可以客观、全面、深入地看待企业社会责任，为报告编制提出宝贵意见；二是他们对国内外企业社会责任先进理论与实践的掌握会提升报告的专业水平。

2. "以终为始"，控制报告编制时间

为保证企业社会责任报告的发布时间，企业社会责任报告编制计划的制订应该采取"以终为始"的方法，即以期望的报告发布日期为起点逆向安排报告编制计划。

3. 提交资料清单，确保资料收集质量

资料收集情况对报告的编制水平具有决定性影响。为提高资料收集水平，企业社会责任报告编制小组在向各部门收集资料之时应提交资料清单。

4. 深入访谈，提炼报告之魂

企业社会责任报告是对企业特色及其存在价值的体现，报告编制小组需要了解企业的历史、现状以及未来规划等内容。因此，在编制报告之前报告编制小组应与企业各级领导及职工进行深入的面对面访谈，了解企业之魂并加以提炼，将其作为企业社会责任工作之魂及报告之魂。

5. 做好数据挖掘，确保报告内容翔实

翔实的数据是企业社会责任工作最有力的证明。一份好的企业社会责任报告要力求尽可能多地披露企业社会责任工作方面的数据。

6. 反复修改，力求完美

在企业社会责任报告最终定稿之前，报告编制小组要尽可能多地听取各利益相关方的意见和建议，对企业社会责任报告进行反复修改、字斟句酌，力争内容、结构、文字表述都佳。

二、企业社会责任报告通用模板

中国社会科学院经济学部企业社会责任研究中心 2009 年发布了《中国企业社会责任报告编写指南》，为我国企业编制企业社会责任报告提供了可参考借鉴的基本框架。

（一）报告前言（P 系列）

报告前言依次披露报告规范、高管致辞、企业简介（含公司治理概况）以及关键绩效表。

1. 报告规范

报告规范主要包括以下九方面内容：

（1）报告可靠性保证；

（2）报告时间范围；

（3）报告组织范围；

（4）第几份企业社会责任报告；

（5）报告发布周期；

（6）报告数据说明；

（7）报告参考标准；

（8）解答报告及其内容方面问题的联络人及联络方式；

（9）报告获取方式及延伸阅读。

2. 高管致辞

高管致辞是企业领导对企业社会责任工作的概括性阐释，主要包括以下两方面内容。

（1）企业与社会责任关系的声明，即企业实施社会责任工作的战略考虑及企业实施社会责任为企业带来的发展机遇；

（2）企业年度社会责任工作成绩与不足的概括总结。

3. 企业简介

企业简介主要包括以下六方面内容。

（1）企业名称、所有权性质及总部所在地；

（2）企业主要产品及服务；

（3）企业运营地域及架构，包括主要部门、附属机构；

（4）企业规模，包括职工总数、营业收入及净利润、所提供的产品或服务数量；

（5）企业治理机构及各专业委员会的职权和影响；

（6）企业董事会机构。

4. 关键绩效表

关键绩效表包括报告期内企业社会责任工作的年度绩效对比表、关键绩效数据表以及报告期内企业所获荣誉列表。

（二）责任管理（G系列）

有效的责任管理是企业实现可持续发展的基石。本部分主要描述企业在社会责任管理方面的理念、制度、措施以及取得的绩效和典型案例。

1. 责任治理

责任治理主要是从高层次、战略性的角度阐述企业对经济、社会和环境负责任的理念以及企业的价值观与愿景中利益相关方利益的关注，阐明企业在经营过程中对企业利益相关方的影响及其可持续发展面临的外部风险和机遇，阐明企业利益相关方的责任承诺。主要内容包括：

（1）企业理念、愿景和价值观；

（2）风险、机遇及可持续发展分析；

（3）企业参与的社会责任组织及责任承诺；

（4）社会责任领导机构。

2. 责任推进

责任推进包括企业内部社会责任推进和企业外部社会责任推进两个方面，主要内容包括：

（1）社会责任管理体系；

（2）社会责任工作规划；

（3）社会责任培训；

（4）推进下属企业社会责任工作；

（5）推动合作伙伴履行社会责任。

3. 责任沟通

责任沟通包括企业内部社会责任沟通和企业外部社会责任沟通两个方面，主要内容包括：

（1）利益相关方对企业的期望及企业的回应措施；

（2）企业内部社会责任沟通机制；

（3）企业高层领导参与的内部社会责任沟通与交流活动；

（4）企业外部社会责任沟通机制；

（5）企业高层领导参与的社会责任沟通与交流活动。

4. 守法合规

该部分的主要内容包括：

（1）企业守法合规体系；

（2）守法合规措施；

（3）守法合规培训；

（4）重大守法合规负面信息。

（三）市场绩效（M 系列）

市场绩效主要描述企业在市场经济中负责任的行为。

1. 股东责任

股东责任包括投资者关系管理与资产保值增值两个方面,主要内容包括:

(1) 投资者关系管理体系;
(2) 成长性;
(3) 收益性;
(4) 安全性。

2. 客户责任

客户责任的主要内容包括:

(1) 客户关系管理制度;
(2) 售后服务体系;
(3) 积极应对客户投诉;
(4) 客户信息保护;
(5) 客户满意度调查;
(6) 产品质量管理体系;
(7) 产品合格率;
(8) 产品质量负面信息;
(9) 支持产品服务创新的制度;
(10) 研发投入。

3. 伙伴责任

企业的合作伙伴主要包括债权人、上游供应商、下游分销商、同业竞争者以及其他社会团体。伙伴责任主要包括企业的战略合作、责任采购、诚实守信以及公平竞争四个方面的理念、制度、措施、绩效以及典型案例。主要内容涉及:

(1) 战略共享机制及平台;
(2) 责任采购制度及方针;
(3) 责任采购比率;
(4) 诚信经营的理念与制度保障;
(5) 信用评估等级;
(6) 合同履约率;
(7) 公平竞争的理念及制度保障。

（四）社会绩效（S系列）

社会绩效主要描述企业对社会责任的承担和贡献。

1. 政府责任

政府责任包括政策响应、依法纳税以及带动就业三个方面，主要内容包括：

（1）响应国家政策；

（2）纳税总额；

（3）偷税漏税相关负面信息；

（4）确保就业及带动就业的政策或措施；

（5）报告期吸纳就业人数。

2. 员工责任

员工责任主要包括员工基本权益保护、平等雇用、职业健康、员工发展和员工关系管理五大板块，每个板块又有若干内容，主要包括：

（1）遵守国家劳动法律法规；

（2）劳动合同签订率或集体合同覆盖率；

（3）社会保险覆盖率；

（4）参加工会的员工比例；

（5）为员工提供有竞争力的薪酬；

（6）每年人均带薪休假天数；

（7）劳动争议负面信息；

（8）平等雇用制度；

（9）男女员工工资比例；

（10）女性管理者比例。

这部分内容较多，在此不一一列举。

3. 安全生产

这部分的主要内容包括：

（1）安全生产管理体系；

（2）安全应急管理机制；

（3）安全教育与培训；

（4）安全培训绩效；

（5）安全生产投入；

（6）安全事故伤亡人数。

4. 社区参与

社区参与主要包括本地化运营、慈善捐赠以及员工志愿者三个方面，涉及内容如下：

（1）评估企业运营对当地的影响；

（2）带动地区经济发展；

（3）本地化雇用比例；

（4）本地化采购比例；

（5）企业捐赠方针或制度；

（6）企业公益基金或基金会；

（7）公益捐赠金额；

（8）支持志愿者活动的政策、措施。

（五）环境绩效（E系列）

环境绩效主要描述企业在节能减排、保护环境方面的责任贡献。

1. 环境管理

这部分的主要内容包括：

（1）环境管理体系；

（2）环保培训制度；

（3）绿色采购制度；

（4）新投资项目的环境影响评估；

（5）环保产品的研发与销售体系；

（6）保护生物多样性；

（7）环保总投资；

（8）环保违规负面信息。

2. 节约资源能源

节约资源能源责任主要描述节约能源、节约水资源、可再生能源利用、循环经济以及绿色办公五个方面的理念、制度、措施和绩效。

3. 降污减排

降污减排责任主要描述企业在减少废气、废水、废渣以及温室气体排放方面的理念、制度、措施和绩效。

(六) 报告后记（A 系列）

1. 展望

这部分主要描述企业对其社会责任工作的展望与规划。

2. 报告评价

这部分主要描述企业社会责任报告的可信性。报告评价主要包括专家点评、利益相关方评价、报告审验三种形式。

3. 读者意见反馈

这部分的主要内容为读者意见调查表以及读者意见反馈的渠道。

三、当前我国企业社会责任问题与应对策略

改革开放后，我国企业逐步成为市场主体。由于资本的逐利本性以及市场竞争的激烈性，我国某些企业的生产经营活动引发了一系列社会问题，如产品的假冒伪劣、资源的过度开发和利用、环境污染、严重的社会诚信危机等，这些问题使企业和社会都付出了不同程度的代价。

西方国家推出的社会责任标准（SA 8000）对我国一些劳动密集型出口企业造成了较大冲击，同时也给更多企业的经营造成了压力，甚至对我国引进外资也会产生不利的影响。SA 8000 是企业社会责任运动国际化产物之一，针对的是对企业职工的权益保护，而诸如国际消费者权益保护、环境保护等运动也都会对我国企业经营的国际环境产生影响，从而迫使这些企业重视企业社会责任。

企业社会责任问题实际上是一个全局性的社会问题，需要政府、社会和企业自身的互动与合作，这样才能实现共赢与和谐。

(一) 政府应对企业社会责任问题的策略

1. 尽快建立有关企业社会责任标准的法律法规制度。市场经

济是法制经济，如何把企业的各项社会责任规范化、制度化是市场经济的内在要求。因此，政府必须积极推动我国企业社会责任的立法程序，完善相关的法律法规建设。在建立相关法律体系的同时，我们不能忽略，我国的市场经济相对年轻，经济发展的水平还不高，应当着重在可持续发展的条件下结合新的国际标准和我国的实际情况，形成统一协调的法律机制，既保证中小企业的发展，又使其能承担合理的社会责任。

2. 在注重惩戒的同时，更注重对企业社会责任行为的引导。在完善相关法律制度建设的同时，也应该认识到法律更强调惩戒，其奖励和引导的功能相对较弱。不断完善法律制度、改善执法效果是长期努力的方向，但是也应同时制定引导性的政策措施，通过经济手段引导企业建立承担社会责任的行为，从而尊重企业的经济属性和利益要求，充分理解其市场处境。

3. 政府要加强对企业实施社会责任国际标准的科学指导，坚持科学的发展观，正确指导企业处理经济与社会的和谐发展关系。政府可以加大对社会责任国际标准理论研究的投入，为企业社会责任标准认证提供技术支持，搭建通向国际标准的企业社会责任的桥梁。同时，还要树立科学的发展观，重视人与自然以及社会的和谐持续发展，不能一味地追求当前的经济利益，要制订科学的经济发展计划。

4. 加强对企业家的社会责任教育。要让企业家认识到尽管承担企业社会责任要付出大量资源，甚至丧失一些暂时的发展机会，但从长远来看，企业会赢得持续竞争优势，企业的社会责任付出实际上是一种长期投资。只有认识到这些，企业家才有可能带领企业积极与政府和社会互动，通过主动响应政府和社会的要求和期望来承担社会责任。

（二）社会应对企业社会责任问题的策略

从社会的角度看，要加大社会舆论部门的宣传力度，重视社会思想道德建设，为企业履行社会责任提供良好的社会舆论环境。我国当前正处在社会转型时期，人们的道德观念正在发生着前所未有的变化,而我们的思想道德建设从内容到方式如果不能适应这种变化,就很难发挥好促进企业树立社会责任意识的作用。必须让那些认真履行社会责任的企业得到社会普遍认可,促使那些不履行社会责任的企业感受到社会舆论的强大压力,引导企业更好地履行自己的社会责任。

(三)企业自身应对企业社会责任问题的策略

从企业自身来说,管理层应该积极地响应政府号召,积极接受企业社会责任教育,树立科学的企业社会责任观和科学的发展观,从公司治理角度积极面对企业社会责任问题。企业应当认识到,市场经济条件下的企业社会责任是企业生存的前提,企业要以积极的态度应对社会问题,制定实施社会责任标准的战略方针,并且从公司治理的角度承担对职工、消费者、债权人、环境资源等方面的社会责任。

延伸阅读

企业社会责任是有底线和层次的。英国学者约翰·埃尔金顿提出了企业社会责任三重底线理论。他认为,企业履行社会责任有经济、环境和社会三重责任,且这三重责任是有底线的。比如,企业经济责任的底线是不亏本;企业环境责任的底线是做到达标排放,不违反相关的环境法律法规;在企业的社会责任底线方面,如对职工的责任底线是遵守当地最低工资标准和相关社保福利规定,对政府的责任底线是按时按量缴纳税款等。美国学者阿奇·卡罗尔提出了企业社会责任金字塔理论。他认为,企业社会责任像金字塔一样是有层次的,塔基是经济责任,其上是法律责任和伦理责任,塔顶是慈善捐赠责任。

综合上述观点,我们还可将企业社会责任直观地分为必尽责任、应尽责任和愿尽责任三个层次。所谓必尽责任,就是指企业必须履行的法律法规规定的义务,类似于三重底线理论中的底线责任,包括经济责任、环境责任和社会责任的底线。应尽责任是指企业应该履行的道德责任,它是在企业法律责任之上的。虽然企业未完成应尽责任不会受到法律上的追责，但企业会因此面临社会舆论谴责和公众压力。愿尽责任则是既没有法律法规规定，也没有社会道德期望，是企业自愿选择的社会责任行动。当然，三个层次上都有相应层面的经济责任（经济付出），我们可称之为企业社会责任三层论。企业社会责任三个层次的划分对于人们认识企业社会责任具有较好的普及意义，也具有较好的社会责任管理价值。

从社会责任认识论意义上来看，将比较抽象的社会责任更加直观化，不论是管理者还是一般职工，都能非常容易地对社会责任的内涵进行认知，有利于每个人对社会责任的把握。从社会责任管理来看，我们可根据需要将这三个层次的责任指标化，也就是将其划分为三个层次的责任指标，即必尽责任指标、应尽责任指标和愿尽责任指标，用以指导和衡量企业履行社会责任的状况。三个层次的责任及其指标在企业社会责任管理方面具有不同的管理意义，它对企业整体层面、部门层面和职工个体层面的社会责任工作都具有较好的指导意义。

从整体层面来讲，企业可根据其实际情况制定系统社会责任指标体系（包括社会责任统计指标、管理指标和绩效指标），既可以系统指导企业社会责任的履行，也可以对企业履责的状况进行评估。必尽责任的履行程度与企业运营风险的保障程度相关。因为法律法规责任履行不好，企业将面临违法风险，这是企业必须极力回避的。应尽责任则是正常运营和平稳发展的保障。企业的正常运营也应符合运营所在地的道德伦理习惯，否则即便没有法律风险，企业也会面临巨大的社会压力，其日常经营也会时刻受到影响。愿尽责任是没有法律法规义务和道德要求的，是企业自己选择的对社会发展有益的行动，它可以为企业带来社会声誉或市场机会，会给企业带来竞争差异化优势。从部门层面来看，企业各部门可据此以新的视角来看待和评估部门各项管理工作。从职工个体层面来看，职工可结合岗位情况来分析职责履行状况。

资料来源：殷格非. 企业社会责任的层次管理 [J]. WTO经济导刊，2012（11）.

 **相关法律法规**

1. 《中华人民共和国劳动法》
2. 《最低工资规定》
3. 《劳动保障监察条例》
4. 《国务院关于职工工作时间的规定》
5. 《劳动部关于企业实行不定时工作制和综合计算工时工作制的审批办法》
6. 《全国年节及纪念日放假办法》
7. 《职工带薪年休假条例》
8. 《女职工劳动保护特别规定》
9. 《未成年工特殊保护规定》
10. 《禁止使用童工规定》
11. 《中华人民共和国社会保险法》
12. 《中华人民共和国劳动合同法》
13. 《集体合同规定》
14. 《防暑降温措施管理办法》
15. 《劳动和社会保障部关于职工全年月平均工作时间和工资折算问题的通知》
16. 《中华人民共和国安全生产法》
17. 《生产安全事故报告和调查处理条例》

 **复习思考题**

1. 简述影响用人单位劳动标准实施的主要因素。
2. 简述用人单位制定劳动标准的程序。
3. 用人单位在哪些情形下必须修改或调整劳动标准？
4. 简述用人单位劳动标准适当性的主要判断依据和分析方法。

5. 简述影响工资标准调整的主要因素。
6. 调整或修改用人单位劳动标准应注意哪些问题？
7. 简述用人单位劳动标准与单位发展战略之间的关系。
8. 简述用人单位制定或调整薪酬和福利标准时应注意的问题。
9. 简述企业社会责任报告的编制流程。
10. 简述我国企业社会责任问题与应对策略。

 **案例分析题**

劳动者未申请休年休假，不等同于放弃年休假补偿

孔某于2012年3月1日入职某互联网公司，双方订立了为期5年的劳动合同。2017年2月28日，劳动合同到期，互联网公司通知孔某不与其续订劳动合同。在办理离职手续并领取终止劳动合同的经济补偿时，孔某提出，2015年至2017年期间，因工作繁忙，自己未能休带薪年休假，故要求互联网公司支付相应的补偿。互联网公司认为，孔某因自身原因未提出休年休假，按照公司员工手册的规定，每年12月31日之前未提出休年休假的，属于自动放弃当年年休假，故公司无须支付补偿。因双方发生争议，孔某向劳动争议仲裁委员会提出仲裁申请，要求互联网公司支付其未休年休假的工资报酬。

劳动争议仲裁委员会审理后认为，互联网公司的员工手册中虽规定每年12月31日之前未提出休年休假的，属于自动放弃当年年休假，但并无证据表明孔某曾书面提出因个人原因不休年休假，且上述员工手册中的规定也违反了《职工带薪年休假条例》的相关规定，故裁决支持孔某的仲裁请求。

由此可见，非经劳动者书面提出且系因个人原因提出不休年休假的，不等同于其放弃年休假补偿。

《企业职工带薪年休假实施办法》第九条规定："用人单位根据生产、工作的具体情况，并考虑职工本人意愿，统筹安排年休

假。用人单位确因工作需要不能安排职工年休假或者跨1个年度安排年休假的，应征得职工本人同意。"第十条第二款规定："用人单位安排职工休年休假，但是职工因本人原因且书面提出不休年休假的，用人单位可以只支付其正常工作期间的工资收入。"从上述规定可以看出，年休假应由用人单位统筹安排，且在劳动者本人同意的情况下可跨1个年度安排。本案中，孔某虽未提出休年休假，但并未书面提出因个人原因不休年休假，互联网公司虽然在员工手册中有相关规定，但该规定与法律规定相违背，故不具有相应的效力，因此互联网公司仍应向孔某支付相应的补偿。

资料来源：北京市人力资源和社会保障局发布2018年劳动人事争议仲裁十大典型案例之一（内容经过编辑）。

请思考：用人单位在实施劳动标准时，应注意哪些问题？

第二章 劳动合同管理

学习目标

1. 了解劳动合同与民事合同、劳务合同的区别，熟悉劳动合同制度的适用范围，了解劳动合同的效力。

2. 掌握企业用工方式的选择策略，掌握劳动合同期限的选择策略，熟悉避免签订约定不明或无效劳动合同的措施。

3. 了解心理契约、企业文化和培训管理对劳动合同履行的影响。

4. 熟悉企业用工存在的法律风险及控制方法，了解特殊情况下口头变更劳动合同的规定。

5. 了解裁员后留任者的管理，熟悉裁员的效果评估，熟悉用人单位违法解除劳动合同的后果。

6. 了解劳动合同解除与劳动合同终止的区别，熟悉劳动合同终止的风险控制，熟悉劳动合同违法终止的处理。

第一节 劳动合同的订立

知识要求

一、劳动合同与普通民事合同的区别

根据我国《劳动法》和《劳动合同法》的规定，所谓劳动合同，是指劳动者与用人单位确立劳动关系、明确双方权利和义务的协议，是劳动关系确认的法律形式。而按照《合同法》的规定，所谓民事合同，是指平等主体之间设立、变更和终止民事权利义务关系的协议。按照上述定义，劳动合同也属于广义的合同的一种，具有合同的一般特征。但是，劳动合同作为一种特殊的合同，与普通民事合同还是有很重要的区别。

（一）两者存在的社会领域不同

劳动合同存在于劳动力使用权的转让领域，涉及劳动过程的发生与实现。民事合同注重的是商品流通领域，主要调整产品交换过程中的财产关系，很少关注产品的生产过程。

（二）合同当事人不同

劳动合同只有双方当事人，一方必须是用人单位，另一方必须是劳动者。劳动合同签订后，作为劳动者的一方必须加入到用人单位中去，成为其成员。民事合同的当事人不局限于双方，有可能是多方，当事人可以是自然人、法人或者其他组织等，民事合同签订后双方并不存在隶属关系或组织上的管理关系。

（三）合同内容不同

劳动合同中有关劳动和劳动条件、工作环境等的条款，通常不会出现在普通的民事合同当中。劳动合同的内容往往受到劳动法律规范的约束，劳动合同当事人必须在法律规定的范围内进行约定，而民事合同的当事人往往在约定合同内容时享有更多的自由。

（四）适用法律不同

劳动合同适用于劳动法律规范，民事合同适用于民事法律规范。劳动合同所确立的劳动法律关系也不同于民事法律关系。

二、劳动合同与劳务合同的区别

劳动合同与劳务合同的区别缘于劳动关系和劳务关系的区别。

劳务关系是指两个或两个以上的平等主体之间就劳务事项进行等价交换而形成的一种经济关系，一方提供劳动活动，而另一方支付约定报酬，双方是完全平等的民事法律关系。确立劳务关系的合同即为劳务合同，劳务合同是民事合同的一种类型，在我国由《合同法》调整。

（一）主体不同

从劳动主体看，在劳务合同中，劳务的提供方既可以是自然人，也可以是法人或其他组织。例如，某人请人装修住宅、制作家具等；又如，某银行与某清洁公司签订的清洁服务协议。而在劳动合同中，劳动者只能是自然人。

从雇用主体看，在劳动合同中，用人单位应当具有法律意义上的用人资格，即用人单位必须是企业、个体经济组织、民办非企业单位及国家机关、事业单位、社会团体之一。而劳务合同的雇用主体可以是个人。

（二）内容不同

劳动合同一般要求劳动者提供的是劳动的过程，典型例子是在工厂的流水线上工作的工人，每个劳动者提供的劳动只是劳动的过程，一般不要求劳动者提供劳动成果，劳动者只要付出了劳动就应当获得劳动报酬；而劳务合同一般要求提供的是劳动成果，如前所述的住宅装修、家具制作等，住宅装修者或者家具制作者要按照约定提供装修效果或制作出家具，劳动者不能因提供了劳动却没有劳动成果，而获得劳务费用。

（三）当事人地位不同

劳务合同的主体双方是平等的，双方在签订合同时和签订合同后都是平等的民事法律关系；而劳动合同的主体双方在签订合同时是平等的，双方可以就劳动合同的内容进行平等协商，任何一方不得将自己的意志强加给对方。但劳动合同签订后，劳动者和用人单位之间就产生了隶属关系，在劳动合同执行过程中，用人单位和劳动者之间是管理和被管理的关系，劳动者要遵守用人单位的劳动纪律，接受用人单位在劳动过程中的管理。

（四）费用计算不同

在劳务合同中，双方的权利义务受民法规范的约束，劳务费用的计算应遵循商品的定价规则，即成本加合理利润；而劳动合同中，劳动者的工资分配原则适用的是按劳分配的原则，具体的工资标准受到国家强制法干预，劳动者所得的工资不得低于当地最低工资标准，具体数额通过劳动合同约定。

（五）适用法律不同

通过劳动合同建立的劳动关系，适用劳动法律法规调整，双方的权利义务关系要依据劳动法律法规来确定。例如，如果形成了劳动关系，用人单位就应依法为劳动者缴纳社会保险费，劳动者如果遭受工伤或患职业病，有权享受相应的待遇。通过劳务合同形成的劳务关系则不具备上述特点。

 **案例**

公司雇用退休人员，签订劳动合同还是劳务合同？

某汽车服务公司需要雇用一名传达室工作人员。退休职工老王得知消息后积极自荐，他认为自己身体硬朗，绝对能够胜任传达室工作。汽车服务公司也认为老王是传达室工作人员的合适人选，但却因为老王是退休职工身份，不清楚应该与老王签订劳动合同还是劳务合同。

退休人员再求职的，用人单位应与其签订劳务合同；除此之外的人员均应与用人单位签订劳动合同。劳务关系不执行《劳动法》和《劳动合同法》，属于民事关系，一旦发生劳动纠纷，可直接诉至法院，劳动争议仲裁机构不予受理。劳动关系是受《劳动法》和《劳动合同法》调整的，发生劳动争议纠纷要先经过劳动争议仲裁后，再履行诉讼程序。基于劳动关系引发的劳动争议处理程序是先仲裁后诉讼，基于劳务关系引发的民事争议则直接进入法院诉讼程序。退休人员的界定必须是以退休证为准，否则均按劳动关系对待。

资料来源：唐鑛，刘兰. 劳动合同管理［M］. 大连：东北财经大学出版社，2015.

三、劳动合同制度的适用范围

(一) 直接适用范围

《劳动合同法》第二条第一款规定:"中华人民共和国境内的企业、个体经济组织、民办非企业单位等组织(以下称用人单位)与劳动者建立劳动关系,订立、履行、变更、解除或者终止劳动合同,适用本法。"

由此可见,只要是在中国境内设立的企业、个体经济组织、民办非企业单位实现用工,无一例外地适用《劳动合同法》(见表2-1)。

表 2-1　　直接适用劳动合同制度的用人单位

名称	释义		法律依据
企业	企业一般是指以营利为目的,运用各种生产要素(土地、劳动力、资本、技术和企业家才能等),向市场提供商品或服务,实行自主经营、自负盈亏、独立核算的具有法人资格的社会经济组织	企业法人	《公司法》《企业法人登记管理条例施行细则》
		合伙企业	《合伙企业法》
		个人独资企业	《个人独资企业法》
个体经济组织	个体经济组织是指经工商部门批准登记注册,并领取营业执照的个体工商户		《民法典》《个体工商户条例》
民办非企业单位	民办非企业单位是指企事业单位、社会团体和其他社会力量以及公民个人利用非国有资产举办的,从事非营利性社会服务活动的社会组织。民办非企业单位主要分布在教育、科技、文化、卫生、体育、社会福利等领域		《民办非企业单位登记管理暂行条例》

(二) 依照适用范围

《劳动合同法》第二条第二款规定:"国家机关、事业单位、社会团体和与其建立劳动关系的劳动者,订立、履行、变更、解除或者终止劳动合同,依照本法执行。"

并非在国家机关、事业单位、社会团体工作的每一位劳动者都适用劳动合同制度,而仅仅是部分与国家机关、事业单位、社会团体订立劳动合同的劳动者，才需要依照《劳动合同法》执行（见表2-2）。这些人员包括：

表 2-2　　　　依照执行劳动合同制度的用人单位

名称	释义	法律依据
国家机关	国家机关是指从事国家管理和行使国家权力的机关，包括国家元首、权力机关、行政机关、审判机关、检察机关和军事机关	《宪法》
事业单位	事业单位是指国家为了社会公益目的，由国家机关举办或者其他组织利用国有资产举办的，从事教育、科技、文化、卫生等活动的社会服务组织	《事业单位登记管理暂行条例》
社会团体	社会团体是指中国公民自愿组成，为实现会员共同意愿，按照其章程开展活动的非营利性社会组织。国家机关以外的组织可以作为单位会员加入社会团体	《社会团体登记管理条例》

1. 国家机关、事业单位、社会团体的工勤人员

工勤人员是指在国家机关、事业组织、社会团体核定的非在编人员指标内，根据工作需要，以合同形式雇用的，不行使行政权力的人员。

2. 实行企业化管理的事业单位的非工勤人员

实行企业化管理的事业单位是指国家不再核拨经费，实行独立核算、自负盈亏的事业组织。实行企业化管理的事业单位的全体职工，应当与单位签订劳动合同，包括工勤人员和非工勤人员。

3. 其他通过劳动合同与国家机关、事业单位、社会团体建立劳动关系的人员

除工勤人员以外，国家机关、事业单位、社会团体还会通过签订劳动合同与其他一些劳动者建立劳动关系，例如单位自行聘用的干部、学校自行聘用的教师等。

（三）特别适用范围

除了法定的用人单位外，在现实生活中还存在着一些用工主体，如非法用工组织、个人用工等。在界定用人单位范围的同时，《劳动合同法》也对一些不属于法律规定的用人单位但却涉及用

工行为的主体规定了法律责任。

1. 非法用工单位

《劳动合同法》第九十三条对不具备合法经营资格的用人单位作出了规定。作为劳动合同的一方主体，用人单位必须合法成立，在注册登记部门办理注册登记手续。对企业而言，企业依法设立必须到工商管理行政部门办理登记，取得营业执照，未领取营业执照而进行生产经营活动的单位，属于非法经营。

不具备合法经营资格的用人单位招用劳动者从事生产经营活动是一种违法行为。《劳动合同法》规定，一方面对非法用工单位的违法犯罪行为依法追究法律责任，另一方面对在非法用工单位工作的劳动者则依法予以保护。对于劳动者已经付出劳动的，要按照《劳动合同法》的规定给予劳动报酬、经济补偿、赔偿金，该费用由非法用工单位或者非法用工单位的出资人支付。如果非法用工单位给劳动者造成损害的，非法用工单位或者出资人还应当承担赔偿责任，赔偿给劳动者造成的损失。

2. 个人承包

用人单位所有事务都必须落实到具体的个人予以处理，部分事务可以由与用人单位建立劳动关系的劳动者完成，部分事务由隶属于用人单位的劳动者以外的个人或机构来完成。如果用人单位将具体的事务发包给个人完成，此时个人与用人单位建立的是一种经济承包关系。承包的个人有时候无法独自完成用人单位所交办的事务，需要再招用其他的个人作为雇工。《劳动合同法》规定，个人承包经营违反《劳动合同法》规定招用劳动者，给劳动者造成损害的，发包的组织与个人承包经营者要承担连带赔偿责任。无论发包人是否有过错，都将承担对劳动者赔偿的义务，发包人承担赔偿责任后，有权要求承包个人偿付相应份额。

（四）适用范围的排除

从"国家机关、事业单位、社会团体和与其建立劳动关系的劳动者，订立、履行、变更、解除或者终止劳动合同，依照本法执行"的规定可以看出，国家机关、事业单位、社会团体中不是通过劳动合同建立劳动关系的劳动者（或工作人员）不适用《劳动合同法》，这部分人员主要是公务员和参照《公务员法》管理的工作人员。公务员依法行使国家职权的行为，不是合同约定的义务，而国家职权也不能成为合同约定的对象，公务员和国家机关之间的工作关系由行政法来进行调整。

我国《公务员法》第二条规定："本法所称公务员，是指依法履行公职、纳入国家行政编制、由国家财政负担工资福利的工作人员。"按照该规定，是否属于公务员，应当符合三个条件。

一是依法履行公职。依法从事公务活动的人员，他不是在为自己工作，也不是为某个企业或者组织服务，而是以不同的方式参与国家政治、经济和社会事务的决策及实施的活动。

二是纳入国家行政编制。公务员是纳入国家编制管理机关管理的机构序列的人员，没有纳入国家行政编制序列的人员，如事业单位的工作人员，则不属于公务员。

三是由国家财政负担工资福利，即由国家替他们负担工资、退休和福利保障。公务员由国家财政供养，但并不意味着国家财政供养的人员都是公务员。财政供养人员中的很大一部分，如公立学校的教师、科研院所的科研人员等，尽管也是由国家财政负担其工资福利，但是他们不属于公务员，因为他们不符合前两个条件。

考虑到我国政治制度的特点和干部人事管理的现实情况，同时参照国际上通行的做法，我国《公务员法》确定公务员的范围主要是以下七类机关的工作人员：①中国共产党机关的工作人员；②人大机关的工作人员；③行政机关的工作人员；④政协机关的工作人员；⑤审判机关的工作人员；⑥检察机关的工作人员；⑦民主党派机关的工作人员。以上人员的工作关系，由《公务员法》调整，不适用《劳动合同法》。

参照《公务员法》管理的工作人员主要是指依法参照《公务员法》管理的人民团体、群众团体如工会、共青团、妇联中的工作人员，以及法律法规授权的具有公共事务管理职能的事业单位中除工勤人员以外的工作人员，他们也不适用《劳动合同法》。

四、劳动合同的效力

（一）劳动合同的生效

劳动合同的生效是指具备有效要件的劳动合同按其意思表示的内容产生了法律效力，此时劳动合同的内容对劳动合同当事人产生了法律约束力。通常情况下，劳动合同双方当事人在劳动合同上签字或者盖章即代表劳动合同成立并生效。双方签字或者盖章时间不一致的，以最后一方签字或者盖章的时间为准。

（二）引起劳动合同无效的事由

《劳动合同法》第二十六条第一款规定了劳动合同无效的事由。

1. 以欺诈、胁迫的手段或者乘人之危，使对方在违背真实意思的情况下订立或者变更劳动合同的。欺诈是指一方当事人故意告知对方虚假情况，或者故意隐瞒真实情况诱使对方当事人作出错误意思表示的行为。需要指出的是，欺诈的构成须以欺诈者有告知义务为前提。胁迫是指以给自然人及其亲友的生命健康、荣誉、名誉、财产等造成损害，或者以给法人的荣誉、名誉、财产等造成损害为要挟，迫使对方作出违背真实意思表示的行为。乘人之危是指一方当事人乘对方当事人处于危难之机，为谋取不正当利益，迫使对方作出不真实的意思表示，严重损害对方利益的行为。因意思表达不真实所达成的合同条款如果是在劳动合同中具有关键或核心作用的条款，则可导致劳动合同整体无效；否则，只可能导致劳动合同部分无效。

2. 用人单位免除自己的法定责任、排除劳动者权利的。用人单位的法定责任是指用人单位直接依据法律规定对劳动者承担的义务，即劳动法所规定的用人单位义务。若是免除集体合同和劳动规章制度所规定的用人单位义务，则不作为劳动合同无效处理，而作为用人单位违约处理。劳动者权利是指劳动者依据劳动条件基准、集体合同和劳动规章制度所享有的权利。实践中，用人单位很有可能凭借自身的优势地位要求劳动者接受其提出的免除自己法定责任、排除劳动者权利的合同条款，劳动合同中如有这种条款，就可以认定无效。这种条款如果不影响劳动合同其他部分的效力，只是该条款无效；如果影响劳动合同其他部分的效力，导致劳动合同目的不能实现，则劳动合同整体无效。

3. 违反法律、行政法规强制性规定的。强制性规范是指当事人不得通过约定排除其适用的法律规范，依其被违反而发生的法律后果不同可分为取缔性规范和效力性规范。取缔性规范，其被违反所发生的法律后果，只是取缔违反此规范的行为，对行为给予制裁，而不影响违反此规范之行为在私法上的效力，亦即该行为不因违反此规范而无效。效力性规范，其被违反所发生的法律后果是不仅取缔违反此规范的行为，对行为人给予制裁，而且否认违反此规范之行为在私法上的效力，亦即该行为因违反此规范而无效。也就是说，只有当劳动合同的约定违反法律、行政法规中效力性规范的规定时，才会不发生法律效力。

技能要求

一、企业用工方式的选择

在确定企业用工需求的基础上，企业需要考虑用工方式。在实践中，我们经常会听到"正式雇用"和"非正式雇用"的提法，但这种说法其实是不标准的。

符合我国管理情景和法律规制的用工模式分类如图2-1所示，企业用工模式可以分为标准性用工、辅助性用工、劳务性用工和关联性用工四大类。标准性用工即为直雇全日制用工。辅助性用工包括直雇非全日制用工、劳务派遣和其他分离性用工。其中，其他分离性用工又包括投资企业外派、关联企业借用、富余人员调剂和组织安排挂职锻炼等。劳务性用工包括劳务性聘用、业务外包和退休返聘、实习、见习等其他用工。关联性用工目前以互联网新型用工为主，最具代表性的为P2P用工模式。

P2P用工模式是由共享经济与互联网结合而产生，带着互联网的种种特性，成为一种全新的用工模式。P2P用工模式又被称为"点对点用工"，具体是指共享经济型企业通过互联网平台与加入平台的私有资源分享者之间建立起的用工关系。这种用工模式不仅仅是"不稳定的、有条件的短期雇用"或者"非典型雇用"，而且更像是创业者与用户建立联系的一种手段。P2P用工模式体现了新经济下共享、平等、自由、开放和去中心化的移动互联网精神，新一代工作者参与成本低、工作选择多，高效利用私人时间和闲置资源，享有较传统工作者更强的对工作的支配权和更大的成就感。

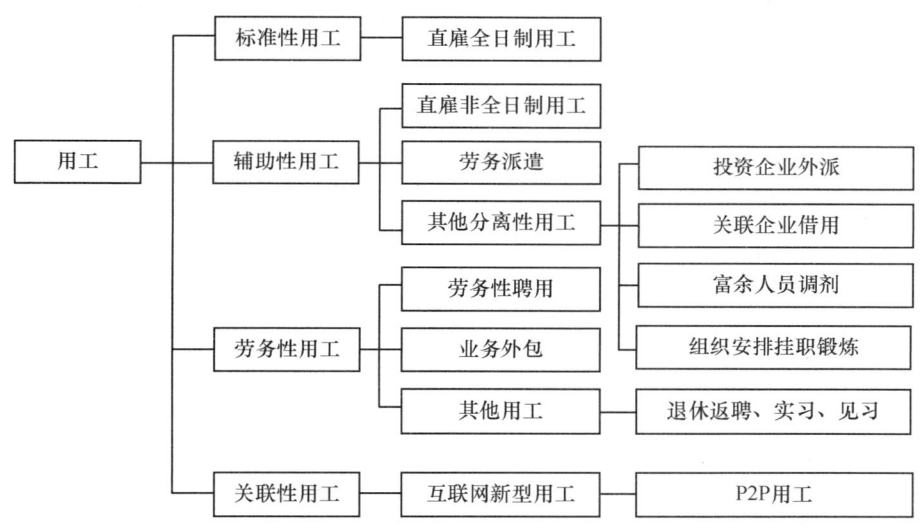

图2-1 我国管理情景下的用工模式分类

企业需要根据自身的实际情况确定用工方式，在实践中企业往往不止采用一种用工方式，而是采用混合形式的用工。企业在采用不同的用工方式时需要注意合法的原则。参考弹性用工模型组合采用多种用工方式能够为企业增强用工灵活性，简化用工手续，降低用工成本和管理成本，并在一定程度上规避用工风险。企业可以借此专注于核心业务，提高生产效率，保持并提升自身的核心竞争力。同时，对于劳动者而言，企业弹性用工模型的建立创造了更多的就业岗位，也为劳动者灵活就业创造了机遇。

二、劳动合同期限的选择

(一) 劳动合同期限的种类

1. 固定期限劳动合同

固定期限劳动合同是指用人单位与劳动者约定合同终止时间的劳动合同。签订固定期限劳动合同，劳动合同的履行有明确的起点和终点。

用人单位与劳动者协商一致，可以订立固定期限劳动合同。固定期限劳动合同也是现实生活中最常见的劳动合同。对于合同期限的长短，法律既没有最短的限制，也没有最长的限制，由用人单位和劳动者根据自身情况协商确定。

在《劳动合同法》颁布实施以前，我国普遍存在劳动合同短期化的现象，虽然签订期限较短的劳动合同并不违反法律的规定，但实际上会影响劳动关系的和谐稳定。《劳动合同法》颁布实施后，劳动合同短期化的现象得到一定的遏制。

2. 无固定期限劳动合同

无固定期限劳动合同是指用人单位与劳动者约定无确定终止时间的劳动合同。相比固定期限劳动合同而言，无固定期限劳动合同的履行有明确的起点，但是没有明确的终点。

目前，世界上许多国家都把无固定期限劳动合同作为一种劳动合同的常态，因为从就业保障的角度来看，无固定期限劳动合同对劳动者更有利，可以防止用人单位只使用"黄金年龄段"的劳动者。

用人单位与劳动者协商一致，可以订立无固定期限劳动合同。不过，目前我国固定期限劳动合同所占比例比较大，很多用人单位仍然不愿意主动与劳动者订立无固定期限劳动合同，所谓的"协商一致"就难以实现。因此，我国法律特别作出了一些限制，规定了用人单位应当订立无固定期限劳动合同的一些情形。

《劳动合同法》第十四条规定："……有下列情形之一，劳动者提出或者同意续订、订立劳动合同的，除劳动者提出订立固定期限劳动合同外，应当订立无固定期限劳动合同：（一）劳动者在该用人单位连续工作满十年的；（二）用人单位初次实行劳动合同制度或者国有企业改制重新订立劳动合同时，劳动者在该用人单位连续工作满十年且距法定退休年龄不足十年的；（三）连续订立二次固定期限劳动合同，且劳动者没有本法第三十九条和第四十条第一项、第二项规定的情形，续订劳动合同的。用人单位自用工之日起满一年不与劳动者订立书面劳动合同的，视为用人单位与劳动者已订立无固定期限劳动合同。"

上述条款规定了用人单位应当订立无固定期限劳动合同的三种情形，即只要劳动者符合其中一个条件，劳动者又提出了订立无固定期限劳动合同的要求，用人单位就应当同意。

延伸阅读

《劳动合同法实施条例》关于无固定期限劳动合同的补充规定

第九条 劳动合同法第十四条第二款规定的连续工作满10年的起始时间，应当自用人单位用工之日起计算，包括劳动合同法施行前的工作年限。

第十条 劳动者非因本人原因从原用人单位被安排到新用人单位工作的，劳动者在原用人单位的工作年限合并计算为新用人单位的工作年限。原用人单位已经向劳动者支付经济补偿的，新用人单位在依法解除、终止劳动合同计算支付经济补偿的工作年限时，不再计算劳动者在原用人单位的工作年限。

第十一条 除劳动者与用人单位协商一致的情形外，劳动者依照劳动合同法第十四条第二款的规定，提出订立无固定期限劳动合同的，用人单位应当与其订立无固定期限劳动合同。对劳动合同的内容，双方应当按照合法、公平、平等自愿、协商一致、诚实信用的原则协商确定；对协商不一致的内容，依照劳动合同法第十八条的规定执行。

第十二条 地方各级人民政府及县级以上地方人民政府有关

部门为安置就业困难人员提供的给予岗位补贴和社会保险补贴的公益性岗位,其劳动合同不适用劳动合同法有关无固定期限劳动合同的规定以及支付经济补偿的规定。

3. 以完成一定工作任务为期限的劳动合同

以完成一定工作任务为期限的劳动合同是指用人单位与劳动者约定以某项工作的完成为合同期限的劳动合同。这种劳动合同与固定期限劳动合同的区别在于,固定期限劳动合同的有效期限是明确具体的,而以完成一定工作任务为期限的劳动合同的有效期限则是相对的,一般以某项工作任务或工程的进行期间为合同的相对有效期限。

用人单位与劳动者协商一致,可以订立以完成一定工作任务为期限的劳动合同。在现实生活中,以完成一定工作任务为期限的劳动合同并不多见,由用人单位和劳动者根据实际需要进行选择。

(二)劳动合同期限的选择策略(见表2-3)

表2-3　　　　　　　　劳动合同期限选择策略

期限种类	适用范围	签订条件	应注意问题
固定期限	适用范围广	协商确定	明确起始和终止日期
无固定期限	保密性强、技术复杂、需要保持人员稳定的岗位	协商确定+法定情形之一	不得将解除条件设定为终止条件
以完成一定工作任务为期限	难以确定工作时间的生产经营项目	协商确定	不等同于劳务合同

1. 固定期限劳动合同普遍使用

固定期限劳动合同存在固定的终止时间,有利于用人单位用工机制的新陈代谢,应当是用人单位普遍使用的劳动合同类型。但是,用人单位应当注意避免劳动合同期限的一律短期化,因为短期的劳动合同很容易使签订固定期限劳动合同的次数达到2次。同时,用人单位还应当避免所有职工的劳动合同都在同一时间到期。如果那样的话，劳动合同的续订和终止工作将会过度集中，难以及时妥善处理，还会给用人单位带来用工风险。

2. 以完成一定工作任务为期限的劳动合同优先使用

以完成一定工作任务为期限的劳动合同不仅存在到期的情形，还不受签订次数的限制，对于用人单位来说是一个很好的选择，对于临时性、季节性、项目化的工作，用人单位应当优先考虑签订以完成一定工作任务为期限的劳动合同。当然，用人单位也不应当忽略此类劳动合同不得约定试用期的规定。

3. 无固定期限劳动合同慎重使用

无固定期限劳动合同没有明确的终止时间，使用人单位充满了对未来不确定性的担心。除了法律规定应当签订无固定期限劳动合同的情形外，用人单位对于无固定期限劳动合同的使用应当慎重，主要应用于那些需要长期保持工作稳定性的岗位。对于无固定期限劳动合同而言，更重要的在于签订之后的管理。用人单位应当建立健全激励约束机制，区分劳动合同的期限和工作岗位的期限，不将签订无固定期限劳动合同的职工的工作岗位也认定为无固定期限，同时还应完善劳动规章制度，细化解除无固定期限劳动合同的情形。

（三）公益性岗位不适用无固定期限劳动合同

《劳动合同法实施条例》第十二条规定："地方各级人民政府及县级以上地方人民政府有关部门为安置就业困难人员提供的给予岗位补贴和社会保险补贴的公益性岗位，其劳动合同不适用劳动合同法有关无固定期限劳动合同的规定以及支付经济补偿的规定。"这一规定明确了政府提供的公益性岗位不适用无固定期限劳动合同。

公益性岗位是指主要由政府出资扶持或社会筹集资金开发的、符合公共利益的管理和服务类岗位，主要用来优先安置大龄就业对象的就业岗位，包括面向社区居民生活服务、机关事业单位后勤保障和社区公共管理服务的就业岗位，以及绿化、社区保安、公共设施维护等就业岗位。

规定公益性岗位不适用无固定期限劳动合同，主要是因为：①提供这种岗位的主体是各级政府及其有关部门，而不是企业；②设立这些岗位的目的是安置就业困难群体，而不是盈利，政府对这些岗位给予岗位补贴和社会保险补贴，其目的是促进就业，如果需要签订无固定期限劳动合同，则会加大政府的负担；③公益性岗位通常具有临时性、季节性、过渡性等特点，不具备长期工作的要求。

因此，公益性岗位属于特殊用工，其劳动合同不适用有关无固定期限劳动合同的规定以及支付经济补偿的规定。

三、避免劳动合同条款约定不明的措施

劳动合同是劳动者与用人单位之间劳动关系的体现，更是处理劳动争议的重要依据。但是在实践中，一些用人单位在起草劳动合同文本时，不从本单位的实际情况出发，简单地复制标准文本或其他单位的文本，导致劳动合同的某些内容约定不明确的现象出现。

避免劳动合同条款约定不明的措施包括：

1. 劳动合同文本的起草要结合实际。用人单位在借鉴其他单位文本或者使用政府提供的示范文本时，一定要结合本单位实际对劳动合同的某些条款进行修订，切忌照抄照搬。

2. 劳动合同内容要详略得当。劳动合同的签订要因人、因地、因事而异。对于法律法规已有规定的一些没有变通余地的内容，只需要写明按照某项规定执行即可。对于法律法规没有具体规定的或者允许当事人变通的内容，特别是容易产生争议的地方，就应当规定得详尽一些。

3. 劳动合同的语言表达要明确、易懂。依法签订的劳动合同是受法律保护的，它涉及当事人的权利和义务，当事人要受到合同的约束。因此，劳动合同在语言表达和用词上必须通俗易懂，且不易产生歧义，以免发生争议。

四、劳动合同无效的确认及后果

《劳动合同法》第二十六条第二款规定："对劳动合同的无效

或者部分无效有争议的,由劳动争议仲裁机构或者人民法院确认。"这表明,无效劳动合同的确认,既可以是当事人一方主张劳动合同无效而另一方无异议的情形,也可以是第三人(如劳动保障监察机构)主张劳动合同无效而当事人无异议的情形;只有在当事人对劳动合同无效有争议的情形下,才应当由劳动争议仲裁机构或者人民法院确认。

在劳动合同订立与劳动合同被确认无效之间,一般有一段时间。由于在这段时间里劳动者已付出劳动,因此劳动合同无效的法律后果需要分两个阶段来处理。

(一)劳动合同订立至劳动合同被确认无效期间的后果

由于劳动者在劳动合同被确认无效前所付出的劳动具有不可回收性,因此这一阶段原来由无效劳动合同所确定的劳动权利义务应当重新确定。《劳动合同法》第二十八条仅对劳动报酬的支付作出规定:"劳动合同被确认无效,劳动者已付出劳动的,用人单位应当向劳动者支付劳动报酬。劳动报酬的数额,参照本单位相同或者相近岗位劳动者的劳动报酬确定。"其中需要注意的是,重新确定的劳动报酬数额若高于已支付的劳动报酬数额,用人单位应向劳动者补足其差额部分。

此外,对因不具备合法经营资格的用人单位的违法犯罪行为而被确认无效的劳动合同,依据《劳动合同法》第九十三条规定,劳动者已经付出劳动的,该单位或者其出资人应当依照本法有关规定向劳动者支付劳动报酬、经济补偿、赔偿金;给劳动者造成损害的,应当承担赔偿责任。

(二)劳动合同被确认无效后的后果

劳动合同虽然被确认无效,但是由于存在实际的用工行为,用人单位和劳动者之间依然存在劳动关系。根据《劳动合同法》第三十八条、第三十九条规定,对导致劳动合同无效无过错的一方当事人可选择解除或存续劳动关系。

1. 解除劳动关系。依据《劳动合同法》第三十八条第一款第五项和第四十六条规定,因用人单位过错导致劳动合同无效的,劳动者可以即时预告辞职，并获得经济补偿。依据《劳动合同法》第三十九条第五项规定，因劳动者过错导致劳动合同无效的，用人单位可以即时预告辞退。

2. 存续劳动关系。因用人单位过错导致劳动合同无效，劳动者如果不辞职的，劳动关系可以延续；因劳动者过错导致劳动合同无效，用人单位如果不辞退的，劳动关系可以延续。在此情况下，双方需要依法变更劳动合同，以纠正劳动合同中的无效条款；或者双方重新订立劳动合同。

依据《劳动合同法》第八十六条和第九十三条规定，劳动合同被确认无效，给对方造成损害的，有过错的一方应当承担赔偿责任；对不具备合法经营资格的用人单位的违法犯罪行为，给劳动者造成损害的，用人单位应当承担赔偿责任。

五、避免签订无效劳动合同的措施

劳动合同无效时，用人单位不仅要向劳动者支付劳动报酬，而且还有可能面临着行政处罚和赔偿劳动者损失的风险。因此，无效劳动合同产生的后果是消极的，用人单位应尽量避免劳动合同的无效，具体而言可以采取以下措施。

（一）了解劳动合同的特殊性，走出认识上的误区

不少用人单位认为，劳动合同的条款只要劳动关系双方协商一致，签字认可，就具有法律约束力。例如，实践中有些劳动合同中出现"高薪代替社会保险""职工自愿无偿加班"的条款。其实这是一种误区，当事人混淆了一般民事合同与劳动合同的界限。就一般民事合同而言，合同强调的是当事人意思自治，但是劳动合同具有特殊性，当事人意思自治受到劳动基准法规和政策等诸多限制。劳动基准是为了保障劳动者最起码的劳动报酬、劳动条件而对用人单位所做的最低标准的要求。用人单位对劳动者提供的劳动报酬、劳动条件可以高于但不能低于劳动基准所规定的标准。凡劳动合同所确定的标准未达到国家规定的劳动基准的，该劳动合同均无法律效力。违反劳动基准的劳动合同，不但不能产生用人单位预期的对劳动者的约束力，而且还会导致用人单位

承担民事责任和行政责任，因此用人单位必须把握劳动基准制度相关的界限。

（二）了解相关法律知识，坚持合法原则

要避免签订无效的劳动合同，最根本的还是要了解相关政策法规，掌握相关的知识，在协商确定劳动合同内容时，要严格遵守政策法规的规定。例如，如果在劳动合同中约定"不得结婚"的条款，用人单位就违反了《婚姻法》的有关规定。

（三）坚持平等自愿、协商一致原则

签订劳动合同一定要坚持平等自愿、协商一致的原则。在法律面前，从建立劳动关系之日起，劳动者和用人单位的法律地位就是平等的，劳动合同里的各项条款，都需要双方达成一致意见，任何一方不得使用强迫手段、欺诈手段签订劳动合同。

（四）借助外力，寻求指导

用人单位与劳动者签订劳动合同时，为了预防合同效力风险，用人单位可以通过劳动行政部门咨询热线，或者向企业管理咨询机构、律师事务所等专业机构寻求帮助。有专门从事劳动政策法规研究的人士给予指导，可以很好地防止无效劳动合同的出现。

第二节　劳动合同的履行和变更

知识要求

一、心理契约与劳动合同履行

心理契约是深层次触动职工情感的原因，如果心理契约受到破坏，随着职工对企业期望值和信任感的降低，职工的情感状况也将变得一团糟。心理契约是美国著名管理学家施恩（E. H. Schein）教授提出的，就是雇佣双方对雇佣关系中彼此对对方应付出什么，同时又应得到什么的一种主观心理约定，约定的核心是雇佣双方内隐的不成文的相互责任，本质上是对无形的心理内容的期望。企业作为一个组织，其成长与发展过程一直处于动态的演进过程中，企业的组成分子——职工的物理状态和心理状态也处于不断变化中。如何确保企业职工有效地、长期地为企业发展服务而不至于随波逐流，在企业与职工之间构建良性的心理契约是解决这一问题的有效途径。

劳动合同的履行过程实际上就是一个心理契约的形成过程。对于劳动者和企业双方来讲，在劳动合同履行过程中，最重要的问题就在于如何建立起良性的心理契约，形成双方的互信机制。

在注重降低成本、提高效率和分配价值的管理模式中，企业的优势在很大程度上来自对职工能力的垄断支配权，可是人毕竟不是机器，是不能被完全占有的。劳动合同所明确的权利义务不可能涵盖心理契约的内容，通常企业过去的行为往往被职工推论为将会有类似行为的"暗示"，所以在管理心理契约过程中，企业要坚持双赢的思想，否则不良的潜规则会侵蚀心理契约，甚至形成"你好我不好，你不好我好"的恶性心理契约。同时，还要注意平衡，只有平衡才可能长久。在企业动态发展过程中，要不断平衡两者之间的短期与长期期望和条件，确保它们在变化中符合职工需要。心理契约的特殊性决定了它的构建与巩固是一个永恒的动态过程，因此，对企业而言更关键的是心理契约的维护与巩固，防止心理契约的破坏。

二、企业文化与劳动合同履行

企业文化对于劳动合同的履行起着非常重要的作用。在劳动合同的履行过程中，企业核心价值观体系的确立、组织体系的设计和调整、工作分析、人力资源制度的制定和实施都会对劳动合同的履行情况产生影响。

首先，企业的共同愿景会对劳动者是否履行劳动合同产生影响。企业的共同愿景应该是企业利益相关者的共同追求，而让职工认同企业的共同愿景是职工坚持履行劳动合同的起点。没有共同的愿景，缺乏共同的信念，就没有利益相关的前提，这会使劳动者看不到企业的发展前景与自己的未来，从而失去在企业工作的信心，导致其随时准备放弃履行劳动合同。

其次，企业的价值观规定了职工的基本思维模式和行为模式，是企业的伦理基准，是职工对事物共同的判定标准和行为准则，企业核心理念的深入人心必须通过制度去体现，价值观只有反复强化才会得到职工认同。我国很多行业的集中度都不高，企业面临着激烈竞争。连不少知名企业亦是如此，它们经常在短期利益和长期利益之间摇摆不定。例如，诚信固然重要，但不诚信的行为有时却能带来良好的业绩，因而使该职工得到褒奖，导致职工对于诚信原则的态度产生动摇，是非标准模糊不清，进而使职工丧失对于企业的忠诚度，这样不履行劳动合同在职工眼中自然也不是问题。由此可见，企业文化对于职工诚信履约有着非常大的影响。

积极向上的企业文化，往往蕴含着进取、诚信、合作、创新等因素，这些理念能净化人的心灵，使争先创优和诚信履约成为所有职工的共同目标。

三、培训管理与劳动合同履行

随着经济的高速发展，我国的劳动关系不断涌现出新问题与新矛盾，而新的法律法规、政策文件也因此逐步出台。这些事件综合形成了一个动态的、快速变化的环境。在这样的环境里，企业的战略重点随之发生改变，培训政策也需要与之相适应。在企业具体设计培训政策时，在有限资源的约束下，尤其是培训预算受到限制的情况下，如何合理利用已有资源实现企业与职工双方的短期要求与长期发展，是培训管理者面临的一个难题。

（一）培训管理对劳动关系的影响

培训管理对劳动关系的影响主要是通过职工接受培训来适应新技术、新设备和新技能的要求而实现的。例如，企业中不熟练或半熟练职工的晋升机会相对较小，这些职工通过培训能够提高其知识与技能水平，提高自身的生产率，增加工作满意度，从而减少了劳动关系中的矛盾。

企业增加工作难度，提高对职工技能的要求，如果职工现有的技能水平无法满足企业的需求，其被解雇的可能性就会增大；而职工通过参加技能培训，其技能水平能够满足岗位对新技能的要求，劳动关系就会得到稳定。

传统情况下，企业对职工的培训是从企业需求角度出发而提供的。职工接受培训后，生产效率提高，企业盈利率也随之提高。从长期来看，职工的工作条件和福利待遇等物质收益都会提高。企业是否将职工的职业规划作为选择培训对象的依据之一，培训对职工的意义将存在两种可能。

一种是培训从属于职工的职业规划，在短期内能给职工带来专业素质提升或升职的机会，同时从长期看能给职工带来更好的工作条件或福利待遇等物质收益。另一种是培训不考虑职工的职业规划，短期内的培训机会对职工没有吸引力，职工却要耗费时间与精力去参与培训，但长期来看，培训有可能给职工带来更好的物质收益。

处于第一种可能的职工会以更积极的态度和行动来参与培训，同时提高了对企业的认同感，企业对职工的认同也增加了；从长远来看，这对企业本身的发展有利。处于第二种可能的职工在培训问题上对企业的认同程度可能会有所降低，同时，在培训过程中其态度与行动的积极性都较低，这可能会给企业劳动关系的和谐带来负面影响。因此，从职工职业规划的角度出发，如果企业将自身发展与职工的职业规划结合起来，那么培训对企业劳动关系的影响就是正向的。

（二）培训管理增强职工的可雇佣性

培训管理不仅使参加培训的职工在与工作相关的知识和技能方面有所提高，提升职工的专业素质，还增强了职工的不可替代性与就业能力。职工的不可替代性与就业能力，都属于职工可雇佣性的范畴。可雇佣性是对技能、知识、能力等人力资本投资的结果。

职工的不可替代性主要是指拥有某份工作的职工被其他人员代替的难易程度。不可替代性越强的职工，就越具备该工作所需要的某种人才属性，因此也越不容易被外部人所替代。职工的就业能力主要是指职工寻找新工作时取代从事该工作原有职工的难易程度。拥有更强的就业能力的职工，就更容易找到新工作。因此，职工拥有越强的不可替代性或者就业能力，就拥有越强的可雇佣性。

职工更强的可雇佣性对于企业与职工自身都具有保险作用。对于企业而言，职工更强的可雇佣性意味着职工较高水平地掌握了对企业实际有用的知识与技能，可以保证企业在发展或变革的时候，拥有能实现战略目标的知识与技能储备。

因此，增强职工的可雇佣性成为培训管理中的重点。为了提高职工的敬业度及其与工作的契合度，企业要不断保持与增强其职工的可雇佣性，为稳定劳动关系起到辅助作用。而职工也需要投入持续的学习和发展中，提高自己的工作能力，补充相关知识与工作技能，以满足现在或将来的工作需求。同时，通过企业培训而增强的职工可雇佣性，可提高职工对企业的认同感，从职工角度稳定了企业的劳动关系。

（三）培训管理有助于构建和谐的企业劳动关系

职工参与培训与学习的过程，不仅是增强和提高其技术与能力的过程，也是增进职工与职工之间、职工与管理者之间沟通和交流的过程，还是企业向职工推广价值观和企业文化的过程。

职工参与培训，尤其是企业内部培训，或者通过指导、教导等方法，可以增加职工与职工之间、职工与管理者之间在工作程序以外的接触。这为职工与职工、职工与管理者之间的沟通和交流提供了机会，有助于增进彼此的理解，改善双方的关系，降低双方发生矛盾或冲突的可能性。即使双方矛盾已经产生，相互的理解也有利于双方愿意首先采取协商的方式来解决矛盾，并形成习惯，以低成本解决劳动关系冲突或争议，强化企业劳动关系的和谐氛围。

企业作为职工培训的买单者，往往会选择与本企业价值观和文化相符的培训课程或项目。职工参与培训，将在培训过程中接受培训内容中包含的企业价值观与企业文化。企业的价值观与文化又蕴含于企业制度、管理模式、经营模式之中。职工接受企业的价值观与文化，也就会认同企业，认同企业的各种正式与非正式制度，从而稳定企业的劳动关系。

 **技能要求**

一、企业用工的法律风险及其控制

（一）企业用工的法律风险

在订立劳动合同和建立劳动关系的环节，所谓用工的法律风险主要是指用工时，用人单位因为自己或其他利益相关方违法用工而可能需要承担的责任。具体内容主要包括以下六个方面。

1. 用人单位不具备用人单位主体资格的法律责任

《劳动合同法》规定，对不具备合法经营资格的用人单位的违法犯罪行为，依法追究法律责任；劳动者已经付出劳动的，该单位或者其出资人应当依照《劳动合同法》有关规定向劳动者支付劳动报酬、经济补偿、赔偿金；给劳动者造成损害的，应当承担赔偿责任。不具备合法经营资格而在生产经营活动中实际使用他人劳动力的单位的违法行为，既包括无照（证）经营行为，也包括非法用工行为，还包括其他违法行为；所违反的法律，既包括劳动法，也包括民商法、经济法、行政法和其他法律。

2. 用人单位订立无效劳动合同的法律责任

根据《劳动合同法》的规定，如果是由于用人单位的过错，导致劳动合同被依法确认无效，给劳动者造成损害的，用人单位应当承担赔偿责任。

3. 用人单位违反书面劳动合同签订义务的法律责任

《劳动合同法》规定，用人单位自用工之日起超过1个月不满1年未与劳动者订立书面劳动合同的，应当向劳动者每月支付2倍的工资。用人单位违反《劳动合同法》的规定不与劳动者订立无固定期限劳动合同的，自应当订立无固定期限劳动合同之日起向劳动者每月支付2倍的工资。

4. 用人单位非法使用童工的法律责任

《劳动法》规定，用人单位非法招用未满16周岁的未成年人的，由劳动行政部门责令改正，处以罚款；情节严重的，由市场监督管理部门吊销营业执照。国务院发布的《禁止使用童工规定》对此做了具体规定，文艺、体育单位经未成年人的父母或者其他监护人同意，可以招用未满16周岁的专业文艺工作者、运动员。除此以外，任何与未满16周岁的未成年人发生劳动关系的情况，都属于非法招用童工。其法律责任包括：①安置、治疗和赔偿责任。用人单位应当立即将童工送回原居住地，并承担因此所需全部费用；对被送回原居住地之前患病或受伤的童工，用人单位应当负责送到医疗机构治疗并负担治疗期间全部医疗和生活费用，医疗终结后还应当向伤残童工本人发放致残抚恤费；童工死亡的，应当发给童工父母或其他监护人丧葬补助费，并给予经济赔偿。②行政责任和刑事责任。对使用童工的单位，由县级以上劳动行政部门提请工商行政管理部门吊销其营业执照。使用童工单位的直接负责的主管人员和其他责任人员，由县级以上劳动行政部门提请有关主管部门给予行政处分。对童工伤、残、死亡负有责任的单位和个人，由县级以上劳动行政部门给予行政处罚；违反《治安管理处罚法》的，由公安机关给予治安管理处罚；构成犯罪的，由司法机关依法追究刑事责任。

5. 用人单位招用在职劳动者的法律责任

《劳动合同法》规定，用人单位招用尚未解除劳动合同的劳动者，对原用人单位造成经济损失的，该用人单位应当依法承担连带赔偿责任。除了法定允许业余兼职和依法暂停劳动关系的劳动者外，招用尚未解除劳动合同的劳动者均属非法，该用人单位与劳动者共同侵犯了原用人单位的合法权益，就应当共同承担法律责任。

6. 用人单位提供的劳动合同文本内容存在瑕疵的法律责任

《劳动合同法》规定，用人单位提供的劳动合同文本未载明本法规定的劳动合同必备条款或者用人单位未将劳动合同文本交付劳动者的，由劳动行政部门责令改正；给劳动者造成损害的，应当承担赔偿责任。

（二）用工法律风险控制方法

用工法律风险的控制方法主要包括以下三种。

1. 以直接用工代替间接用工，并减少授权订立劳动合同层级

为了避免外包用工和劳务派遣中，因承包人或劳务派遣单位选择不当，导致承担连带责任，用人单位应尽可能根据岗位情况，选择直接雇用，并综合运用多种直接用工形式。同时，为了避免因授权下属单位自行雇用劳动者，而下属单位违法雇用劳动者从而承担连带责任，用人单位应减少劳动合同的授权签订层级，并加强用工责任制。

2. 间接用工时，加强对于合同单位的用工资格审查

在采用劳务派遣和外包用工等间接用工方式时，应选择有资质、信用好的劳务派遣单位和承包人。特别是在劳务派遣中，用人单位应当加强对于劳务派遣单位履行劳动合同雇主责任的监督，以免因劳务派遣单位违法而承担连带责任。

3. 完善订立劳动合同的规章制度，严格劳动合同订立流程管理

完善订立劳动合同的规章制度，明确管理流程，其中要注意以下三个问题：①签订劳动合同的时间。一般应当坚持先签合同后用工，如果先用工的话，必须在一个月内签订劳动合同。②劳动者签订劳动合同时，须持劳动关系终止或解除证明。对于兼职劳动者，应得到原单位的书面同意或与原单位订立的劳动合同中不禁止兼职的证明，以免因雇用未解除劳动合同的劳动者而承担连带责任。③严格规定劳动合同订立过程中的负责人员责任，避免出现因工作失误导致的违法用工行为。

二、特殊情况下口头变更劳动合同

《最高人民法院关于审理劳动争议案件适用法律若干问题的解释（四）》第十一条规定："变更劳动合同未采用书面形式，但

已经实际履行了口头变更的劳动合同超过一个月,且变更后的劳动合同内容不违反法律、行政法规、国家政策以及公序良俗,当事人以未采用书面形式为由主张劳动合同变更无效的,人民法院不予支持。"由此可见,我国在强调变更劳动合同采用书面形式的同时,开始在司法实践中有条件地承认口头变更劳动合同。变更劳动合同的注意事项见表2-4。

表2-4　　　　　变更劳动合同注意事项

时间	变更劳动合同必须于劳动合同依法订立之后,在劳动合同没有履行或者尚未履行完毕之前进行。如果劳动合同尚未订立或者履行完毕,则不存在变更劳动合同的问题
原则	必须坚持协商一致的原则,即劳动合同的变更必须经劳动者和用人单位双方都同意才可以进行
内容	劳动合同内容的变更并非可以任意进行,必须符合法律法规的规定
形式	劳动合同的变更应当采用书面形式,虽然司法实践中有条件地承认口头变更劳动合同,但是应当谨慎采用口头形式

第三节　劳动合同的解除、终止和续订

第一单元　劳动合同的解除

知识要求

一、裁员后留任者的管理

在市场竞争日益激烈的现今,裁员已成为企业对人力资源和其他资源进行重新配置的重要手段之一。裁员后的留任者(未被裁减人员)、被裁者和执行者是裁员事件涉及的三个主体。往往因为被裁者的境遇比留任者更为不好,所以大量的实证研究和对策建议都是针对这一群体进行的。留任者被想象成暗自庆幸自己能够保住饭碗,并会以更大的热情投入工作。但实际情况并非如此,

留任者的心态是复杂多样的。

（一）裁员后留任者的心理特征

裁员引发的留任者与工作相关的心理症状主要表现为工作不安全感增强、工作满意度下降以及组织信任度下降，这些心理特征都会对其工作绩效产生影响。

工作不安全感是指工作受到威胁却无能为力的程度。失业是导致工作缺乏安全感的最直接的因素，对劳动者工作和生活的影响也最大。企业采取裁员措施后，留任者意识到自己的工作是不稳定的，在一次裁员中幸存下来并不意味着失业可能性的终结。留任者面对不安全感一般会有两种反应。积极的反应是努力提升自己的能力，增强自己在变幻莫测的人力资源市场上求得发展的本领；消极的反应是为保护自己的岗位作出不利于组织绩效的行为，如资源贮藏、拉帮结派排挤同事等。

裁员与工作满意度之间有较强的负相关关系。无论是被裁者、执行者还是留任者，裁员都会导致他们的工作满意度产生变化。裁员的时间越长，职工的工作满意度就越低；裁员的规模越大，职工的工作满意度就越低，对组织政策的抵触情绪也越强烈；选择永久性裁员，职工的工作满意度较低，对组织政策的抵触情绪也较强。

组织信任度既包括留任者对组织的信任，也包括留任者对管理者和同事的信任。漫长的裁员过程会将职工置于惶惶不可终日的"失业阴影"中，从而削弱他们对高层管理者管理能力的信任。而在裁员之后，管理者和工作流程的改变也会严重影响裁员后留任者的组织信任度。

（二）裁员后留任者的行为反应

裁员后留任者的行为反应主要有建设性还是破坏性、积极还是消极两个维度。在此基础上，可以搭建出一个企业裁员后留任者的反应模型（见图2-2）。

建设性的留任者不会把裁员视为威胁或伤害，因此他们愿意在裁员的问题上与高层管理者合作；相反，破坏性的留任者从裁员中只能感受到威胁和伤害,他们常常采取不合作态度来对待裁员。积极的留任者的反应表明职工在应对裁员问题上有自信,他们可能会用正式或非正式的方式来抵制裁员;消极的留任者则认为自己没有足够的能力来应对之后再实施的裁员,他们也很少主动采取措施,而只是被动地等待结果。

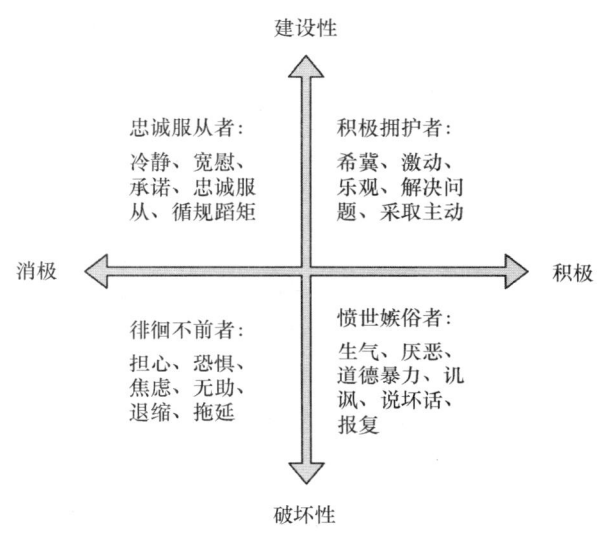

图 2-2 留任者反应模型

(三) 对裁员后留任者的管理措施

1. 保证裁员程序公正

留任者消极心理出现与否同裁员的公正程度高度相关。如果裁员过程充满"暗箱操作",就必然会带来职工的猜疑和暗斗;如果裁员的程序没有保证公平性,职工的积极性将受到严重的打击。在裁员过程中,要做到信息透明、公开、公正、公平,一旦作出决策,应当及时、公开地向所有职工传递正面、积极的信息,以增强职工对"公平性"的理解,力求使职工感到他们的工作和待遇是公平的,从而保持其工作热忱。

2. 重塑企业文化

企业文化是企业宝贵的精神财富,其对职工的激励作用是无形而持久的。裁员如果能符合企业的精神文化,那么在裁员过程中就可以取得职工的支持，在裁员结束后，又能迅速抑制留任者的消极心理。一般来讲，企业裁员会动摇企业原有的文化根基，给留任者带来较大的心理压力和负担。在这种情况下，企业应主要采用激励手段而不是约束手段，以鼓励职工的工作和创造热情，帮助职工树立新的价值观，重新找到归属感，这是保证裁员最后取得成功的关键要点。

3. 加强沟通

重建留任者的安全感和忠诚度的最好办法是管理者及时公开信息，并本着坦诚的态度与留任者充分沟通。沟通还有利于排解职工压力。当企业被迫缩小规模时，管理者应对留任者有更多的耐心，以便尽快消除他们心理上的阴影。对于留任者来讲，沟通提供了一种释放情感、缓解压力的情绪表达机制，允许他们在工作群体中吐尽对裁员的消极情绪、表达自己的挫折感和不安全感是促进其心态尽快复原的最好方法。

4. 积极开展培训

对留任者可以进行如下几方面的培训：让留任者明白企业的困境，以及企业对留任者赋予的使命和责任；为留任者提供团队心理训练、自信心训练等培训，增强留任者的自信与抗压能力；根据企业在裁员之后的考察与分析，有针对性地对留任者进行技能培训，提高他们的业务素质。这样既可以降低留任者的工作不安感，增强其对组织的信赖，同时也能为企业的继续发展打下更为坚实的业务基础。

5. 进行人力资源拓展

（1）修正工作业务流程。因裁员标准的刚性以及各种意外因素的影响，通常会出现偏离企业裁员目标的情况，如想留的人走了，想裁的人留了；加上裁员之初准备的岗位及业务流程设计可能本身存在不合理和不尽如人意的地方，在裁员后如能及时发现并对其进行修订和改正，这对提高组织运行的效率是十分必要的。

（2）修正岗位职责。裁员结束后，对出现减员的部门要立即更新岗位说明书，明确岗位职责和绩效标准，并根据工作量和质量要求相应调整职工薪酬，以减少因人数减少或新人员加入而出现的任务不明、相互扯皮现象。

（3）整合新的工作关系。可以通过团队竞技、联谊会、集体培训等方式，加强团队成员间的了解，促进良性互动。

二、裁员的效果评估

综合企业裁员的实践以及学术界的现有研究成果，可以将裁员的效果评估归纳为财务绩效、行为绩效和能力绩效三种。

（一）财务绩效

企业裁员的财务绩效主要表现为裁员行动所引致的财务指标变化。在这些指标中，最直接、最快捷的莫过于企业的人力成本、劳动生产率、销售收入以及股票价格等指标。这些指标均为直接指标和即期指标，往往在裁员声明宣布后或者裁员结束后就迅速显现出变化。

除上述指标外，还有一些间接指标和远期指标也能从不同侧面体现裁员的财务绩效。综合经营者和学者们的看法，这类指标主要包括：

1. 利润率

该指标表现为利润额与销售收入之比，其变化情况既可用来说明裁员活动导致的利润变化，又可反映裁员引致的成本升降特征。

2. 资产回报率

该指标表现为利润额与资产额之比，主要反映公司资产的盈利性水平高低，但从中也可以发现裁员企业资产回报的总体变化以及资产利用效率的变化。

3. 股本回报率

该指标表现为利润额与公司所有者权益的比值。尽管它与资产回报率指标具有相似的功能，但它能够更准确地反映裁员活动对公司股东权益的影响，而这一变化往往是公司股东最关心的裁员财务绩效。

相对而言，间接指标和远期指标更具有综合性特征，可以更全面、系统地体现裁员活动对企业的总体影响。因此，在不少学者的研究中，他们对裁员活动与财务绩效关系的分析，往往基于这些间接指标和远期指标。

（二）行为绩效

企业裁员的行为绩效主要表现为由裁员声明或整个裁员活动所引致的职工个体或群体的行为变化。

依照主体不同，裁员的行为绩效可以划分为两种类别。一类是被裁者的行为变化。该类行为绩效大致有三种表现形式：平静离职、消极对待和联合抵制。所谓平静离职，是指被裁者平静地接受企业的裁员决定并顺利离开所在岗位。所谓消极对待，是指被裁者因不满企业的裁员决策而表现出发泄、抗争、怠工、离职等个体行为。所谓联合抵制，是指被裁者针对企业的裁员决策所采取的团体抗议、停产、罢工等行为。企业裁员的另一类行为绩效表现为裁员后留任者的行为变化。这类行为绩效主要分为建设性的留任者、破坏性的留任者、积极的留任者和消极的留任者四类职工的行为反应，在前文中已做过解释，此处不再赘述。

一般而言，企业裁员的行为绩效多为直接绩效和即期绩效，其效果往往在裁员声明发布后或相关的过渡干预措施实施后就会逐步显现出来。从这一角度看，行为绩效通常会是企业在裁员后最先收到的效果。

（三）能力绩效

企业裁员的能力绩效主要体现为裁员所引致的组织能力和企业竞争能力的变化。一般而言，这类绩效通常是间接绩效和远期绩效，需要经过一段时间的演变和调整后才会显现出来，重点体现在如下三个方面。

1. 企业生存能力的变化

此处所谓的生存能力，指的是企业通过适当投入使其与外界保持正常交换的基本条件，其中最主要的应该是企业的现金流状况。企业要想生存，正常开展生产经营活动，就必须保证现金流动的畅通，因此，现金流量指标可以简单明了地反映出裁员企业生存状况的变化。

2. 组织效率的变化

在企业裁员中，组织效率的变化会直接表现为人员配置数量与结构的变化、组织机构设置的变化、组织内部权责关系的变化、组织信息沟通的变化以及与工作方式和工作效率相关的变化等。这些变化在企业运营过程中相互影响、相互作用并最终改变企业整体的投入产出比。基于这一演变规律，利用全员劳动生产率指标来衡量和测度裁员企业组织效率的变化情况无疑是一个较为客观的选择。

3. 企业竞争力的变化

这是一个更具综合性和长期性的评价因素，是指在竞争性市场中，与同行业其他企业相比，一家企业所具有的能够更持续、更有效地向市场提供商品或服务，并获得盈利及自身发展的综合素质和条件。

综合上述分析不难发现，裁员绩效的构成实际上是一个多维度、多因素、多指标的综合体，其显现过程具有明显的阶段性和渐进性的特征。其评价过程需要综合考虑维度差异和时间要素的影响，其结果不能简单表述为某个数值，只能表现为一个综合性的判断。

 **技能要求**

一、用人单位违法解除劳动合同的后果

用人单位单方解除劳动合同时，既要满足法定条件，又要遵守法定程序，违反任何一项，都会构成因违法解除劳动合同而承担不利的法律后果。《劳动合同法》增加了用人单位违法解除劳动合同的责任和成本，如果用人单位被认定为违法解除劳动合同的，那么由劳动者选择劳动关系是否恢复。若劳动者要求继续履行劳动合同的，用人单位应当继续履行；如果劳动者不要求继续履行或者劳动合同已经无法继续履行的，用人单位应按经济补偿的2倍支付劳动者赔偿金。

二、用人单位违法解除劳动合同被纠正后的工资支付

需要指出的是，用人单位违法解除劳动合同，容易引发劳动争议。在劳动争议处理期间，劳动者通常不会提供正常劳动。如果用人单位解除劳动合同的行为最后被认定为违法，而劳动者又选择恢复劳动关系，用人单位就需要支付劳动者从违法解除劳动合同之日到恢复劳动关系之日的劳动报酬。

用人单位作出的与劳动者解除劳动合同的处理决定被劳动争议仲裁委员会或人民法院依法撤销后，劳动者主张用人单位给付上述处理决定作出后至仲裁或诉讼期间的工资，应按以下原则把握。

1. 用人单位作出的处理决定仅因程序方面存在瑕疵而被依法撤销的，用人单位应按最低工资标准向劳动者支付上述期间的工资。

2. 用人单位作出的处理决定因在实体方面存在问题而被依法撤销的，用人单位应按劳动者正常劳动时的工资标准向劳动者支付上述期间的工资。

第二单元　劳动合同的终止和续订

知识要求

一、劳动合同终止与解除的概念辨析

劳动合同的终止与解除，是劳动合同效力和劳动合同关系消灭的两种形式。二者的区别在于：①阶段不同。终止是劳动合同期满、目的实现或当事人资格丧失而终止，是劳动关系的正常结束。而解除是劳动合同的提前消灭，对于固定期限劳动合同而言，是在合同的目的尚未完全实现之前，并且合同当事人仍具有法律资格时终止。②劳动关系消灭的条件不同。终止是在一定的法律事实出现后无须当事人双方合意或任何一方专门作出终止劳动合同的意思表示，只需当事人在具备终止的法定事由时无延续劳动关系的意思表示即可。而解除须当事人依法作出提前消灭劳动合同关系的意思表示，即须经当事人双方协商一致或一方当事人依

法行使解除权。即使具备了劳动合同解除的条件而无合同当事人解除劳动合同的意思表示的,劳动合同仍未解除。③预见性不同。法律规定的终止期限具有现实性,到期一定会发生。而法律规定的解除条件只是一种可能性,可能会出现,也可能不出现。

二、劳动合同终止后的后合同义务

在劳动合同终止、双方办理交接完毕之后,双方之间不再有劳动关系,但这并不意味着双方不再有权利义务关系。如果劳动者和用人单位之间签订了保密协议或者竞业限制协议,双方应按照协议履行,如果一方违反协议则须承担相应的责任。需要说明的是,保守用人单位的商业秘密是劳动者的法定义务,即使劳动者和用人单位之间没有签订保密协议或者在劳动合同中没有约定保密事项,劳动者在离开用人单位后,仍然应当保守原单位的商业秘密。

技能要求

一、劳动合同终止的风险控制

劳动合同的终止风险主要是指用人单位违法终止劳动合同所要面临的法律后果。预防违法终止劳动合同的主要措施包括:

1. 加强劳动法律监督,依法追究用人单位的违法责任。

2. 加强对于用人单位的宣传,使用人单位真正认识到无固定期限劳动合同对它来讲不是一种负担,而是有利于其长远发展的一种措施,从而增强用人单位签订无固定期限劳动合同的主动性。

3. 加强企业社会责任意识,使用人单位认识到,在劳动合同逾期终止的情形下,用人单位可以通过它向已经为其服务多年的职工表达一种关爱,用人单位对待他们的态度会影响其他职工的士气和认同感。用人单位对于这些职工的诚信履约行为,是对于其他职工诚信履约的一种鼓励。

二、劳动合同违法终止的处理

(一)劳动合同违法终止的认定

所谓违法终止,如同违法解除一样,是指用人单位终止劳动合同不符合法律的规定。法律严格规定了用人单位终止劳动合同的条件、程序以及限制终止劳动合同的情形。用人单位如果违反了限制终止劳动合同的规定，对于符合相关条件的劳动者直接终止劳动合同，则属于违法终止。

(二) 劳动合同违法终止的责任

1. 恢复劳动关系

用人单位违法终止劳动合同，劳动者要求继续履行的，用人单位应当继续履行。此项选择权归劳动者所有，即劳动者选择要求恢复劳动关系的，用人单位的违法终止行为无法使劳动关系终结。与用人单位违法解除劳动合同一样，劳动者不但有权要求恢复劳动关系，还可以要求用人单位支付劳动者从违法终止之日到恢复劳动关系之日的劳动报酬。

2. 用人单位支付赔偿金

用人单位违法终止劳动合同，劳动者不要求继续履行的，劳动者可以要求用人单位支付赔偿金。有关赔偿金的计算方法与前述用人单位违法解除劳动合同的赔偿金计算方法一致，此处不再赘述。

相关法律法规

1. 《中华人民共和国劳动法》
2. 《中华人民共和国劳动合同法》
3. 《中华人民共和国劳动合同法实施条例》

复习思考题

1. 简述我国劳动合同制度的适用范围。
2. 简述企业用工方式的选择策略。
3. 简述劳动合同期限的选择策略。
4. 简述心理契约、企业文化和培训管理对劳动合同履行的影响。

5. 简述企业用工存在的法律风险及控制方法。
6. 如何管理裁员后留任者？
7. 如何对裁员的效果进行评估？
8. 用人单位违法解除劳动合同的法律后果是什么？
9. 简述劳动合同解除与劳动合同终止的区别。
10. 用人单位违法终止劳动合同的法律后果是什么？

案例分析题

"离职时约定无争议"在法律上有效吗？

乔某在某物业公司工作了2年时间，公司在其劳动合同到期前通知他不再续签合同，并要求与其签订一份离职协议。此后，双方所签订的离职协议载明了离职日期、公司应支付给他的经济补偿金数额等内容。其中还有"物业公司未拖欠乔某任何劳动报酬、奖金、福利待遇，双方之间不存在任何劳动争议"的条款。协议签订后的第3天，公司结清了乔某的工资、奖金等，并支付了约定的经济补偿金。事后，乔某认为公司给付的劳动报酬存在一些问题，但不知道自己能不能反悔，双方签订的离职协议在法律上是否有效。

离职协议在性质上属于对劳动合同解除或终止后权利和义务的重新安排。关于协议效力的认定，应着重审查是否为双方的真实意思表示，内容是否明确，以及是否显失公平或者存在重大误解等。在不违背劳动基准法的前提下，应充分考虑和尊重当事人的意思自治，一般应认定为有效。

对此，《最高人民法院关于审理劳动争议案件适用法律若干问题的解释（三）》第十条规定："劳动者与用人单位就解除或者终止劳动合同办理相关手续、支付工资报酬、加班费、经济补偿或者赔偿金等达成的协议，不违反法律、行政法规的强制性规定，且不存在欺诈、胁迫或者乘人之危情形的，应当认定有效。前款协议存在重大误解或者显失公平情形,当事人请求撤销的,人民法院应予支持。"

据此,离职协议无效的情形包括:一是违反了法律、行政法规的强制性规定,即如果离职协议中所涉及的劳动者权利违反了法定的基准性权利,诸如自愿接受法定最低工资标准以下的工资,自愿放弃社会保险权利,自愿接受低于法定工伤补偿标准的工伤补偿等,那么这样的协议条款就无法律效力。

二是用人单位在签订离职协议时具有欺诈、胁迫或者乘人之危的情形,诸如劳动者若不愿签订离职协议或不接受协议中的条款,就不批准其辞职或不予办理档案转移手续等。

三是劳动者存在重大误解或者离职协议显失公平。例如,对补偿的计算标准存在重大误解,约定的补偿金、赔偿金明显低于应付数额等。

另外,离职协议中有关"劳动者承诺放弃仲裁、诉讼等权利"的条款,由于排除了劳动者的诉权,因此也不具备法律效力。

总之,离职协议具有上述情形的,劳动者可以反悔,提起仲裁或诉讼要求保护其合法权益。

乔某是具有完全民事行为能力的人,有权处分自己的合法权利。如果双方签订的离职协议未违反法律、行政法规的强制性规定,也无证据显示乔某在签订离职协议时存在受欺诈或胁迫等情形,那么就应认定离职协议为双方真实意思表示,该离职协议具有法律约束力。

资料来源:潘家永. 离职时约定无争议在法律上有效吗? [N]. 劳动午报, 2018-11-30 (11).

请思考:协商解除劳动合同应注意哪些问题?

第三章　集体协商与集体合同管理

 **学习目标**

1. 了解集体协商与集体合同的关系、集体协商的分类和集体协商的主要内容。

2. 掌握集体协商在企业管理中的意义，熟悉企业民主管理和其他沟通协商机制与集体协商的关系。

3. 掌握区域性、行业性集体协商与企业集体协商的差异和联系，了解区域性、行业性集体协商的价值，熟悉开展区域性、行业性集体协商的流程。

4. 了解用人单位建立集体协商机制的依据，熟悉区域性、行业性集体协商代表产生的有关规定，了解区域性、行业性集体协商代表的职责，了解区域性、行业性集体协商的内容。

5. 熟悉集体协商评估的意义、原则、内容、主体和方法，了解集体协商改进的必要性以及改进的路径和方法。

6. 熟悉区域性、行业性集体合同的签订程序、监督履行以及区域性、行业性集体协商争议处理。

7. 了解区域性、行业性集体协商的策略。

第一节　集体协商的组织开展

第一单元　集体协商概述

知识要求

一、我国集体协商与集体合同制度概述

（一）集体协商和集体合同

集体合同是指职工一方与用人单位根据法律、法规、规章的规定，就劳动报酬、工作时间、休息休假、劳动安全与卫生、保险福利等事项，通过集体协商签订的书面协议。集体协商双方还可以就集体协商的某项内容签订专项书面协议，即专项集体合同，一般包括劳动安全卫生、女职工权益保护、工资调整机制等专项集体合同。符合法律和规定的集体合同或专项集体合同，对用人单位和本单位的全体职工具有法律约束力。

开展集体协商是劳动关系双方就双方权益及关注的问题进行沟通、磋商、协调、共决的过程，是订立集体合同的必经程序；签订集体合同是集体协商达成一致的法律结果。

我国集体协商与国外集体谈判同样是通过劳动关系双方的意见交流与磋商，共同决定工作条件、劳动标准或双方认为必要的事项。但在不同经济、社会、文化背景下，二者又有所差别。二者在用词表达上即有所不同。"谈判"一般理解为讨价还价、交涉，往往是特指双方围绕某一事项，经交涉而达成一致协议的过程。"谈判"一词带有"洽谈"和"判定"两层含义。因此，"谈判"一词强调双方的对立局面。而"协商"一词是指调和、共同商量，以便取得一致意见。它含有协助、协同的表意，传递了诚挚、认真合作的气氛。使用"协商"，双方更容易接受，也反映了我国集体协商与集体合同制度的基本主张。

（二）集体协商的分类

按照集体协商涉及内容划分，可将集体协商分为综合性集体协商和专项集体协商。综合性集体协商是指劳动关系双方就劳动报酬、工作时间、休息休假、劳动安全卫生、女职工和未成年工特殊保护、职业技能培训等所有与劳动关系相关的问题进行的综合性协商。专项集体协商是指劳动关系双方单独就劳动关系中的某一方面问题，如工资、女职工权益保护、劳动安全卫生等问题进行的协商。

按照集体协商覆盖范围划分，可将集体协商分为企业集体协商、区域性集体协商、行业性集体协商、产业（集团）级集体协商、全国性集体协商。实践中，我国以前三种类型为主。

1. 企业集体协商是指在企业内部，由企业方与职工方，就本企业劳动关系具体问题，为签订企业内集体合同、专项集体合同或解决劳动关系问题进行商谈的行为。它包括企业集团层次的集体协商、企业工作场所的集体协商，以及像英国一些地方出现的车间或部门的集体协商。我国目前的集体协商主要是在企业这一层面上推行实施的。企业集体协商操作简单，灵活性强，经济实用性高。企业内部有效开展集体协商有利于协调劳动关系，有利于预防和化解劳动关系纠纷，有利于提高职工参与治理的积极性。

2. 区域性集体协商是指以行政区域（如镇、区、街道、村、经济开发区、工业园区等）为单位，由区域工会组织与相应的区域企业组织或区域内企业推选产生的代表，依照国家法律、法规，为签订覆盖本地区所有企业的区域性集体合同而进行商谈的行为。区域性集体协商有助于解决我国非公有制企业和中小企业发展过程中出现的劳动关系问题。这些企业数量多、分布广、规模小、职工流动性大，更容易产生劳动关系方面的冲突和纠纷。区域性集体协商可以增强职工的自我保护意识和能力，同时也可以帮助缺乏解决劳动关系问题经验的企业更好地协调劳动关系双方的矛盾。

3. 行业性集体协商是指在同行业企业相对集中的区域，由行业工会组织代表职工与同级企业代表或企业代表组织，为签订行业内集体合同或专项集体合同进行商谈的行为。行业性集体协商有助于针对行业的特点对本行业的突出问题进行改进，更好地协调行业劳动关系问题，减少劳动冲突和劳动纠纷。在突出行业特点的基础上，有助于推动劳动关系双方就各方的权利和义务订立更为合理、完善的行业集体合同。

4. 产业（集团）级集体协商是指由产业工会组织与相应的产业企业团体就产业内劳动关系有关问题进行商谈的行为。这个级别的集体协商主要集中在西欧和南欧国家，如法国、荷兰、德国、意大利、西班牙等国家。目前，我国法律没有关于开展产业（集团）级集体协商的规定，但有这方面的实践，如上海有不少产业（集团）进行了产业（集团）级集体协商。

5. 全国性集体协商，又叫中央级集体协商，一般是指由企业的全国性组织与劳动者整体的全国性组织就劳动关系的根本性问题举行的集体协商形式。举行全国性集体协商的国家比较少，比较典型的有比利时、芬兰、挪威、爱尔兰、丹麦等国家。

二、我国集体协商的内容

（一）薪酬

在市场经济条件下，企业力求用最小的投入获得最大的产出，必然努力提高生产要素的使用效率，其中包括以最小的劳动要素成本的投入获得最大的劳动使用效率；而与此同时，由于薪酬是个人消费品的货币形式，劳动者个人必然要求付出劳动后获得的薪酬收入达到最大化。因此，薪酬是集体协商当中最重要也是双方最为关注的一个议题。

1. 工资协商

我国对于工资集体协商的内容没有强制性的限定，从立法的情况来看，无论是《工资集体协商试行办法》还是《集体合同规定》，主要都是通过列举式加概括式的方法明确工资集体协商的主要内容。工资集体协商的内容主要包括实体性内容和程序性内容。

其中，实体性内容主要包括：企业工资水平、工资分配制度、工资标准和工资分配形式，工资支付办法，加班、加点工资及津贴、补贴标准和奖金分配办法，工资调整办法，试用期及病、事假等期间的工资待遇，特殊情况下职工工资支付办法和其他劳动报酬分配办法等。程序性内容主要包括：工资协议的期限，变更、解除工资协议的程序，工资协议的终止条件，以及工资协议的争议处理和违约责任等。

（1）工资分配制度

企业工资分配制度是企业内部劳动者工资及工资关系的确定、工资调整、工资晋升及其考核形式、工资支付形式的确定等有关规章制度的总称。工资分配制度是企业运营管理的主要机制，是人力资源开发和激励的主要机制，也是协调各类劳动者劳动关系的重要机制，因此工资分配制度是集体协商的重要内容。

1）确定工资分配制度的原则。首先，工资对外要具有竞争力。其次，工资分配制度对内要具有公平性。再次，对职工来讲工资要具有激励性。最后，要合理控制人工成本。

2）对工资分配制度进行集体协商。工资分配制度主要包括岗位工资制、技能工资制、浮动工资制、定额工资制等。企业应当根据本单位的生产经营特点和管理方式，确定科学合理的工资分配制度和分配形式，并就工资的基本构成、各部分所占比重、具体标准、分配原则以及年终奖金、分红等内容与劳动者进行协商，尤其是经过集体协商确定企业的劳动等级分类并确定各等级工资标准。

（2）工资水平和工资标准

工资水平是工资集体协商的重要内容之一。工资集体协商一般以年度职工人均工资水平为基本内容。在集体协商时，除了要协商基本工资外，还要协商奖金、津贴补贴、加班加点工资、补充保险等。在协商奖金制度时，应从以下三方面着手。①结合生产特点进行协商，制定简单明确、便于考核和计算的奖励条件。②奖励指标要明确具体，尽量做到具体化、数量化，做到奖得有真凭实据，公平合理，令人信服。③进行奖励范围和奖励面的协商。在协商补充保险时，主要协商补充保险的种类、范围以及基本福利制度和福利设施等。

（3）工资支付办法

企业工资支付办法应包括支付项目、支付标准、支付方式、支付周期和日期、加班工资计算基数等内容。集体协商中，劳动关系双方要就工资支付时间、支付方式、支付项目以及拖欠支付时给予补偿的标准等内容进行协商。

2. 福利协商

（1）福利协商的重要性

在广义的薪酬概念中，除了工资之外还包含福利。福利可以分为法定福利和企业福利。法定福利是国家或社会提供的一种社会保障制度，因此没有协商的必要；而企业福利是企业对劳动岗位上的劳动者，在其参加按劳分配的同时，为解决他们共同的和特殊的需要，改善其物质文化生活所给予的一种帮助。企业福利是保留职工方、激励职工方的重要手段，因此企业福利是集体协商的重要内容。企业根据自身总体发展情况，可以自行决定企业福利，企业福利主要由集体支配，定向使用。

（2）企业福利协商的主要内容

1）企业补充保险。企业补充保险是指企业能够凭借自身的经济能力来给予职工方除了社会保险等公共保险以外的保障性措施，一般包括企业补充养老保险和企业补充医疗保险。

①企业补充养老保险。企业补充养老保险也叫企业年金，是指在国家基本养老保险的基础上，依据国家政策和本企业经济状况建立的、旨在提高职工退休后生活水平、对国家基本养老保险进行重要补充的一种养老保险形式。

企业补充养老保险由人力资源社会保障行政部门管理。企业实行补充养老保险，应选择经人力资源社会保障行政部门认定的机构经办。企业补充养老保险费可由企业完全承担，或由企业和职工双方共同承担，承担比例由企业和职工双方协商确定。

相对于其他形式的养老基金而言,企业补充养老保险既能够体现出专家投资管理的潜力和优势,又具备较好的风险收益组合和较低的交易成本。企业设立的企业补充养老保险计划是其人力资源管理和人力资本投资的重要举措。有效的企业补充养老保险计划有利于保留和吸引企业高端技术和管理人才,进而有利于增强企业内部的凝聚力和外部的市场竞争力。

企业在与职工方协商企业补充养老保险时主要应该协商企业补充养老保险的管理和运营模式、缴费比例、基金的管理方、支付方式等方面的内容。

②企业补充医疗保险。企业补充医疗保险是指企业在参加基本医疗保险的基础上,根据自身的经济承受能力,本着自愿的原则,自出资金,对本企业职工超出基本医疗保险基金支付限额的医疗费用,实行医疗补助的医疗保险。

并不是所有企业都能够建立补充医疗保险。建立补充医疗保险的企业,首先,必须已经参加基本医疗保险,并按时足额缴纳保险费用。其次,要具有一定的经济承受能力,即具有持续的税后利润,并按时缴纳其他社会保险费用,保证足额发放职工工资。再次,已经形成的医疗保障待遇高于基本医疗保险待遇,且有能力主办或参加补充医疗保险。

企业在与职工方协商企业补充医疗保险时应当主要协商保险范围、保险资金的筹集方式、保障水平、管理方式、待遇给付办法等内容。

2）生活福利。生活福利也是职工劳动报酬的重要组成部分,包括企业为职工兴办的集体福利设施和建立的各种补贴、补助制度等。发展职工生活福利,有利于改善和丰富职工的物质和精神生活,提高职工素质,改善职工的生活质量,是调动职工工作积极性、提高企业凝聚力的有效手段。

对生活福利的协商一般包括以下内容：职工住宅,含集体宿舍；为方便职工生活、减轻职工家务劳动负担、提供日常物质和文化娱乐生活服务而兴办的集体福利设施,如职工食堂、幼儿园、内部商店、理发室、图书馆、体育场等；为解决职工不同需要，适当补偿工资收入，减少职工生活费支出而建立的福利补贴、补助制度，如职工生活困难补助、上下班交通补助、探亲待遇等；为职工兴办的各种疗养休养设施。

3. 劳动定额协商

（1）劳动定额协商的重要性

劳动定额，通常指在一定的生产技术和组织条件下，为生产一定量合格产品或完成一定量工作所预先规定的劳动消耗量标准，或是在单位时间内完成预先规定的合格产品的数量。

劳动定额的协商与确定，对企业而言，与其经济效益密切相关。从企业经营管理角度考察，能较客观地反映出企业内不同劳动者的工作能力和工作态度，并可据此确定不同职工的劳动报酬，体现"多劳多得"的工资分配原则，同时降低企业的管理监督成本，因此被传统的加工制造业、建筑业等行业的众多企业所青睐和推崇。但其适用范围具有一定的限制性，一般只适用于在劳动工序相对独立、产品质量有明确标准并能科学测定，职工个体的工作数量或生产产品数量能够准确计算，企业管理制度比较健全完善的企业内实行。

（2）劳动定额的确定方法

企业在与劳动者进行劳动定额协商前，应当对本企业的劳动定额进行科学合理的测算。同时，在科学合理测算劳动定额的过程中，应充分考虑到不同群体（性别、年龄等）的差异性，确保劳动定额的确定不会使这些群体的利益受到侵害。具体步骤如下：

第一步，对生产工艺、设备、工种岗位设置、劳动定员定额制定和完成情况以及岗位基本情况等进行全面调查。

第二步，进行岗位劳动技术测定，取得制定劳动定员定额标准所需的劳动时间、劳动强度、劳动环境等技术数据。

第三步，根据技术测定所取得的数据，结合岗位调查资料及历史资料的统计分析，应用工作研究的方法，对生产作业组织、操作动作及动作完成时间等进行分析研究，提出优化和改进措施，并对测定的数据进行必要的调整和修正。在做这一工作时,要充分考虑到不同群体的差异性。

第四步,应用各岗位经调整修正后的技术数据,根据劳动宽放时间及定员定额计算公式,计算各岗位在工作班时间内可以达到的作业时间标准及完成所规定工作量的理论定员定额数量值。

第五步,结合生产、计划、工艺、安全及劳动组织等方面的要求,对计算得出的定员定额数据进行必要的调整,确定合理的劳动定员定额标准。

第六步,组织审定标准,平衡审定各标准的表现形式、内容及标准水平,确定劳动定员定额标准。

(3) 劳动定额协商的具体内容

1) 协商不同岗位的劳动定额确定方法和确定标准。同时,针对同一岗位也要考虑到不同群体的差异性。

2) 协商不同岗位的定额标准的调整机制,确定劳动定额标准多久调整一次,在什么情形下需要进行调整。

(二) 工作条件

1. 工作时间协商

(1) 工作时间协商的重要性

2013年3月4日,韩国现代汽车和起亚汽车工厂的工人开始使用新的工作时间制度,代替已经实行了46年的两班倒24小时不间断的工作制。自此,凌晨1:30以后不再工作。一班工人从早上6:50工作至下午3:30,另一班从下午3:30工作至凌晨1:30。新的工作时间制度基于2012年工会与工厂达成的集体合同。该集体合同经历了许多年的研究和谈判,同时也带来了生产系统的变化。在新的工作时间制度下,工厂每天生产432辆车,在以前的系统下只生产402辆车。新协议通过将工资支付制度从按日计酬改为按月计酬,避免了因工作时间缩短而导致的降薪。工会和工厂希望启动新一轮谈判,协商增加雇员以应对增加的产量要求。2014年,金属业工会与企业方组织(成员主要为汽车零件供应商)达成了一个类似的协议,计划于2014年消除整夜工作。在半个多世纪的社会历史发展过程中，工人每周劳动的平均工时逐渐被缩短。工作时间是工作内容的重要组成部分，对于工会组织来说，缩短工时始终是它的奋斗目标之一，并且也是工人运动所围绕的一个焦点，是集体协商的重要内容。

（2）工作时间协商的具体内容

了解企业不同岗位、不同工种的工作时间特点，协商工作时间制度。

协商缩短工作时间时，要注意关于缩短工作时间的规定，在一般情况下，劳动强度越大，对身体的危害就越大，需要特殊保护的女职工和未成年工的工作时间应该相对越少。

在协商特殊工时制度时，要注意特殊情况下的工作时间的计算。例如，受恶劣气候的影响，工人为了完成正常的生产任务不得不利用晚上的时间，甚至利用周末和假期时间来从事劳动。那么这些时间应该怎样计算，在集体协商中应该怎样交涉。

协商对延长工作时间的工时计算。不同时间加班加点的标准不同，不同的工作应该如何认定加班加点。协商加班加点办法，在延长工作时间限制的认定方面，我国对延长工作时间给予了一定的法律限制，包括时间限制以及延长劳动时间要与工会协商。

2. 休息休假协商

（1）休息休假协商的重要性

2013年7月，澳大利亚的工会和企业方组织达成了一项协议，使周六工作的零售业采纳了一套"超级周末"制度。周六工作的工人（周日不工作）将可以获得每月一次的连续三天的带薪假期（周五、周六、周日或周六、周日、周一），这既满足了需要周六营业的商业需求，又给工人每月一次休长周末的机会。根据人的生理规律，劳动者在经过一定时间的劳动后都会感到一定程度的疲劳，如果不能得到及时的休息和调整，劳动者的身体健康势必会受到损害，劳动者的劳动生产率也会降低，因此合理的休息休假时间对劳动者而言至关重要。休息休假制度与工作时间制度相辅相成，都是集体协商的重要内容。

（2）休息休假协商的具体内容

1）休息时间的分类。进行协商时，双方代表应当了解我国关于休息时间的种类规定。除了法律规定的意外，双方协商的重点是解决那些临时发生的问题，如特殊事假是否支付工资。

2）日休息时间、周休息日安排以及年休假安排。

3）不能实行标准工时制时职工的休息休假。

4）其他假期。

3. 劳动安全卫生协商

（1）劳动安全卫生协商的重要性

工作场所的安全卫生是各个国家都十分重视的问题，也是集体协商中的又一焦点问题。劳动安全卫生是劳动者实现宪法赋予的生命权、健康权的具体保障。劳动安全是指企业应保证劳动场所无危及劳动者生命安全的伤害事故发生。劳动卫生是指企业应保证劳动场所无危及劳动者身体健康的慢性职业危害发生。劳动安全与卫生，既相互联系又彼此独立，共同组成了劳动者劳动保护的屏障。

（2）劳动安全卫生协商的具体内容

1）对工作场所环保和劳动条件的改善进行协商。劳动关系双方在协商中可以商讨企业应采取的切实的改进措施，防止劳动者在劳动过程中发生意外事故，或者防止劳动者受到职业病的侵害。

2）劳动关系双方可以在协商中讨论如何加强对职工的安全教育培训，建立安全监督机构，在非常情况下对职工采取紧急救护及工伤急诊资金支付问题的处理，以及对特种劳动者如何进行训练等。

3）对劳动保护用品的购置、发放进行协商，以及对从事有毒有害工作的劳动者做定期健康检查进行协商。

4）对安全操作规程进行协商。

4. 女职工特殊保护协商

（1）女职工特殊保护协商的重要性

女职工是指一切以工资收入为主要生活来源的女性职工。女职工特殊保护是指根据女职工身体结构和生理机能的特点以及抚育子女的特殊需要，在劳动方面对妇女特殊权益的法律保障。对女职工的特殊保护有利于保护劳动者的身体健康，从长远的角度看有利于增强民族体质，也有利于提高劳动者的素质。

（2）女职工特殊保护协商的具体内容

1）女职工的经期、孕期、产期和哺乳期的劳动保护，企业应当超越法律法规的底线要求，根据自身情况，与女职工协商确定。

2）女职工定期健康检查制度的确定。

3）女职工性骚扰的预防和处理机制和流程。

（三）工作制度

1. 绩效管理制度协商

（1）绩效管理制度协商的重要性

作为人力资源与劳动关系管理核心职能之一的绩效考核，承担着将企业战略目标与整体绩效期望落实到每个职工个人的任务，并且要对每个职工和部门的绩效进行管理、改进和提高，从而实现和提升企业的整体绩效，进而推动企业的整体实力和竞争优势的增长。从职工的角度来看，绩效考核也是让其获得正确的自我认知的手段，绩效考核能使其知道自己存在的优点与不足，并针对不足通过接受企业培训进行改进，最终实现与企业的共同进步。

同时，绩效考核也是工资制度公平公正实施的前提和依据，因此集体协商中，确定合法、合情、合理的绩效管理制度也是非常重要的。

（2）绩效管理制度协商的具体内容

1）协商确立企业的绩效管理制度，让职工充分参与到绩效管理中来。职工的充分参与和接受是绩效管理制度成功的基础。

2）协商确立一些绩效评价指标。对于一些有争议的绩效评价指标，可以通过集体协商与职工协商确定，同时协商这些评价指标如何与薪酬进行合理挂钩。

2. 冲突管理制度协商

（1）冲突管理制度协商的重要性

在工作场所，冲突和争议是不可避免的。为了尽可能降低冲突产生的不利影响，及时、高效地解决冲突，企业应当建立相应的冲突管理制度。不同的企业适合使用的冲突管理制度并不相同，因此双方应当在集体协商中进行沟通和约定。

（2）冲突管理制度协商的具体内容

1）协商选择冲突管理的方法。

2）协商建立冲突管理的程序。

3）协商保证冲突管理的制度化，包括建立相应的考核制度（例如，将建立冲突管理制度、解决冲突作为人力资源管理部门的考核指标），以及持续的沟通、反馈和改进等环节。

3. 职工代表大会制度协商

（1）职工代表大会制度协商的重要性

职工代表大会是职工民主参与管理的基本形式，它和其他民主参与形式一同构成了我国基层组织中的职工民主参与管理体系。但是，我国法律并没有对这一制度的实施作出细化规定，因此在集体协商中明确如何实施职工代表大会制度是非常重要的。

（2）职工代表大会制度协商的具体内容

1）协商职工代表产生的相关制度，包括职工代表的条件、职工代表的任期、职工代表的比例和构成、职工代表的选举方法、职工代表的补选和撤换。

2）协商职工代表的权利和义务。

3）协商职工代表大会的操作流程。

（四）程序性内容

1. 集体协商的流程管理

根据《劳动合同法》《集体合同规定》和《工资集体协商试行办法》等法律、法规、规章的规定，集体协商应当按照以下程序进行：首先进行协商准备，确定双方协商代表，组建协商小组，准备协商必备的文件，起草协商议题；在一方发出要约，另一方作出回复之后，召开正式协商会议，就协商议题展开协商，经过讨论协商双方达成一致后，签订集体合同草案；集体合同草案要提交职工代表大会或全体职工大会讨论，讨论通过后，双方首席代表正式签订集体合同；正式签订的集体合同要报送劳动行政部门审查备案，在法定的时限内劳动行政部门没有提出疑义，集体合同即行生效。集体合同生效后，双方须向全体职工公布。双方开始履行集体合同的相关条款，并都受到监督检查。

在集体协商中，企业方与职工方应当就集体协商的具体程序以及其中一些细节进行协商，达成一致后将其写进集体合同当中，例如双方协商代表选举条件和程序，以及一方发出要约另一方回复的期限等。

2. 集体合同的期限

在集体协商的实践中，集体合同的期限主要有固定期限和无固定期限两种。从各国的实践情况看，固定期限的集体合同比无固定期限的集体合同更为普遍。在具体操作过程中也会有所不同，有些国家集体合同的期限往往是可以延长的。我国《集体合同规定》规定，集体合同期限一般为1~3年。

集体合同的期限主要涉及生效和终止的时间，这在集体协商中应当由双方进行约定。

3. 变更和解除集体合同的程序

集体合同的变更是指在合同有效期内，双方当事人经重新协商并达成一致后，对合同的内容进行修改。根据我国的《集体合同规定》，在合同期内，只要双方协商一致，任何时候都可以对集体合同的内容加以修改和变更。集体合同的解除就是提前终止合同的行为。在集体协商中，双方应当就集体合同变更的程序，以及可以终止集体合同的情形进行协商并达成一致，而且将其写进集体合同当中。

4. 实施集体合同的争议处理

劳动争议按照争议标的性质的不同一般分为权利争议和利益争议。在集体协商的过程中，权利争议和利益争议存在于协商的不同阶段。签订集体合同后，集体合同争议处理制度是保证集体合同履行的重要程序保证，因此在集体协商中，双方应当就集体合同的争议处理程序作出明确约定。

 **技能要求**

一、集体协商在企业管理中的意义

企业进行集体协商的主要原因，是通过集体协商制度，可以建立起企业与职工之间的有效沟通机制，消除职工与企业之间的隔阂，提升企业管理的效率。

 **案例**

某食品有限公司（以下简称 A 公司）是一家从事农产品深加工的企业。A 公司在经营过程中致力于提高科技水平，但从本质上说它仍然是劳动密集型的制造业企业。在用工方面，A 公司存在职工生产积极性不高、学习动力不足、流动性大等问题。A 公司花费大量人力、物力、财力研发出的新工艺、新产品，随着研发人员的跳槽也被一并带到了对手企业，其间还出现了客户信息、产品报价等商业机密的泄露，这对 A 公司的经营管理及长远发展极为不利。

在此情形下，A 公司尝试建立集体协商制度来加强企业与职工之间的沟通协商，从而增强企业的凝聚力，减少职工的流失。2013 年，A 公司开展了第一次集体协商尝试，并在 2014 年开始了集体协商的进一步探索。随着集体协商的不断推进，协商内容从工资福利扩展到劳动安全保护等领域，而后 A 公司与职工签订了 1 次《集体合同》、4 次《工资集体协商合同》、1 次《女职工权益保护合同》及 1 次《安全生产专项合同》，就劳动报酬、工作时间、休息休假、劳动安全卫生等有关事项达成了合意。集体协商有效地缓和了劳企双方之间的矛盾，缓解了用工难题给 A 公司带来的长期困扰，打造了职工与公司高层之间的沟通协商平台，更为其他企业集体协商工作的开展树立了榜样。

一、集体协商是企业管理的重要组成部分，有助于实现职工

参与和民主管理

A公司在集体协商的过程中搭建了劳动关系双方交流沟通平台、职工参与公司重大决策平台和薪酬分配协商共决平台，为公司的长期稳定发展奠定了基础。

通过劳动关系双方沟通交流平台，职工代表与公司高层之间互相交流意见，表达各自的诉求，构建了双方对话的长效机制，有利于解决矛盾，从而促进了劳动关系的和谐稳定。通过职工参与公司重大决策平台，职工可以对公司的决策提出自己的意见，群策群力，有助于实现公司科学决策，同时职工在参与公司决策的过程中充分了解公司的经营管理情况，为后续的集体协商打下基础，减少了阻力。更为重要的是，职工在参与公司决策的过程中加深了对公司的归属感，感受到了在公司中的主人翁地位，有助于团结职工队伍，增强公司凝聚力。通过薪酬分配协商共决平台，职工工资不再是由公司领导单方面决定，而是由职工与企业双方代表平等协商确定，有助于职工实现工资的稳定增长，使职工对未来充满美好的预期。

二、集体协商是一种有效的冲突管理机制，有助于减少劳动关系双方的冲突

A公司尝试建立集体协商制度来加强企业与职工之间的沟通协商，从而增强企业的凝聚力，降低职工的流失率，有效地缓和了劳企双方之间的矛盾，缓解了用工难题给A公司带来的长期困扰。

企业集体协商是在企业内部解决劳动关系冲突的重要途径，也是冲突管理系统的重要组成部分。企业构建集体协商这一机制的重要原因就是希望在内部第一时间解决劳企冲突问题。集体协商的本质是鼓励职工的参与，在日常的劳企沟通过程中将双方的分歧化解，而集体协商会议、签订集体合同只是这一系列劳企沟通过程的结果。

在集体协商的过程中，可能的冲突大部分都被集体协商制度以及前期民主沟通的制度设计化解，避免了大规模的劳企冲突对

劳动关系的破坏。因此，集体协商是企业进行冲突管理的重要机制，主要作用体现在冲突的预防和解决两方面。

三、集体协商是实现劳动关系双方共赢的重要手段，有助于形成企业与职工的命运共同体

A公司的集体协商既较好地维护了职工的合法权益，稳定了企业的用工状况，又以此为公司吸引了一些中高级管理和专业技术人才，调动了广大职工的工作积极性和主动性，构建了稳定和谐的劳动关系，提高了企业的劳动生产率。同时，职工方的部分诉求也得到了满足，比如薪酬得到提高，工作环境得到改善，达到了企业效益与职工利益的"双赢"。

因此，集体协商的价值最重要的并非其达成的利益分割结果，而是其在追求民主参与、劳企合意的过程中形成的劳动关系双方相互信任的命运共同体。集体协商的价值在于双方不仅对工资、劳动保护等问题进行了协商，而且协商是建立在长期合作意愿的基础上，目的是为了双方更好的共同发展。同时，通过集体协商，职工更加了解企业的经营状况、发展规划，企业也更加了解职工的个人诉求和发展意愿，双方由原本斤斤计较的利益关系转化为一种基于长期信任的事业共同体甚至是命运共同体，这将整个企业的劳动关系格局提升了一个档次。

二、企业民主管理和其他沟通协商机制与集体协商的关系

企业民主管理机制主要是指以职工代表大会为主要形式，包括厂务公开，职工董事、监事等机制在内的职工参与企业管理的方式和机制。企业其他沟通协商机制主要是指集体协商制度以外的，企业管理层与职工之间进行信息沟通或就涉及劳动者集体或个人切身利益的重大事项进行商谈的机制，包括职工意见箱、申诉处理、投诉热线、问卷调查以及为听取职工意见而定期、不定期召开的各级恳谈会、座谈会等。从法律规定的角度来看，集体协商、集体合同机制与企业民主管理制度之间最重要的连接点就是职工代表大会。《集体合同规定》第三十六条规定，经双方协商代表协商一致的集体合同草案或专项集体合同草案应当提交职

工代表大会或者全体职工讨论。职工代表大会或者全体职工讨论集体合同草案或专项集体合同草案，应当有 2/3 以上职工代表或者职工出席，且须经全体职工代表半数以上或者全体职工半数以上同意，集体合同草案或专项集体合同草案方获通过。第三十七条则明确规定，集体合同草案或专项集体合同草案经职工代表大会或者职工大会通过后，由集体协商双方首席代表签字。但是在实践中存在集体合同草案提出的时候经过了职工代表大会讨论，协商后确定的集体合同草案双方首席代表当场签字的情况。对此，其效力如何认定需要进一步讨论，也需要在今后的集体协商立法中予以考虑。

企业民主管理和其他沟通协商机制与集体协商、集体合同机制之间的关系大致可分为三类。

1. 彼此协同模式

在此种模式下，以职工代表大会和厂务公开为主要内容的企业民主管理机制和多渠道的职工沟通机制是企业有效进行集体协商的基础和保证，二者之间不是主辅关系，而是有机结合，分工合作，各展其长，协同发挥协调企业劳动关系的功能。例如，江苏省某公司即属于此种模式的典型。该公司采用集体协商与企业民主管理和其他沟通协商机制，针对不同问题发挥不同机制的优势和长处，协同发挥协调劳动关系功能。此种模式的典型特点是职工民主管理和沟通协商基础好，集体协商制度有其具体的功能和需要解决的问题，定位清晰。虽然集体协商会借用企业民主管理的资源进行调研、收集议题等工作，但是集体协商有其独立的运行机制，比如围绕集体协商进行的职工代表选拔、协商议题准备、预磋商等。

2. 彼此隔离模式

在此种模式下，企业民主管理和其他沟通协商机制与集体协商机制之间彼此基本没有交集，民主管理和沟通协商机制作为企业人力资源管理措施，由企业的管理者主导；而集体协商被当作职工向企业争取权利的机制，由工会和职工主导。在协商过程中，劳动关系双方的对立性较强，谈判过程的博弈比较激烈。此种模式主要存在于实行谈判式集体协商的外资企业和合资企业中。

3. 硬性植入模式

在此种模式下，法定的集体协商作为一种制度被植入企业。集体协商与企业原有民主管理和沟通协商机制之间的关系如同被粘在一起的两样东西，二者并没有从内在有机地结合在一起。企业"不走过场"地落实职工代表大会、厂务公开等企业民主管理的制度措施，认真地通过各种形式的座谈会、恳谈会、沟通会实现企业日常管理事务的有效沟通和重要事项的协商沟通，工资、福利等议题已经在日常沟通协商中充分讨论过，且劳动关系双方达成了一致的意见，只需要在开展集体协商的时候通过集体合同的形式将其确定下来即可。这种模式与彼此协同模式之间的区别在于在这种模式下，集体协商在企业沟通协商中的功能定位不够清晰，集体协商进行得更形式化，集体合同常常也缺乏足够的实质性内容。为此，这种模式常常被形容为"不走过场的企业民主管理"和"略显走过场的集体协商会议"。也有专家指出此种情况下，有企业民主管理和其他沟通协商机制所构成的散点协商覆盖集体协商之虞。但这种情况与国际劳工组织在《集体谈判：政策指南》一书中关于协商过程的表述是不矛盾的，只不过这些企业把一年一度，甚至两年一度的集体协商分散化、常态化，这样不仅确保了协商的效果，更加有助于实现国际劳工组织所期望的通过集体谈判"这一过程帮助谈判各方之间建立信任和相互尊重，并提高劳动关系的质量"。此种模式广泛存在于我国民营企业和强调员工沟通的外资及合资企业中。经过多年运行之后，这种模式有可能发展为彼此协同模式。

第二单元　区域性、行业性集体协商

知识要求

一、区域性、行业性集体协商概述

（一）区域性、行业性集体协商的概念

随着社会主义市场经济的发展，我国非公有制企业迅速增多。这些企业大多规模较小，职工流动性较大，工会力量薄弱，职工合法权益受侵害的现象时有发生，劳动关系矛盾相对突出。单依托个人的劳动合同和企业层级的集体合同，已无法满足现实的需求。为构建和谐稳定的劳动关系，营造有利于企业持续健康发展的良好环境，促进区域和行业经济的协调发展，区域性、行业性集体协商呼之欲出。区域性、行业性集体协商与企业层级的单一企业集体协商的根本差异在于前者具有团体组合性，即前者为多个企业共同参与。

区域性集体协商是指以行政区域（如镇、区、街道、村、经济开发区、工业园区等）为单位，由区域工会组织与相应的区域企业组织或区域内企业推选产生的代表，依照国家法律、法规，为签订覆盖本地区所有企业的区域性集体合同而进行商谈的行为。

行业性集体协商是指在同行业企业相对集中的区域，由行业工会组织代表职工与同级企业代表或企业代表组织，为签订行业内集体合同或专项集体合同进行商谈的行为。

（二）区域性集体协商与行业性集体协商的差异与联系

区域性集体协商与行业性集体协商有一定的差异与联系，具体表现如下。

1. 适用条件

区域性集体协商一般适合在企业规模较小，工会组织程度低，且企业的行业差异较大的民营经济区（县）域内推行，在比较集中的乡镇、街道、社区和工业园区（经济技术开发区、高新技术

产业园区）开展。而行业性集体协商同样是适用于规模小的企业，但当企业生产的产品具同质性，同时具有一定市场规模时，即行业特征明显时，则适合重点推行行业性集体协商。

2. 区域范围

《劳动合同法》第五十三条明确规定，在县级以下区域内，建筑业、采矿业、餐饮服务业等行业可以由工会与企业方面代表订立行业性集体合同，或者订立区域性集体合同。但由于在实践中存在企业性质差异、各行业劳动者的需求不同等原因，在一个较大的区域内协商签订集体合同往往比较困难，即使签订了区域性集体合同往往也因为其缺少针对性而难以实施，因此区域性集体协商一般是在镇、村、乡、县范围内推行。而行业性集体协商是以行业共同性为基础，在区域适用范围上约束较小。《中华全国总工会关于积极开展行业性工资集体协商工作的指导意见》明确提出，有条件的地方也可以从实际出发，探索在县（区）及以上开展行业性工资集体协商工作。近年来，一些地方行业集体协商在地级市，甚至省级层面实现了突破。例如，2011年海南酒店餐饮行业开展了省级行业性集体协商。上海出租车行业、山西吕梁煤炭行业、沈阳餐饮行业、大连机械行业、武汉餐饮行业都在直辖市或地市级层面开展了行业性集体协商。

3. 协商内容与标准

区域性集体协商的重点内容是制定本区域内职工最低工资标准，维护一个区域内劳动关系的稳定，促进区域整体经济可持续发展。而由于同行业内的企业在企业利润、工资水平、职业安全、劳动者素质等方面具有共同性，在进行行业性集体协商时，它们普遍把劳动定额、工时工价作为集体协商的重点内容，同时也把涉及劳动者权益的事项尽可能地纳入协商范围，制定具体的、有针对性的全行业共同标准，防止同行业企业的恶性竞争，维护行业劳动关系稳定，促进行业内所有企业实现健康、有序的可持续发展。行业性集体合同可以是综合性的，也可以是专项的。

4. 合同效力

区域性集体协商订立的集体合同对协商订立该合同的职工代表（工会）和企业代表都具有约束力，同样也对本区域内所有职工和企业具有约束力。而行业性集体协商订立的集体合同具有约束协商订立集体合同的职工代表（工会）和企业代表的效力，而且约束本行业的所有职工和企业。

5. 两者联系

区域性集体协商确定底线，而行业性集体协商确定标准。实践中，在充分研究区域内行业企业的用工特点的基础上，用区域带动行业，用行业支撑区域，以行业落实区域协商结果。例如，有些地方区域性集体协商实行的是"1+N"模式，"1"是指区域性集体合同，规定了区域内企业的最低工资标准以及支付保障、工作时间等通用性合同条款。在此基础上，工会把区域内企业按照行业特征划分为"N"类，再向企业管理层发出协商要约，双方依据行业生产特点，签订N个行业性集体合同。行业性集体合同中的工资标准和增长幅度不得低于区域性集体合同。

（三）区域性、行业性集体协商与企业集体协商的差异与联系

1. 两者的差异

在开展集体协商的实践中，由于各企业、行业、区域所处情况不同，有时需要将各层级协商进行相互交叉、融合使用，这就需要认真把握各层级集体协商的相互区别与联系。目前，我国的单一企业与多企业集体协商的差异状况主要表现在以下几个方面，具体见表3-1。

表3-1　　区域性、行业性集体协商与单一企业集体协商的差异

	单一企业	多企业
层级	企业	企业群体、地区和行业
企业代表	一个单一企业	一个或多个企业或企业组织

续表

	单一企业	多企业
职工代表	企业工会	行业层级工会
对工资分配的影响	将工资费率标准化并压缩企业工资结构	在高度协商下，提高整个行业的最低工资并将行业工资费率标准化，对工资分配产生均衡效应
对企业效率的影响	集体合同反映了企业的绩效表现和企业经营所处的竞争环境	集体合同适用于整个行业，并降低企业间的（工资）差距，激励更高效的企业进行创新
协商主题和内容详细程度	就一揽子主题作出详细规定，专门针对本企业需求	解决影响整个行业的问题，例如社会保险 通常确立最低工资和基本就业条件，在行业层级带来总体增长 可以在企业层级就具体问题作出详细规定
规定的适用	根据所在协商体系，一份集体合同可以适用于参与协商的各方及其代表的群体；企业可以决定将协商确定的条件适用于所有职工，而不论其是否具有工会会员身份	适用于签约方，即所有企业或企业组织代表的企业和所有工会会员 集体合同的适用性可以由政府主管部门扩展至非签约方，只要满足一定条件（例如，有一个或多个签约方提出这样的要求；签约方被认为有足够代表性；非签约方能够提出意见） 企业级集体合同可以实施高级别集体合同中的具体规定
包容性	可能不包括非签约方的职工，例如临时就业中介机构雇用的职工（在同一个工作地点工作） 取决于集体协商框架，一份集体合同一经订立可以（或不可以）适用于协商单位的所有职工，包括非工会会员	高度包容性，因为允许多个企业参与协商 可根据政策将集体合同中的权益扩展至适用于弱势职工群体，例如从事非标准就业形式的职工
集体合同的通常期限	固定期限	固定期限或没有固定期限（往往存在重启协商条款以定期审议工资或其他问题）

资料来源：国际劳工组织. 集体谈判：政策指南［M］. 日内瓦：国际劳工组织，2015.

2. 两者效力等级问题

实行多层次集体合同模式时，法律允许企业集体合同与若干宏观层次集体合同并存，包括行业性集体合同和区域性集体合同。建立了多层次的集体合同制度后，集体合同就可能发生竞合的情况，需要对不同层次的集体合同适用的先后顺序作出合理规定。具体如下：

（1）一般来讲，区域性、行业性集体合同的效力优于企业集体合同。在企业集体合同与区域性、行业性集体合同内容不一致时，一般应当优先适用后者。

（2）如果企业集体合同就某一事项做了特别规定，而又不与区域性、行业性集体合同基本原则相冲突，则优先适用该规定。

（3）如果效力等级相同的区域性、行业性集体合同适用于同一劳动关系且内容又相异时，效力发生在前的集体合同做了特别规定的，则依其规定。

（4）没有特别规定时，适用职业范围较小的集体合同；如果不是关于职业性质规定的，优先适用行业或区域性范围较大的集体合同。[①]

二、区域性、行业性集体协商的价值

（一）企业角度

1. 构建和谐劳动关系，优化企业经济环境

从企业外部经济环境来看，区域性、行业性集体协商的推行利于构建和谐的劳动关系，稳定劳动力市场，优化企业经济环境。具体来看，一是区域性、行业性集体协商制定了统一的区域性、行业性劳动定额、工时工价标准，能够有效克服区域内行业内部各企业乱挖墙脚的无序竞争问题，避免企业利益受到自身恶性竞争的损害，其中政府公权力的加入，减少了部分企业以往存在的投机行为，稳定并优化了企业的经济发展环境。二是区域性、行

---

① 俞勇建，徐建丽. 和谐劳动关系视野下的区域性行业性集体合同［J］. 金华职业技术学院学报，2009（5）：54-57.

业性集体协商健全了劳动关系双方的利益协调机制，在关注企业效益的同时，代表职工的协商主体——行业工会能够汇集并反映职工的共同诉求，与企业的协商代表共同寻找双方的利益平衡点，从而将部分职工的群体抗争转变成对制度规则的遵守，最终构成一种稳定、有序的劳动关系。

2. 规范企业劳动用工管理，促进企业健康发展

从企业内部管理来看，区域性、行业性集体合同制度的建立规范了企业的用工管理，其促进企业发展的具体表现为：一是促进企业增强依法管理的意识，将劳动用工管理、劳动定额和制定工时工价等劳动标准纳入协商内容，完善了企业工资分配制度，提高了企业管理水平。二是稳定企业用工行为，降低职工的机会主义倾向，形成稳定雇佣关系，降低企业招聘成本。例如，为规范企业用工行为，温州市工商联与市总工会紧密合作，试点成立了紧固件等11个行业的工会，积极推广行业工资集体协商，推动劳动合同签订工作，开展劳动纠纷调解，推动了行业用工的规范化发展。其中，温州市合成革、服装等协会商会，针对行业核心技术人员跳槽十分频繁的现象，通过订立人才流动公约，共同约定行业企业对恶意跳槽者在一定年限内不得聘用，从而遏制了这股歪风，维护了企业权益。江苏省邳州市板材行业通过连续12年开展行业性集体协商，行业内规模以上企业职工的流动率由60%降低到10%以下。湖北省武汉市硚口区建筑行业通过签订行业工资集体合同，避免了企业间的不正当竞争，有效地解决了建筑工人流动性大、劳动合同签订率低的问题，进一步理顺了建筑公司、劳务公司、包工头和建筑工人之间的法律责任，促进企业进一步优化管理、科学管理，加强行业自律，杜绝部分包工头私拉滥招、非法用工，违法劳务分包，拖欠农民工工资等问题的发生。

3. 平衡企业与工会间协商力，降低交易成本与工资溢价

从区域性、行业性集体协商运行来看，区域性、行业性集体协商可以增强企业的协商力，降低协商的交易成本与工资溢价。参与多企业协商的大多是有经验的协商者，他们会很容易找到大

家共同接受的规则。在这种情况下，多企业协商的作用在于发现并实施合同中的空隙补缺，而参与协商的多数人会同意该类补缺。因此，可节省多数合同参与者的协商成本。另外，从各个企业的角度来看，在不完全信息的情况下，对于善于制定工资制度的企业来讲，工会取得的工资溢价就不会很高；但是对于风险规避型的企业来说，企业的利益相关者同样也是风险规避者，他们希望通过与工会协商工资使企业不至落后于产品市场上的其他竞争者，从而避免给公司带来风险，强势的工会可以获得更多的工资溢价。通过多企业协商，企业承担的工资溢价可以得到降低，企业的工资成本也会降低。

4. 增强劳动关系双方合作共赢意识，提高企业生产效率

开展区域性、行业性集体协商，建立企业职工工资调整机制与共决机制，企业和职工可以根据区域内或行业内企业的发展状况，及时调整确定合理的薪酬。行业发展良好、企业经济效益提高时，可以提高职工的工资；行业发展受挫，企业经济效益下降时，也可以适当降低职工的工资，这样可以将职工和企业融合在一起，形成合作共赢、共谋发展的良好局面。例如，2014年北京市餐饮行业进行的工资集体协商，签订的集体合同约定了岗位工资标准，明确了技能激励政策，加强了女职工权益保护，同时还为企业量身订制了科学合理的工资增长机制与人才培养制度。约定企业职工工资水平应随企业经济效益的提高或下降相应浮动，分别约定了效益提高、效益持平、效益下降企业职工的工资浮动额度；约定企业对工作有创新且为企业带来经济效益的职工给予一次性奖励或晋升，并提出企业可对获得相应职业证书的职工给予1 000~2 000元的现金奖励。这些举措既稳定了职工队伍，避免了行业无序竞争，同时还提高了企业的生产效率。又如，江苏省邳州市板材行业在推行集体协商后，职工的创造性得以发挥，仅在2016年，板材行业职工提出的合理化建议就达3 210条，被采纳的重大建议有238条，直接创造经济效益1 300多万元。

（二）职工角度

1. 拓宽维权空间，维护职工合法权益

通过区域性、行业性集体协商订立的综合或专项集体合同，对职工的收入分配、休息休假、劳动保护、社会保障等方面做了明确规定，依法保障了职工的经济权益。同时区域性、行业性集体协商，不仅可以避免同一区域、同一行业的劳动者相互竞争，为劳动者争取到更加有利的工作条件，而且其覆盖的收益人群也更广，可以有效维护包括高新技术人员、农民工、劳务派遣工在内的广大群体的工资收入合法权益。例如，浙江省余姚市泗门镇电线电缆行业工资集体协商工作开展后，行业内企业职工平均工资增加了20%，劳动关系纠纷同比下降54.5%，职工的流动率由原来的15%降低到5%。又如，山东省寿光市木制品行业的工资集体协商不只是解决了职工的工资正常增长问题，同时也解决了职工住宿条件、餐补、劳动卫生环境等其他问题。职工工资的增长和各项福利的改善激发了职工爱岗敬业、无私奉献的主人翁意识。

2. 促进职工团结，稳定职业劳动状态

在区域性、行业性集体协商中，行业工会聚集了同行业与同区域内的职工，使他们通过沟通形成共同利益，也形成了职工的动员机制和团结机制。职工在频繁沟通互动的过程中，在业缘关系中形成的特殊亲近关系，使他们很容易相互感染，产生集体情绪，促进集体意识的形成，增进集体团结。这种集体意识的形成一方面吸引职工不断加入，使同质群体人数不断扩充，并形成逐渐扩大的"社会网络"，从而提高了职工群体动员社会资源的能力和空间；另一方面在客观上还稳固了职工与企业的雇佣关系，稳定职业劳动状态，直接促进了组织化劳动关系的形成。

（三）社会角度

推行区域性、行业性集体合同制度的意义在于形成了劳动关系双方协商的新机制和互利合作的新格局，探索了中小企业，尤其是尚未建立工会企业协调劳动关系的新路子，有利于本区域或行业内劳动关系的平衡和协调。同一行业中的企业在劳动条件、劳动标准、劳动定额等方面具有许多共性特征，其企业职工也具有共同的利益。行业工会可以在最大范围内团结具有共同利益诉求的职工群体，行业协会协调多方企业利益，进而形成职工方与企业方力量的平衡，稳定行业劳动关系。劳动关系双方矛盾逐年减少，劳动关系的和谐可以推动整个社会的和谐发展。如2013年，湖北省黄石市西塞山区在开展了区域性、行业性集体协商后，无一家企业因工资问题发生群体性劳动关系争议，没有发生一起涉及企业职工政治、经济待遇的群体性事件，招工难、人才外流现象也得到了较大改变。因此，区域性、行业性集体协商有利于减少劳动关系双方的矛盾冲突，从而实现社会和谐发展。

三、区域性、行业性集体协商的准备

（一）明确协商主体

行业性集体协商主体确定分为四种情况：一是由行业工会或联合会与行业内企业代表组织进行协商；二是由行业工会与行业内企业推荐产生的代表进行协商；三是由行业工会与行业内各企业进行协商；四是未组建行业工会的，可由行业所在区域的工会代行行业工会的职能，与企业代表组织进行协商。职工方协商代表由行业工会选派，职工方首席协商代表一般由行业工会主席担任。未组建行业工会的，职工方协商代表由行业所在区域工会选派，职工方首席协商代表可由行业所在区域相应一级的工会主席担任，也可由上级工会选派或在上级工会指导下从本行业内企业工会主席中民主推举产生。

区域性集体协商主体确定分为三种情况：一是以区域工会组织与对应的企业代表组织作为协商主体；二是在没有区域企业代表组织的情况下，可由区域工会组织与区域内各企业分别进行平等协商；三是可由区域工会组织与区域内经全体企业民主推选或授权委托等方式产生的企业方协商代表进行平等协商。

（二）会议准备

1. 议题准备

区域性、行业性集体协商的各项准备工作与企业集体协商类

似，主要需要综合各个企业的特点，总结共性。在将各个参与企业的意见归纳整理后，结合现行政策和行业、区域情况进行分析研究，提出协商议题。对于协商议题的拟定，首先要注意协商的民主性，要积极收集不同企业关心的议题和建议，以利于形成合力；其次要注意有关议题信息来源的科学性与合理性。

在进行集体协商筹备工作的过程中，必须有效地收集集体协商的议题，确保协商的内容是劳动关系双方共同关心的内容。这是保障集体协商签订集体合同工作有序开展的重要前提。

在实践中，一些企业探索出了比较好的经验，就是按照区域、行业的劳动关系的具体状况，或围绕综合议题进行集体协商，或围绕一两个热点问题进行集体协商，议题确定从本行业、本区域企业的实际出发，以解决关键问题、促进企业劳动关系和谐稳定为标准。

2. 资料收集

（1）熟悉有关法律法规

在开展集体协商前，集体协商双方代表应当认真学习、了解与集体协商有关的法律、法规、规章和制度，如《劳动法》《工会法》《劳动合同法》《集体合同规定》《工资集体协商试行办法》以及当地的相关行政规章制度等。通过掌握法律，以政策为依据，为集体协商提供有力支撑。

（2）收集、了解与集体协商有关的情况和资料

进行集体协商需要用事实和数据说话，因此应当收集、了解与集体协商有关的情况和资料。

在集体协商之前，双方应尽量收集相关信息，准备好集体协商所用文件，从而保证本方在协商中处于有利的位置。应准备的文件应包括行业外部信息资料和行业内部信息资料。

行业外部信息资料包括：①国家和地方有关经济社会发展的目标措施、劳动和社会保障方面的政策规定，以及企业改制的政策规定和要求等；②国家和地方有关物价指数、最低工资标准、劳动力市场工资价位和当地职工的居民消费价格指数等信息资料；

③地区和行业的职工平均工资、工资增长水平和其他劳动标准、劳动条件的情况，以及劳动力市场的供求状况等。

行业内部信息资料包括：①行业内企业的具体数量、规模以及成立时间等；②本行业目前与本地区其他行业在薪酬、工作时间以及工作强度等方面的对比情况；③行业平均的劳动标准、工资水平、劳动生产率以及人工成本情况等。

行业内各企业内部情况资料包括：①企业登记注册的基本情况、企业章程、财务会计报告；②企业劳动定额标准和工资支付情况、企业的劳动生产率和人工成本情况；③企业的纳税和社会保险费缴纳情况、企业经营和财务情况、行政机关依法登记的其他有关企业身份的情况，以及法律法规认为可以提供的其他资料。

值得注意的是，以下六个综合性经济指标，对于区域性、行业性集体协商具有非常重要的参考价值：①国内生产总值（GDP）；②居民消费价格指数（CPI）；③职工平均工资；④劳动力市场状况，包括劳动力市场管理的法律法规、劳动力市场的基本供求状况；⑤就业与失业状况；⑥劳动报酬状况。

四、区域性、行业性集体协商组织开展的流程

开展区域性、行业性工资集体协商，签订集体合同，要严格履行协商程序，充分表达行业职工的意愿和要求，协议内容应得到双方的一致认可。一般应按照以下程序进行。

1. 以书面形式向企业方提出协商要约或回复企业方提出的协商要约。

2. 做好协商前的各项准备工作，特别是熟悉、掌握相关法律、法规、政策规定，收集、了解相关资料、信息及企业和职工意见，确定区域性、行业性集体协商议题。

3. 进行区域性、行业性集体协商，在双方协商一致的基础上形成区域或行业集体合同（草案）。

4. 在建立了区域（行业）职工代表大会的地方，区域（行业）集体合同（草案）应该提交行业职工代表大会讨论通过。

5. 在区域（行业）集体合同框架下，企业结合自身实际开展

二次集体协商。

6. 区域（行业）集体合同签订后10日内，工会应当协助企业方将区域（行业）集体合同文本一式三份及说明，报送当地劳动行政部门审查。劳动行政部门审查同意后，区域（行业）集体合同即行生效。双方协商代表应将已经生效的区域（行业）集体合同以适当形式及时向行业内企业和全体职工公布。

7. 区域（行业）集体协商未达成一致意见或出现事先未预料的问题时，经双方同意中止协商的，工会应积极做好向职工说明情况和下次协商的相关准备工作。

区域性、行业性集体协商一般每1~4年进行一次。工资集体协商一般每年一次，工会可在原区域性、行业性集体合同期满前3个月内，向企业方书面提出重新签订或续订的要求，并发出协商要约。

区域性集体合同签订的程序并没有明确的国家法律条文作为参考，但基本程序与行业性集体合同签订相似。另外，可以遵照各地的地方政策规章，如《吉林省关于推行区域性行业性集体协商签订集体合同工作的指导意见》《石家庄市区域（行业）性集体合同试行办法》等。

 **技能要求**

一、在用人单位建立集体协商机制的依据和原则

（一）集体协商的依据

《劳动法》和《劳动合同法》规定，企业职工一方与企业（用人单位）可以就劳动报酬、工作时间、休息休假、劳动安全卫生、保险福利等事项，签订集体合同。集体合同草案应当提交职工代表大会或全体职工讨论通过。

《劳动合同法》规定，用人单位在制定、修改或者决定有关劳动报酬、工作时间、休息休假、劳动安全卫生、保险福利、职工培训、劳动纪律以及劳动定额管理等直接涉及劳动者切身利益的规章制度或者重大事项时,应当经职工代表大会或者全体职工讨论,提出方案和意见,与工会或者职工代表平等协商确定。

《工会法》规定,工会代表职工与企业以及实行企业化管理的事业单位进行平等协商,签订集体合同。集体合同草案应当提交职工代表大会或者全体职工讨论通过。

《公司法》规定,公司工会代表职工就职工的劳动报酬、工作时间、福利、保险和劳动安全卫生等事项依法与公司签订集体合同。

(二)集体协商的原则

进行集体协商,签订集体合同或专项集体合同,应当遵循下列原则:

1. 遵守法律、法规、规章及国家有关规定。
2. 相互尊重,平等协商。
3. 诚实守信,公平合作。
4. 兼顾双方合法权益。
5. 不得采取过激行为。

二、区域性、行业性集体协商代表的产生

(一)企业方协商代表

企业方协商代表由企业代表组织选派并经公示后产生,或者由企业代表组织成员企业民主推选并经公示后产生。首席代表由企业代表组织的负责人担任或者从协商代表中民主推选产生。根据过往案例(武汉市餐饮行业集体协商、邳州市板材行业集体协商等),企业方协商代表的条件为:①企业方协商代表必须具有鲜明的政治立场;②企业方协商代表所管理的企业职工离职率必须在特定百分比之下;③企业方协商代表所在企业必须在行业中具有风向标作用;④企业方协商代表必须在所属行业企业主之间具有一定的威信及发言权。

尚未建立企业代表组织的,可以在上级企业代表组织的指导下,由区域、行业内各企业民主推选并经公示后产生企业方协商代表。首席代表从企业方协商代表中民主推选产生。

（二）职工方协商代表

区域性、行业性集体协商代表的产生方式与企业协商不同。职工方协商代表一般是由区域内的工会组织或行业工会组织选派，而非职工直接选举。首席代表由区域或行业工会主席担任。未组建行业工会的，由行业所在区域相应一级的工会主席担任，或由上级工会选派，或在上级工会指导下从本行业、区域内企业工会主席中民主推举产生，或由其书面委托的其他职工代表担任。

集体协商双方的代表人数应当对等，一般每方3～10人。职工方协商代表应该结构合理，有本行业、区域主要工种一线职工代表。双方首席代表可以书面委托专家、学者、律师等专业人员或集体协商指导员作为本方的协商代表，但委托人数不得超过本方代表的1/3。选举或委托专业人员参与到协商过程中，在区域性、行业性集体协商中尤为重要，特别在涉及行业区域劳动标准、劳动定额方面，专业人员的参与可以有效弥补职工方协商代表的不足，提升集体协商的质量。在实践中，集体协商指导员作为职工方协商代表参与行业集体协商过程，能有效提升集体协商团队的专业能力。在很多地方职工选择协商代表时，经常会把具有专业背景的人员推选出来，比如学历高的、熟悉劳动法律的、懂管理的专业人员非常受欢迎。而实践也证明，这些具有专业背景的协商代表在推动集体协商工作中发挥了重要作用。

 **案例**

在某市眼镜行业的集体协商中，当选的职工方协商代表的条件是：①坚持党的基本路线，认真贯彻党的各项方针、政策，政治立场坚定，思想端正，作风正派；②具有爱岗敬业、扎实工作、勤奋学习、开拓创新等优良品质；③具有较强的参政议政能力，能密切联系群众，实事求是地反映职工的意见和诉求；④能够正确行使代表权利，履行代表义务，带动职工贯彻落实协商会议决议；⑤对眼镜行业的劳资关系状况有一定的了解，能够提出自己

的观点和建议。该市眼镜行业的集体协商中职工方协商代表的选举程序为：首先，由行业工会在本行业所有企业中进行筛选，初步确定协商代表候选人企业。然后，经市总工会审核，最终确定协商代表候选人企业。最后，再由各协商代表候选人企业工会根据分配名额拟定协商代表候选人，通过职工代表大会进行选举。选举的结果会通过微信群、厂务公开栏等形式进行公示，公示时间为7天。如出现有异议的协商代表候选人，则继续通过职工代表大会进行补选。

三、区域性、行业性集体协商代表的职责和培训

（一）协商代表的职责

对于区域性、行业性集体协商代表在政治素质、道德品质、专业能力和心理素质方面应该有更高的要求。因为区域性、行业性集体协商代表承担着非常重要的职责，他们不能仅仅了解具体企业的劳动标准、劳动关系问题，而是要对所在区域或行业的劳动标准、劳动关系问题有广泛的了解与较好的把握，知晓、掌握更为丰富的数据与信息，采用科学可行的方法调查了解各企业职工的状况与诉求，从更加宏观的层面与对方代表协商讨论行业区域劳动标准、工资水平以及相关议题。区域性、行业性集体协商代表需要具有较强的沟通能力、协调能力和全局掌控能力。

对于职工方协商代表，不仅要善于与企业方协商代表协商，还要用一定的时间与精力做好职工方内部的沟通，将分散于各个企业的职工的意见与诉求，进行有效的收集、分析、统计与整合，并将协商过程与结果及时告知职工，做好说服、解释、引导工作。同时，还要做好行业区域集体合同的履行监督。与企业集体协商不同的要求还有，要将区域性、行业性集体协商的成果，通过细致的工作，落实到相关企业当中。

（二）协商代表的培训

开展区域性、行业性集体协商，首先要对协商代表进行培训，培训内容与单一企业集体协商类似的包括：集体协商相关的法律、法规，集体协商议题的确立，协商中应注意的问题与细节，以及

集体协商的策略与技巧。

除此之外,还要针对本区域或本行业的特点进行针对性培训,包括本区域或本行业的平均工资水平、物价水平等。从过往案例(某市眼镜行业集体协商)来看,区域性、行业性集体协商常常遇到的情形是如何根据各种相关情况,确定职工工资的调整幅度。

四、区域性、行业性集体协商的内容

什么样的情况适合进行区域性、行业性集体协商?一般来说,企业规模小,职工人数少,工会不健全,企业同质性高,行业性特征明显,企业集体协商难以开展的地方,适宜开展区域性、行业性集体协商。区域性、行业性集体协商围绕行业区域内用人单位有共同特点的劳动条件、劳动报酬、工作时间、休息休假、劳动安全卫生、保险福利、技能人才待遇等内容展开。

目前的法规文件一般都是把区域性、行业性集体协商放在一起来规范的。但也有部分地区(如《上海市集体合同条例》)分别对行业性和区域性集体协商的内容进行了比较详细的规定。

行业性集体协商的主要事项包括:①本行业的最低工资标准;②本行业工资调整的最低幅度;③本行业同类工种的定额标准;④本行业各工种、岗位的劳动安全和卫生标准;⑤本行业各工种、岗位的职工培训制度;⑥其他需要进行行业性集体协商的事项。

区域性集体协商的主要事项包括:①本区域的最低工资标准;②本区域工资调整的最低幅度;③其他需要进行区域性集体协商的事项。

行业性集体协商涉及的标准比较详细、具体,种类丰富;区域性集体协商则侧重于几个主要底线性标准。从目前的实践看,行业性集体协商的案例比较多,区域性集体协商的案例相对较少,即便有也是特定区域中的行业性集体协商。由于行业内企业的劳动条件、劳动标准的共性较多,容易找到可以协商的共同议题。而在区域内开展集体协商,首先就需要找到区域内企业的共同特点、共同问题。

 **案例**

A市B区是国家级新区,有各类企业5 000多家,其中外资企业5 000多家,劳动关系复杂敏感,劳动争议案件较多。为了协调区内劳动关系,区总工会努力探索,建立起区域性集体协商制度。2017年,区总工会在深入调研的基础上,把握全区劳动关系状况,召开了9期劳动关系座谈会,走访调研了163家企业,采集122家企业的数据进行分析,在兼顾企业和职工双方利益的基础上,确定了区域工资调整指导标准,即2017年度经营正常的企业工资增长在6%左右为宜。该区域工资调整指导标准为各企业工资集体协商确定了明确的基础。

然后,区总工会向企业和职工广泛宣讲集体协商的法律法规和相关知识,对基层企业劳动关系双方进行具体的帮助与指导;对企业职工一方提出"四个必须"的要求。一是协商前必须做好准备工作,收集整理有关数据,形成调资方案;二是协商代表必须由职工代表大会民主选举产生,得到职工代表的授权,要对职工方协商代表进行培训;三是协商过程中必须随时向职工代表通报协商进展情况,必要时可吸纳职工代表旁听会议;四是合同草案必须经职工代表大会表决通过。

区总工会帮助基层职工方协商代表梳理增长工资的依据,包括公司收入水平与周边企业比较,当年周边已调资企业情况;企业工资变化与社会发展同步性比较;职工工作努力或劳动生产率提高情况;老职工工资偏低或其他结构不合理情况;近年利润率与工资调整情况,如丰年补歉等;职工生活成本调查;区、市、省的工资指导线、最低工资调整、社平工资调整;职工对工资增长要求的调查结果;职工满意度调查等。各企业可以根据本企业的具体情况,选择有利角度,协商工资增长议题。

在区总工会的引领下,各企业工资集体协商成果明显:工资集体合同内容做到"三具体",即各岗位工资标准具体、工资增长幅度具体、工资奖金分配方案具体；协商议题做到"三必谈"，即基本工资增幅必谈、奖金分配方案必谈、加班加点基数必谈；保证了整个集体协商的质量，工资协议条款具有可操作性，坚决杜绝了虚假协商和工资集体合同形式化现象。

B区还建立了工资集体协商备案考评制度，由区总工会牵头区劳动关系三方，以每年作为一个考核周期，及时跟进检查和通报企业工资集体协商工作情况。

区域性集体协商在B区取得了实际的效果：职工合法权益得到了保护与提升，集体争议大幅减少，职工认同感、满意率提高，促进了企业健康发展和区域劳动关系稳定。

通过协商签订的区域性、行业性集体合同可以是综合性的，也可以是专项的。在协商过程中要力求重点突出，议题集中，措施可行。签订集体合同的条款要具体，标准要量化，切实增强针对性和实效性。在区域性、行业性集体协商中，还可以按照不同情况分级分类，制定不同层级的标准。

目前，行业区域劳动关系领域比较突出的问题是职工的工作时间长、工资标准不规范、工资水平偏低，职工流动率比较高，劳动关系缺乏稳定性，有些区域内、行业内企业劳动定额不科学、计件单价缺乏科学的标准，存在混乱无序的竞争，对劳动关系双方都造成不利影响，影响到企业正常运行与发展。因此，区域性、行业性集体协商的重点应该是以劳动定额、计件单价为基础的职工工资水平、工作时间问题。而协商这类问题，必须通过广泛收集数据，进行详细具体的分析比较，才能科学确定相关标准。通过集体协商妥善处理各方的利益分配关系，推动企业建立正常的工资决定机制和工资增长机制。在实践中，难度比较大的是关于劳动定额的协商。由于各行各业的工作岗位类型千差万别，定额标准各不相同，如何入手进行劳动定额的协商，需要缜密思考并进行充分的前期准备。

第二节　集体合同的订立和履行

第一单元　集体协商的评估与改进

知识要求

一、集体协商评估的意义、原则、内容、主体和方法

（一）集体协商评估的意义

建立集体协商工作评估机制，对于检验集体协商工作效果具有十分重要的意义。建立并应用集体协商工作评估机制，可以客观地反映集体协商工作进展、政策效果、组织和实施的情况，使人们对集体协商工作现状有一个条理化、精确化的认识；可以客观地对集体协商工作实践进行评估、分析、比较。通过对集体协商工作实践的各类指标进行比较分析，找出工作中存在的问题，有助于提高集体协商工作的针对性和实效性；可以根据集体协商工作评估结果的对比，对集体协商工作实践状况作出评估，促进相关政策措施的及时调整，促进不同企业、行业、区域在集体协商工作实践中相互学习借鉴，促进职工广泛参与，促进集体协商机制的建立并使其作用得到更好的发挥。

（二）集体协商评估的原则

1. 客观公正

评估过程是否客观、公正，直接影响到评估的实际效果。因此，评估活动必须阳光操作，所有评估均应该由社会各界和职工监督，确保评估公开。一是将评估工作的主要内容、实施办法以及评估流程等向社会公开；二是评估操作过程要公开，集中发放评估用票、现场填写；三是评估结果要公开，现场向职工公布评估结果。

2. 科学合理

评估活动能否反映实际，评估机制的科学性是关键。为保证评估活动科学合理，一是要制定严谨、细致的日常工作考核细则，做到考核目标量化、细化；二是要建立动态评估档案，详细记录每年一次的评估过程和结果；三是要丰富评估形式，如有必要还可以开通职工网上评估，让职工或"点赞"或"拍砖"；四是评估时间要集中，每年开展集体协商后，都应及时进行职工评估；五是要在网上公开评估结果，由职工评判监督。

3. 注重实效

突出集体协商评估重点，要看集体协商是否实现了企业要的绩效及职工要的报酬，即双方的需求是否得到了对等实现，是否实现了企业与职工的共创、共享、共赢，是否朝着构筑劳动关系双方"利益共同体""事业共同体""命运共同体""使命共同体"的目标迈进。

（三）集体协商评估的内容

集体协商评估包括对集体协商过程的评估和对集体协商效果的评估，即要同时兼顾过程评估和效果评估，但在评估分数的设计时，集体协商效果评估的分数权重应比集体协商过程评估稍高一些。

1. 集体协商过程评估

集体协商过程评估也是对集体协商主体、集体协商程序及集体协商内容的综合评估（见图3-1）。

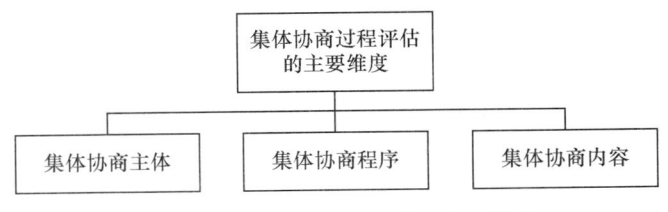

图 3-1　集体协商过程评估的主要维度

（1）集体协商主体评估

集体协商主体评估的主要内容包括集体协商职工方代表是否经过民主程序产生，职工方代表的结构是否合理（是否有一线职工和女职工代表,是否有一定占比的农民工和劳务派遣工代表),是否组织集体协商代表参加相关业务培训,协商代表是否正常参加协商会议,是否建立并实施协商代表述职、质询、评议、撤换等制度,是否有高比例的职工方代表在协商中据理陈述、履职尽责等。

(2) 集体协商程序评估

集体协商程序评估的主要内容包括是否建立集体协商制度,集体协商是否遵循集体协商的法定程序,协商会议是否有书面记录和双方首席代表签字确认,集体协商结果是否签订集体合同或制作文件、会议纪要等。

(3) 集体协商内容评估

集体协商内容评估主要涉及职工方提出的协商议题是否通过民主程序产生,协商议题是否经职工方和企业方协商确定,企业确定劳动报酬、劳动合同管理、奖惩与裁员事项是否经过集体协商,每次集体协商是否至少解决一个涉及劳动关系的实质性问题,集体合同是否按时签订,职工代表大会(职工大会)审议集体合同草案赞成率是否较高等。

2. 集体协商效果评估

由于集体协商涉及诸如企业、职工、政府等利益相关者(见图3-2),而不同利益相关者的立场和利益诉求不同,故此集体协商效果评估的内容也会因涉及利益主体不同而各异。但从本质上

图3-2 集体协商利益相关者

讲，集体协商中最主要的利益相关者是劳动关系双方，二者是集体协商的主要参与者，集体协商对二者的影响最为直接，因此，从劳动关系双方的视角设计评估内容最为重要。

此外，集体协商始终不能忽略企业作为一个重要的利益相关者的交互平台，没有这个平台劳动关系也就不复存在，也不会存在劳动关系双方博弈，所以企业平台的发展是评价集体协商的重要内容。

（1）企业方角度

企业发展能够为集体协商提供坚实可靠的物质保障。从企业方的角度出发，股东的当期资本收入及未来的可持续收入能否增长是在集体协商中需要关注的重要内容，具体而言，可采用净资产回报率等指标对集体协商效果进行评估。

（2）职工方角度

从职工方的角度出发，他们关注的是集体协商是否提高了职工的就业质量。就业质量主要包括职工的工作收入、工作环境、个人发展前景以及职工对工作的满意程度，除此以外还包括企业的满意度、家庭的满意度、社会的满意度等。就业质量是一个多维度的概念，它包括个人在就业过程的每一个环节中被公平对待的具体状况。因为就业是一个包含许多环节的过程，所以对就业质量的考察需要全方位、多角度地分析和研究。

从这个角度来说，用就业质量来评估集体协商对职工方的影响是非常全面的。具体可使用的指标见表3-2。

表3-2　　　　基于就业质量评估维度及指标

内容维度	具体指标
工作本身	工作满意度（工作性质、合同类型、工时、任职资格、收入等）
技能、学习和职业发展	接受培训的频率、时间，职业教育的形式，晋升等
职工方参与	职工方建言渠道、频率、采纳情况等
性别平等	男女报酬差距、性别隔离、不同岗位的男女比例等
健康和工作安全	职业病发生率、工作压力
工作生活平衡	工作时间、工作地点、工作形式的灵活性、休假

(3) 企业平台角度

从企业平台的角度出发，主要需要评估集体协商是否促进了企业平台的成长与可持续发展，具体包括企业的财务绩效、企业的运营绩效、企业的社会绩效等评估维度。具体维度和指标见表3-3。

表3-3　基于企业平台的发展评估维度及指标

内容维度	具体指标
财务绩效	主营收入、营业利润、净利润、人工成本占比、劳动生产率、管理费用等
运营绩效	劳动关系氛围①、劳动争议发生率、职工离职率等
社会绩效	品牌的社会认知度、企业社会责任②等

值得注意的是，从劳动关系双方及企业平台的不同角度出发，可以设计出各方关注的不同的评估内容和指标，集体协商与这些指标之间并非简单的因果关系。如果忽略其他条件要相同或不变这一前提，这时进行集体协商前后相关指标的对比是不科学的，评估需要考虑其他因素对这些指标的影响。

此外，不同角度的评估内容和指标各异。不同角度的评估指标权重如何设置，不同角度的评估如何进行整合等问题，都需要集体协商评估主体在集体协商评估方案中进行事先确定。

（四）集体协商评估的主体

集体协商评估主体在评估活动中发挥着主导作用，决定着评

---

① 劳动关系氛围的研究是劳动关系理论深入发展的结果，通过对劳动关系氛围进行分析和研究可以发现它对企业的影响和作用。最早的劳动关系氛围研究始于20世纪70年代末，它是劳动关系与组织氛围相结合的产物。由于"集体协商的新形式需要更加合作的劳动关系"这一现象的出现，最近劳动关系氛围在劳动关系研究中受到了更多的关注。研究表明，劳动关系氛围与企业产出息息相关。

② 所谓企业社会责任（CSR），是指企业在所从事的各种活动当中，应当对所有利益相关者承担相应的责任。从本质上看，企业社会责任理念包括：企业在创造利润、对股东利益负责的同时，还要承担对职工方、对社会和环境的社会责任，包括遵守商业道德以及生产安全、职业健康、保护劳动者的合法权益、节约资源等方面的法规。从内容来看，企业社会责任可细分为道德责任、经济责任、文化责任、教育责任、环境责任等几个方面。具体来讲，企业的责任包括企业对消费者、职工、股东、社区、政府和环境所应承担的经济责任和社会责任。传统企业及企业法理论将企业利润最大化、股东利润最大化作为企业的唯一目标，主张企业法律制度的构建应紧紧围绕此目标展开。现在企业社会责任的倡导者则认为，利润最大化仅仅是企业的目标之一，除此之外，企业应以维护和提升社会公益为其目标，企业法律制度需在企业的利润目标和公益目标两个维度之间维持平衡。

估标准的选取、评估范围的确定以及评估方法的选择，最终决定着评估工作的成效——真实性、科学性、有效性。

如果评估主体和评估对象同属于一个组织体系之内，由于它们之间存在着千丝万缕的利害关系，这样的评估往往缺乏足够的独立性，也很难保证评估结果的公正、客观。因此，只有确保集体协商评估主体构成的合理性，才能保证评估结果的客观、公平、公正。而要确保评估主体构成的合理性，必须坚持以下三项原则。

1. 评估主体相对独立

确保评估主体的独立性是评估工作顺利实施的前提，也是保证评估结果客观、公平、公正的前提。如果集体协商评估主体缺乏独立性，评估主体同时也是集体协商工作实施主体，或与集体协商工作实施主体之间存在特殊的利益关系，那么集体协商的评估就会受到决策者或决策实施者的影响，甚至变成侧重于证明自己的决策是正确的、自己的工作是有效的。这样，集体协商的评估结果就会失去客观、公平、公正性，或难以被广大职工所接受。因此，只有确保集体协商评估主体的独立地位，确保集体协商评估主体与被评估主体之间不存在利益关系，才能保证评估工作的顺利开展，从而保证评估结果的客观、公平、公正。

2. 评估主体广泛多元

目前，我国集体协商的评估大多以地方工会操作为主，使得评估主体相对单一化，这往往会使评估结果带有片面性。要想改变这种状况，做到评估工作真实、科学、有效，就必须保证评估主体结构合理，即评估主体应该具有广泛的代表性；必须构建由"受到集体协商工作影响的相关利益群体代表"等各方构成的多元评估主体。

3. 评估主体利益相关

集体协商评估主体（见图3-3）应能够表达集体协商工作所涉及的各个利益群体的愿望，尤其是职工的愿望。如果集体协商评估工作不能直接与职工利益相关，不能让职工亲身感受到集体协商工作给他们的工作生活带来的变化和好处，评估结论所涵盖的内容就不会很全面。因此，应该增加职工代表直评数量，充分发挥广大职工涉身其中，比较了解集体协商工作在基层具体实践情况的优势。作为集体协商工作的直接服务对象，广大职工最有发言权，也最了解这项工作的实际情况。注重他们的评估意见，有利于保证评估结果的客观、公正、公平以及真实性。这里应该特别强调，工会开展集体协商工作虽然应该由"第三方评估"，但需要强调职工的评估。职工不是第三方，但职工的评估比第三方评估更有力、更重要。

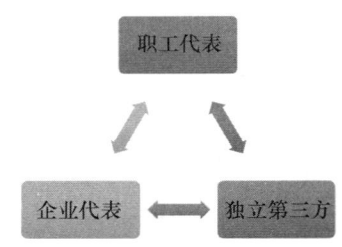

图 3-3 集体协商效果评估的主要主体

总之，在选择评估主体时，一定要突出评估主体的独立性、广泛性、利益相关性，从而确保评估结果的真实、客观、可接受度高。

集体协商效果评估主体之间，更多的是合作关系，基于较高的职业素养，凝聚共识，协同完成集体协商评估工作。

（五）集体协商评估的方法

集体协商评估方法是对集体协商效果进行评估时采用的技术方法。集体协商评估方法的选择主要取决于评估内容。一般来讲，集体协商评估内容包括定性内容和定量内容。在具体实施集体协商评估时，要依据评估的具体内容来选择恰当的评估方法，具体如下。

1. 定性内容的评估方法

对于定性的内容，比如企业品牌的社会认知度、企业社会责任、职工方关系满意度、劳动关系氛围等，可以采用问卷调查的方法来获取相关评估信息，也可以采用民主评议的方法进行信息提取。

 **延伸阅读**

示例　职工方集体协商满意度调查问卷

问卷说明：

职工方集体协商满意度调查问卷是公司与职工之间交流的平台，在这里职工可以站在独立客观的立场上，为公司集体协商的发展提出建议与完善措施，给我们中肯的意见或建议。

本次调查以记名方式进行，请各位职工畅所欲言，如实地表达自己对各项问题的观点。

本次调查采用五点计分法对题目进行计分，5分为最高分，1分为最低分。请在分数下面的方框中标记"√"即可，每个题目只能选1个分数。具体说明如下。

5分	非常同意或者满意
4分	比较同意或者满意
3分	一般同意或者满意
2分	比较不同意或者不满意
1分	非常不同意或者不满意

谢谢您的支持与配合。

被调查人员信息

姓名：_____　　所在部门：_____

岗位：_____　　入职时间：_____

一、职工方对集体协商的满意度

序号	题目	分数分布					满意度不高的原因（4分以下请填写）
		5	4	3	2	1	
1	公司的集体协商制度明确、公平、合理						

续表

序号	题目	分数分布					满意度不高的原因（4分以下请填写）
		5	4	3	2	1	
2	公司每两年至少开展一次集体协商						
3	在与公司的集体协商中，职工方代表能够代表广大职工的利益						
4	公司的集体协商流程合法规范						
5	通过集体协商，职工方的需求得到了合理的满足						

二、职工方对工作条件和报酬的满意度

序号	题目	分数分布					满意度不高的原因（4分以下请填写）
		5	4	3	2	1	
1	我对目前公司提供的薪酬表示满意						
2	公司给予的福利、保险措施得当						
3	公司提供的假期安排让我满意						
4	工作中需要的工具设备和劳保用品能够得到保障						
5	对工作的意见和提议能够得到有效反馈和落实						
6	我的工作和生活很少产生冲突						
7	公司安排的业余生活丰富多彩，有益身心健康						
8	我的工作场所温度适宜，光线明亮，干净整洁，让我感到舒适						

三、开放问题

序号	题目
1	如果您还希望针对这份问卷中的相关话题发表其他见解，请将您的意见写在以下空白处，并说明是针对哪一条。
2	您认为公司集体协商目前存在哪些问题？

2. 定量内容的评估方法

对于定量指标，一方面要确保数据来源渠道的可靠性，另一方面要用专业技术方法对数据进行加工处理。比如，对于工资增长率、职工离职率、劳动争议发生率及财务、绩效类指标，就要严格按照相应的规则和口径进行数据的计算。

二、集体协商改进的必要性和原则

（一）集体协商改进的必要性

首先，集体协商是在一定的内外部环境中进行的，而内外部环境中的各要素总是动态变化的。内外部环境的变化会对集体协商的内容、程序等产生相应的影响，所以，对集体协商进行动态的改进与完善是必要的。

其次，在开展集体协商时难免会出现一些偏离目标或程序不规范的情况，对集体协商机制进行适时的"复盘"，查找问题，进行"纠偏"也是必要的。

（二）影响集体协商改进的主要因素

影响集体协商改进的因素有很多种，归纳起来，主要分为外部因素和内部因素两大类。

1. 外部因素

（1）法律因素

新中国成立以来，尤其是改革开放以来，国家的法制化进程不断加快，中国特色社会主义法制体系不断建立和完善，而与集体协商相关的劳动法律体系也在不断建立和完善，相关法律与政策的修订和完善直接影响着集体协商的基础和依据，进而直接牵引着集体协商的走向，推动着集体协商不断改进和完善。

（2）经济因素

经济条件是集体协商的主要物质基础。良好的经济环境可以为企业提供较好的发展机会，提高企业的营业收入和利润，从而为集体协商提供可靠的物质保障，使集体协商具有可行性。相反，如果经济环境不理想甚至恶化，企业的发展就会受到制约甚至负面影响，最终也会影响集体协商的实施。

（3）竞争因素

企业处在一定的行业中，难免与同行业企业进行竞争，尤其是处于"红海"领域的企业。人才竞争是企业竞争的重要组成部分，为了提高企业竞争力，同行业内各企业难免通过提高薪酬水平或工作条件来吸引人才，行业内企业薪酬水平或工作条件的提高，势必会对企业开展集体协商产生间接影响。

2. 内部因素

（1）企业的经营业绩

企业的经营业绩直接决定着集体协商的物质基础，而通常来讲企业的经营业绩是处在动态变化之中的，企业经营业绩的变化自然会对集体协商，尤其是工资集体协商的标的大小及协商空间产生直接影响。

（2）集体协商实施过程的规范性

集体协商在我国企业中推行的时间还不长，真正开展集体协商的企业还不是很多。在已开展集体协商的企业中，"不敢谈""不会谈"的问题还较突出，不少企业开展集体协商是处于被动应付状态，并没有严格执行集体协商的程序，集体协商过程不很规范。整体而言，企业在集体协商实施过程的规范性方面有一定的改善空间。

（3）集体协商的实施效果

对集体协商效果的评估，也是检视相关利益主体通过集体协商达成目标及集体协商实施质量的情况。在集体协商效果评估中发现的问题，需要进行针对性的改进和完善。

（三）集体协商改进的原则

集体协商改进是集体协商良性发展的主要途径。集体协商改进应遵循如下四个原则。

1. 针对性原则。集体协商的改进应该以问题为导向，即针对集体协商相关具体问题进行改进，最终解决问题。

2. 动态性原则。集体协商的改进应根据内外部环境及自身的实施情况，"与时俱进"动态进行。集体协商的改进不可能一劳永逸。

3. 及时性原则。集体协商的改进应该在集体协商后及时进行，迟滞的改进不仅会累积问题，而且也不利于后续集体协商的进行。

4. 客观性原则。集体协商的改进应基于集体协商评估和内外部环境的变化，而非领导意志随意进行。集体协商的改进要"改之有据"。

 **技能要求**

一、集体协商的评估程序

集体协商的评估程序是集体协商评估工作的"路线图"和"施工图"，也是集体协商效果评估质量的重要保证。确保集体协商评估程序的科学性，是保证集体协商评估工作科学、规范、高效的重要环节。一般来说，集体协商评估应遵循如下工作程序（见图3-4）。

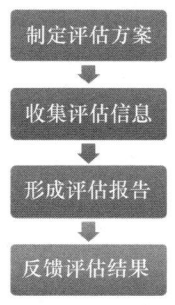

图3-4 集体协商的评估程序

1. 制定评估方案。对确定开展评估的集体协商工作，要成立专门的集体协商工作评估小组，组织职工代表开展评估活动，或者组织相关部门和专家、学者或委托有资质的第三方机构进行。集体协商工作评估方案要准确把握评估重点，明确评估牵头和协助部门责任，评估小组要建立专项档案，适时组织实施评估方案。

2. 收集评估信息。采用不同的评估视角，就会使用不同的评估指标，而不同评估指标的信息获取有着不同的渠道和方法。但无论评估信息或数据如何获取，一定要确保信息或数据准确、可信。

3. 形成评估报告。综合收集掌握的情况，对集体协商工作评估事项实施的前提、时机及后续工作进行科学的预测分析和研究。

4. 反馈评估结果。评估主体将结果反馈给劳动关系双方，指出问题，提出建议。

总之，对集体协商工作要建立一套规范的评估机制，应确保评估主体的构成合理，评估内容完备，评估程序科学，评估结果客观、公正，从而为在更深层次提升集体协商工作的实施效果奠定基础。

二、有效集体协商的特征

集体协商评估主体对照相应的评估指标，依照上述评估程序对集体协商进行评估，对集体协商是否有效给出结论，同时判断集体协商各项目标是否达成，并借此制定出集体协商的优化和改进方案。

一般来讲，有效的集体协商具备以下三个特征。

1. 集体协商主体及过程合规、规范。集体协商主体及过程的合规和规范是集体协商的底线要求，只有在此基础上才有进一步讨论集体协商是否有效的意义。

2. 集体协商使得协商主体及各利益相关者所关切的评估指标达到预期的目标值。站在集体协商的主要参与主体和其他利益相关者的角度，综合各方所关切的指标的达成情况是评估集体协商是否有效的关键。

3. 集体协商的投入产出比比较高。集体协商的过程需要一定人力、物力、财力等资源的投入，在达到相同效果的情况下，集体协商的综合投入越低，集体协商的效率就越高，集体协商也相对有效。

三、集体协商改进的路径与方法

集体协商如何才能进行改进？集体协商改进是一个动态的循环过程，如图3-5所示。集体协商改进的基本路径是在结束一次集体协商之后,要及时对集体协商进行复盘。所谓复盘,一般包括集体协商评估和集体协商内、外部环境变化的评测两方面内容。集体协商评估的具体内容已经在前面论述了;而在集体协商内、外部环境变化的评测中,主要评测因素包括外部法律、经济、竞争以及企业内部经营等的变化情况。在集体协商复盘的基础上,要制定完备的集体协商改进方案,就要以问题为导向,明确哪些地方需要改进,为什么要进行改进,改进的路线图、时间表和任务书是什么等。

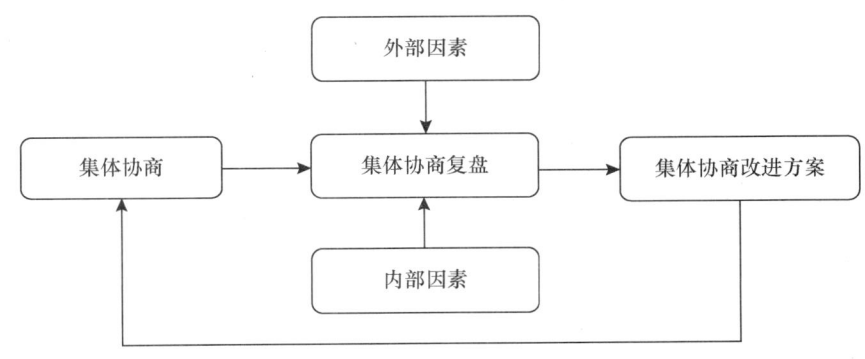

图 3-5 集体协商改进循环

第二单元　区域性、行业性集体合同

 **知识要求**

一、区域性、行业性集体合同签订的程序

(一) 区域性、行业性集体合同的签订

1. 集体合同的起草

集体合同的文本应该由谁起草,要视具体情况而定。一般来说,起草集体合同文本可以有三种方式:一是由工会方面起草,二是由企业方面起草,三是由工会和企业方面共同组织有关人员一起起草。从目前的实践来看,集体合同文本由工会方面起草的情况较多,因此,各个企业需要注意的是由工会方面起草的集体

合同的内容是否符合协商的结果。

2. 集体合同订立生效程序

经过集体协商的集体合同草案的生效，必须经过三个法定程序。首先要经职工代表大会审议通过。集体合同草案必须提交职工代表大会或者全体职工讨论通过。其次要进行签署。集体合同经职工代表大会审议通过后，由集体协商双方首席代表签字。最后要报劳动行政部门审查及生效。签字后的集体合同必须提交劳动行政部门审查。

因此，在形成区域性、行业性集体合同草案后，企业方应等待工会方完成职工代表大会审议通过的程序后再进行签署。

（二）二次协商

值得注意的是，由于我国多层级集体协商模式的存在，不可避免会在某些地区出现企业、行业和区域性集体合同重合的现象。区域性、行业性集体合同依法生效后，对本区域、本行业的企业和职工均具有约束力。在已签订了区域性、行业性集体合同的地区和行业，所覆盖的企业可根据实际情况进行二次集体协商，签订更小范围的区域性、行业性集体合同直至企业层级的集体合同。

有效的二次协商也是对区域性、行业性集体协商的补充以及对区域性、行业性集体合同落实的保障。一种情况是企业在区域性、行业性集体合同的框架下，只签订执行协议，表明执行区域性、行业性集体合同。另一种情况是签订契合企业自身特点的、具体量化标准的企业层级集体合同。这就是集体合同的二次覆盖。在二次覆盖的情况下，单个企业签订的集体合同中确定的劳动条件和劳动报酬标准，不得低于本区域或者本行业签订的区域性、行业性集体合同的规定。

二、区域性、行业性集体合同的监督履行

对区域性、行业性集体合同的监督检查，是保证集体合同履行的重要途径。首先，区域性、行业性集体合同确立的标准，对于辖区内签订合同的所有企业和职工都具有约束力，企业签订的集体合同中的标准不得低于区域性、行业性集体合同的规定。也就是说，区域性、行业性集体合同对所属企业的集体合同具有约束力，同时它对所属企业的劳动合同也应该具有约束力。

 **案例**

在某市餐饮行业集体合同履行情况的检查中，推进全市餐饮行业工资集体协商制度工作小组全体成员先后四次联合开展调研检查活动，他们分别深入全市16个区（开发区、风景区）检查餐饮企业工资专项集体合同的落实情况。2012年，为了解和掌握集体合同的落实情况，进一步推进全市餐饮行业工资集体协商工作的深入发展，市总工会牵头，联合市劳动关系三方四家以及市商务局、市餐饮业协会组成工作组，分成4个组对全市13个城区、2个开发区和1个生态旅游风景区的集体合同落实情况进行了调研检查。

市总工会通过职工（代表）大会和其他民主形式，采取民主测评、问卷调查、个别访谈、网络调查等方式，每年定期开展以企业为单元的质效评议，对企业单独签订集体合同，行业或区域覆盖的集体协商工作程序、协商内容、集体合同履行情况，以及职工方协商代表履职情况、职工知晓率和满意度等进行测评。对无故不开展集体协商工作的企业实行"一票否决"，该企业不得参加市总工会组织的模范职工之家、工人先锋号等评比表彰活动。在参与推荐和评选劳动模范、五一劳动奖状（章）、劳动关系和谐企业、优秀工会工作者等活动时，将集体协商前企业向职工征求意见和建议，协商代表向职工或职工代表大会述职，以及职工对集体协商的内容、过程和集体合同落实情况的反馈意见等作为推荐和评选的重要条件；同时也将上述情况作为企业能否列入"市十佳和谐企业"候选名单的重要条件。

值得探讨的问题是，在行业、区域标准确定的情况下，辖区内企业的劳动标准是不是一定要完全依照、无差别地实施？企业对此有没有一定的弹性空间？德国是产业集体协商开展得比较成熟的国家,它在产业集体合同签订以后,落实到每个企业时,在时间、进度方面给企业留出了一定的弹性空间,以适应各企业不同的经营发展状况。在这方面,我们还缺乏具体的法规规范。但在实践层面,我们已经开始对此进行探索。

三、区域性、行业性集体协商争议处理

处理区域性、行业性集体协商中的争议,重点要关注两个方面的内容。一是区域性、行业性集体协商启动过程中的争议,二是区域性、行业性集体合同适用范围方面的争议。

（一）区域性、行业性集体协商启动过程中的争议

区域性、行业性集体协商的启动,一般都有地方工会的组织领导,职工群众自发启动的比较少。现实中,很多地方多是由于出现了企业劳动关系矛盾突出、职工队伍不稳定、企业没有工会、职工流动率高等问题,地方工会为了化解矛盾,主动以上带下,提出开展行业性集体协商,甚至直接介入集体协商。这样的启动方式,使集体协商的启动运行相对顺利,特别是借助地方党政力量,多方合作,加大了推进力度。在此过程中出现的争议,更多是企业不愿协商,消极被动；工会则通过自上而下地开展说服、宣传等全方位的工作,有的还以与地方党政机关联合发文的方式,启动集体协商。

另外一种情况是来自职工群众的压力传导给了企业方。为了避免恶性竞争,稳定行业秩序,企业愿意主动坐下来与职工协商工资、工价等劳动标准。出现这种情况后,职工往往以"用脚投票"的方式离职跳槽,甚至以停工、怠工等方式,表达其对于工资等劳动条件的不满,劳资矛盾比较尖锐。这种争议影响到企业的正常运营与发展,企业方主动考虑接受行业性集体协商,以便保障稳定的生产秩序。这类集体协商也被称为雇主发起的集体协商。这类带有自发性质的集体协商体现了劳动力市场上劳动关系双方的内在诉求。面对这类集体协商启动过程中的争议或问题,有关各方需要协调疏导,将双方的利益表达纳入有序的集体协商过程中。

(二）区域性、行业性集体合同适用范围方面的争议

依法签订的区域性、行业性集体合同，对区域或行业内签约的所有企业和职工都具有约束力。企业签订的集体合同中的标准不得低于区域性、行业性集体合同的规定。

区域性、行业性集体合同的适用范围是一个新问题。一般来讲，区域性、行业性集体合同应该适用于认可该合同的企业以及职工。对于区域或行业内有多少企业认可相应的集体合同，并没有严格的规定。一些属于相关区域或行业的企业有可能出于种种原因并不认可相关集体合同确定的标准或者部分不认可。这就需要有关方面开展深入细致的工作，向企业说明集体协商的意义、签订集体合同的目的，帮助这些企业了解集体协商对于协调劳动关系、稳定职工队伍、促进企业持续发展的重要作用。当然，如果一些企业一时接受不了，也不能强求。可以等待已签订集体合同的优秀企业发挥示范作用，再逐步扩大集体合同的覆盖面。目前，一些地方由协调劳动关系三方共同发力，自上而下，督促企业执行区域或行业劳动标准，改善用工环境。这种方式的效率的确比较高，但实际效果如何要视具体情况而定。

（三）区域性、行业性集体协商争议处理程序

对于在区域性、行业性集体协商过程中发生的争议，双方当事人不能协商解决的，当事人一方或双方可以书面向辖区内的劳动行政部门提出协调处理申请；未提出申请的，劳动行政部门认为必要时也可以进行协调处理。劳动行政部门应当组织同级工会和企业代表组织等三方面的人员，共同协调处理集体协商争议。

有些地方相关行政部门，如上海市人力资源和社会保障局于2011年8月发布了《上海市集体协商争议协调处理办法》，对集体协商争议的处理程序、方式等进行了比较详细的规定：人力资源和社会保障行政部门可以通过召集争议双方陈述各自协商意见，并由争议相关方提供证据；与有关各方共同对双方协商意见合理性进行调查；根据需要可委托社会第三方对双方协商意见进行合理性评估；协调双方利益争议，促进双方继续协商。经协调后，

就双方达成一致的部分，制作"集体协商争议协调处理协议书"。未能达成一致的部分，人力资源和社会保障行政部门发出"集体协商争议协调处理意见书"，促进双方在缩小差距、互利互信的基础上继续进行协商。

在实践中，区域性、行业性集体协商过程中的问题与争议，主要是通过三方协调机制进行处理。首先，对于区域性、行业性集体协商，法律法规的规范程度并不十分严格。现实中实践探索的比重比较大，对于一些不太规范、不太严谨的做法，也不必吹毛求疵，要求一步到位。通过实践，不断探索，积累经验，完善制度。有条件的地方先行实践，呈现效果就会带动更多行业、企业加入进来。丰富的实践经验还可以反过来充实完善相关的法律法规。

 **技能要求**

一、区域性、行业性集体协商程序及其关键点

区域性、行业性集体协商的程序与企业集体协商基本相同，法律法规当中没有严格、具体的特别程序要求。许多具体做法是通过实践探索形成的，所以职工方协商代表可以通过各地区域性、行业性集体协商的实际案例，了解行之有效的程序安排与做法。区域性、行业性集体协商要经过准备、发出要约、召开协商会议、签订集体合同草案、职工代表大会审议通过、送审、生效、公布等程序。其中，有一些环节需要特别注意。

第一，协商代表的代表性要更加广泛，其专业能力要更高。因为他们要代表的是若干企业以及诉求不同的职工，需要通过多层级的选拔，真正选出称职的协商代表。

第二，形成协商议题，需要做更广泛、更细致的组织协调工作。区域性、行业性集体协商需要分企业、分类型、分层级采取切实可行的方法征求职工意见，并将职工的意见和要求进行汇总与整合，拟定符合区域和行业特点的、切合实际的协商议题。

第三，集体协商的启动。区域性、行业性集体协商的启动，主要以区域和行业工会为主。为了积极推动集体协商的开展，往往会借助三方机制平台，整合多方面的力量。一些地方成立由镇党委副书记、工会主席为组长，工会副主席为副组长，人力资源和社会保障局（所）、企业管理站、司法所、园区办公室等部门负责人为成员的行业工资集体协商领导小组，形成"党委领导、政府主抓、工会力推、各方协同、劳资互动"的工作格局，有效推动集体协商工作的全面展开。

第四，区域性、行业性集体协商可以分层次、分步骤推进。具备条件的企业可以先开始进行集体协商；对暂时不理解、不接受的企业，可以更多地采用实例，以榜样的示范作用影响带动它们，逐步地把它们吸收进来。对于协商的议题也是如此，可以先易后难，对容易达成共识的议题先开展集体协商；对比较困难的议题，可以通过之后协商再予以解决；在协商方式上，可以先进行非正式协商，再进行正式协商，循序渐进往往可以取得很好的效果；在行业标准协商完成之后，各个相关企业也可以通过二次协商，将标准细化，落实于企业层面。

第五，扎实做好集体协商的基础工作。区域性、行业性集体协商的主要内容是劳动定额、工价标准，需要大量收集数据资料，并进行详细测算。这需要艰苦细致的工作，投入必要的时间与精力，把资料收集与数据测算做细。

确定行业标准时，需要注意标准的适度性，不能过高，也不能太低。经验表明，一个行业集体协商劳动标准，应该以80%企业的水平为标准进行协商，而非最高水平的企业为标准。这样，一方面绝大部分企业可以承受，行业标准容易普及；另一方面可以吸引优质企业，"逼走"差的企业，优化产业的结构。

第六，区域性、行业性职工代表大会的组建。区域性、行业性集体协商形成的集体合同草案需要提交区域性、行业性职工代表大会审议通过；没有职工代表大会的，需要得到区域、行业内认可该集体合同草案的企业半数以上职工的同意。

区域性、行业性职工代表大会建设，对于很多地方来说都是一项全新的工作。要让职工代表大会真正发挥作用，首先需要选好职工代表，并对职工代表进行相关培训，让职工代表大会与集体协商形成有机结合。如果还没有建立区域性、行业性职工代表大会，也可以通过所属企业职工投票的方式，审议通过集体合同草案。与此同时，借集体协商的东风，把职工代表大会建立起来，完善劳动关系协调机制建设，构建和谐劳动关系。

第七，区域性、行业性集体合同草案，除了要经过职工代表大会或职工大会审议通过外，还需要区域或行业内企业最高领导签字（或盖公章）确认后，由集体协商双方首席代表签字。企业方协商代表将集体合同报送当地劳动行政部门审核备案，然后采取适当方式及时向全体职工公布。

第八，区域或行业开展集体协商后，区域或行业内规模较大、具备单独开展集体协商的企业还可以根据实际开展二次协商，在集体合同中增加涉及本企业职工切身利益的内容，该集体合同标准不得低于区域或行业集体合同的标准。

二、区域性、行业性集体协商的策略

区域性、行业性集体协商的策略与企业集体协商策略基本一致，总体的思想方针都应该以追求提高或维持己方利益为主，合理制定集体协商谈判策略。

（一）共赢策略

在集体协商过程中，针对某一项议题，要取得双方都满意的结果，可以采取的方式是，既要考虑职工的利益目标，也要兼顾企业管理层的利益目标，从企业的实际出发，通过有效的集体协商使双方共同受益。

（二）进攻策略

当经济总体陷入萧条期，企业经济效益低下，无论增加人工成本投入还是采取激励手段，未来的经济效益仍难以预料。此时，企业可以采取进攻策略，要求减少对成本的投入，甚至提出减员或者维持当前薪资水平的要求。在谈判过程中，企业方协商代表通常在阐述企业经营困难的同时会先给出一个较为苛刻的方案，例如大规模裁员、延长工作时间、减少福利待遇等，以便于在涉及核心利益时，如在工资谈判的过程中，获得更大的主动权，以达成其期望的谈判目标，即通过满足不裁员、不变更工作制度等要求来达到其维持当前薪资水平的目的。

（三）让步策略

在工资集体协商中，若劳动力市场求大于供（供不应求），根据"物以稀为贵"的交易原则，职工方协商代表可能提高工资水平要求。若企业对人工成本投入的获利高于对实物成本或技术成本投入的获利时，职工方协商代表会主动提出提高薪酬待遇的要求。此时，企业方协商代表可以采取让步策略，以暂时的让步换取未来的回报。这种退让是基于企业对当前形势的预估，但前提是企业是在自身底线范围之内作出退让。

（四）坚守策略

若劳动力市场供求关系处于不稳定状态，企业内部人工成本投入和其他成本投入之间的效益比不稳定，企业方协商代表无法预估针对某项议题进行让步后可能出现的损失与收益，也无法预测反向操作所引发的后果，那么坚守当前的态度和立场并向对方表达己方的考量，不失为一种更合适的策略。

（五）迂回策略

各项劳动标准之间存在着内在的联系，即存在着此消彼长的关系。对此，企业方协商代表可以采取相应的迂回策略，即通过对一个议题的退让来谋求对另一议题的推进。例如，可以通过实物福利的发放来试图降低职工方协商代表针对工资增长率的谈判需求，或者同意对方的工资增长要求但表明需要对方完成某种工作任务或达到某项工作绩效标准。

（六）包容策略

在集体协商中，要允许对方提出不同的观点、意见，认真倾听，理性思考，正确对待，求同存异，从而保证集体协商在和谐有序的气氛中进行。这一策略建议企业方协商代表不能单一执着于自身的立场和策略方法,要对对方可能提出的替代性方案进行理性思考,朝着一个更利于双方共赢的方向努力。

相关法律法规

1.《中华人民共和国工会法》
2.《中华人民共和国劳动法》
3.《工资集体协商试行办法》
4.《集体合同规定》
5.《中华人民共和国劳动合同法》
6.《工资支付暂行规定》
7.《劳动部 全国总工会 国家经贸委 中国企业家协会关于逐步实行集体协商和集体合同制度的通知》
8.《最低工资规定》
9.《劳动和社会保障部 中华全国总工会 中国企业联合会/中国企业家协会关于开展区域性行业性集体协商工作的意见》
10.《企业工会工作条例》

复习思考题

1. 简述集体协商在企业管理中的意义。
2. 简述企业民主管理和其他沟通协商机制与集体协商的关系。
3. 简述区域性、行业性集体协商与企业集体协商的差异和联系。
4. 简述开展区域性、行业性集体协商的流程。
5. 简述区域性、行业性集体协商代表产生的有关规定。
6. 简述集体协商评估的意义、原则、内容、主体和方法。
7. 简述集体协商改进的路径和方法。
8. 简述区域性、行业性集体合同的签订程序。

9. 如何处理有关区域性、行业性集体合同的争议？
10. 简述进行区域性、行业性集体协商的策略。

 **案例分析题**

南京××企业是20世纪80年代由老国有企业与美商合资组建的一家外商投资企业，现有职工500余名，原以生产深井泵为主业，2007年下半年随着工厂生产区搬迁至工业开发区，厂区面积扩大了6倍，企业转为以装配为主业，进而发展为全球深井泵装配中心。

2008年3月10日（周一）上午8时，该企业职工进厂打卡后无一人进入车间，全部聚集在厂区大门附近，声称由于企业在3月5日发工资日没有兑现增加工资的承诺，要求企业大幅度提高生产线职工的工资。企业方要求由企业工会出面，让工会主席说服职工先复工。企业管理人员声称，有关工资问题，集团高层会有妥善安排。工会主席拒绝此安排。其间，工会主席将此事通报给工会聘请的顾问和工资集体协商指导员。当天晚上7时，工会顾问、工资集体协商指导员与全体工会委员及3名当选的职工方协商代表召开紧急会议，形成如下共识：绝大部分职工工资收入是偏低的；企业方为顺利搬迁，主要行政领导曾郑重宣布增加工资，企业方必须对此负责；职工要求立即将工资提高至3 700元，近4倍的增幅显然是非理性的。

3月11日，职工仍然在打卡后不进车间，集体围在工厂大门内外。3月12日，停工仍在继续。同时，以工会主席为首席协商代表的职工方5人协商小组与以企业人力资源总监为首席协商代表的5名企业方代表在厂会议室开始了该企业历史上第一次劳动关系双方的工资协商会谈。企业方很快确定了增加工资总额8%以及人均再另增125元的方案。企业方希望很快公布这个方案，从而让职工尽快复工；但工会坚持不同意，理由是这个方案仍与绝大多数职工的期望值相距太大，而且该方案对一线职工多年的低水平工资补偿不足。工会提出一个方案，即以工龄为线，按10年以内、10~20年、20年以上划三条线，分别设定最低工资标准，具体为1 200元/月、1 300元/月、1 400元/月，工会同时拿出了测算数据及成本分析和几类有关信息分析依据，包括当地物价水平、政府工资增长指导线等。但工会提出的方案并未获得企业方认可，协商陷入僵局。

3月13日上午9时，在协商开始前，企业高层管理人员来到职工群众中，试图与部分职工对话，商量复工事宜。在多次得到"找我们的5人协商小组"的回复后，他们只好又回到协商会谈桌前。工会已在紧急磋商后做通了职工的工作。下午4时，大部分职工都已回到生产线。同时，在协商进行到下午3时45分时，企业方终于松口，基本同意工会提出的工资增长"三条线"原则。工会提出将方案传达给每一位职工（由企业方派出高管人员执行）并将方案打印成文件，由总经理签字后张榜公示。劳动关系双方的工资协商正式文本待总部授权书一到立即由双方代表签字，报送地方劳动行政部门审核。工会同时考虑到企业实际面临的生产订单情况，向全体职工发出了"夺回延误时间，完成当月3 000万订单生产任务"的倡议书，此举得到了多数职工的理解和支持。

至此，自3月10日起由职工方发起、后由工会直接介入的职工集体行动，最终通过集体协商的方式使职工方的利益诉求基本实现，整个过程前后历时整整4天。

请思考：

1. 集体协商对企业的好处有哪些？

2. 企业工会在集体协商中是如何发挥作用的？

3. 企业方是如何推动集体协商顺利进行的？案例中有哪些好的做法？如果你是企业方协商代表，还可以采用什么方法保证集体协商顺利进行？

第四章 劳动规章制度管理

 **学习目标**

1. 熟悉劳动规章制度的内涵，了解劳动规章制度的性质与意义，掌握劳动规章制度与劳动合同、集体合同的联系与区别。

2. 熟悉员工手册的内容、功能，掌握员工手册的编制规范。

3. 熟悉劳动规章制度的内容和体系，掌握劳动规章制度制定的程序，熟悉劳动规章制度的效力，掌握劳动规章制度与劳动合同规定不一致时的效力判断方法。

4. 掌握劳动规章制度制定过程中的要点及注意事项。

5. 了解劳动规章制度实施的主体与原则，熟悉劳动规章制度实施的机制与必要条件，熟悉劳动规章制度实施的常见问题与应对策略，掌握劳动规章制度实施过程的监督检查方法。

6. 了解劳动规章制度评估的含义，熟悉劳动规章制度的评估内容和评估要素，掌握劳动规章制度评估方法与流程。

 **案例**

"企业文化"可以成为解除劳动合同的依据吗？

赵某于 2015 年 4 月 23 日进入 Z 公司工作，担任招商经理。双方签订劳动合同的期限为 2015 年 4 月 23 日至 2018 年 6 月 30 日。2015 年 10 月 19 日，Z 公司通过电子邮件的方式向全体员工发送员工手册告知企业文化价值观，其中第 4 点"正直务实"明确要求员工"实事求是、敢作敢为、拒绝个人利益诱惑、诚信"。2017年4月10日，Z公司又向全体员工发送了电子邮件，该电子邮件再次明确"正直务实"是公司的核心价值观之一。2017年4月28日，Z公司通过电子邮件通知全体员工公司将组织名为"我想大声告诉您，我的超人妈妈"的母亲节活动。活动将通过投票方式选出一等奖，送出价值500元左右的礼品。活动规则为一人一票。在该活动中，赵某通过淘宝买票方式让同事为其刷票200票，其丈夫为赵某刷票1 000票，且赵某在多个微信群中明确要求群友为其投票。2017年5月27日，Z公司以赵某违反员工应当遵守的诚信原则以及公司一贯倡导的"正直务实"价值观且存在意图骗取公司财物的行为为由，与赵某解除劳动合同。赵某于2017年6月20日向劳动人事争议仲裁委员会申请仲裁，要求Z公司向其支付违法解除劳动合同赔偿金，劳动人事争议仲裁委员会裁决Z公司支付赔偿金。Z公司不服裁决，依法起诉。

法院认为，Z公司作为一家互联网电子商务企业，"正直务实"应当是该类型企业应有的价值观，而且对于"正直务实"理应有着比传统行业更高的要求，所以Z公司在员工手册之外另行制定了"正直务实"的价值观以及违反该价值观后原告可以采取的处理措施等规定是企业自主用工权的体现，上述内容应当认定为Z公司的规章制度。Z公司以员工手册的方式将相关规章制度通知全体员工（包括赵某），还通过名为"Z公司企业文化价值观""Z公司人的名义"的电子邮件将上述"正直务实"价值观的内容也传达给了赵某，因此上述规章对赵某具有约束力。赵某在参与母亲节活动的过程中，存在着向同事以外的人员进行拉票以及通过其丈夫、同事在淘宝网为其买票的行为，违反了原告母亲节活动中"全体员工参与，一人一票"的投票规则以及原告"正直务实"的价值观。Z公司在2017年5月27日以赵某违反员工应当遵守的诚信原则以及公司一贯倡导的"正直务实"价值观且存在骗取公司财物的行为为由，单方解除和赵某的劳动合同的行为符合原告"正直务实"价值观的规定以及员工手册的相关规定，故法院判决 Z 公司无须向赵某支付解除劳动合同赔偿金。

资料来源：中国裁判文书网，http://wenshu.court.gov.cn（内容经过编辑）。

第一节　劳动规章制度的制定

第一单元　劳动规章制度概述

知识要求

一、劳动规章制度的内涵

（一）企业内部劳动规则

企业内部劳动规则源于1954年政务院颁布的《国营企业内部劳动规则纲要》。当时正处于社会主义改造尚未完成的新中国成立初期，由于旧的劳动管理制度崩溃，新的劳动管理制度尚未建立，企业中出现旷工、怠工、不服从指挥等违反和破坏劳动纪律的现象。当时我国第一部宪法尚未出台，规范国家基本秩序的是具有临时宪法性质的《中国人民政治协商会议共同纲领》。该纲领第八条规定，中华人民共和国国民均有遵守劳动纪律的义务。《国营企业内部劳动规则纲要》正是根据该纲领第八条制定的，虽然对企业行政方面也有一些义务规定（如第二条的说明义务和第七条的基本职责等），但其主要内容是强调职工的义务，主要目的是严格劳动纪律。

而《劳动法》颁布的1994年，正是我国从计划经济刚刚步入市场经济的过渡时期。在市场经济体制下，政府不再直接决定劳动条件而改为设立最低劳动标准，劳动条件只能由劳动关系当事人自主决定。在这种条件下，《劳动法》在总则中首先明确了劳动者的权利和义务（第三条），然后为了"保障劳动者享有劳动权利和履行劳动义务"，又赋予用人单位"建立和完善规章制度"

的义务（第四条）。

总之，计划经济下的企业内部劳动规则，是以劳动者的义务为中心内容，其目的是严格劳动纪律。而市场经济下的企业劳动规章制度，则以劳动条件为中心内容，其目的是为了保障劳动者的权益。

（二）劳动规章制度

劳动规章制度是指用人单位按照法定程序制定的、在用人单位内部对用人单位和劳动者具有约束力的劳动规章制度的总称。其在不同国家和地区的法律中有不同的称谓，德国称之为"企业规章"，法国称之为"企业内部劳动规章"，俄罗斯称之为"内部劳动规则"，意大利称之为"职业活动规则"，日本称之为"就业规则"，韩国称之为"雇佣规则"。我国目前尚无专门针对用人单位劳动规章制度的法律，有关劳动规章制度的法律规定散见于《劳动法》《劳动合同法》《工会法》和《公司法》等法律法规中。需要指出的是，劳动规章制度并不是由用人单位单方制定的，而是由用人单位与劳动者双方平等协商确定的（见《劳动合同法》第四条），这不仅是构建和谐劳动关系的要求，也是国家法律的要求。《公司法》第十八条第三款规定："公司研究决定改制以及经营方面的重大问题、制定重要的规章制度时，应当听取公司工会的意见，并通过职工代表大会或者其他形式听取职工的意见和建议。"《劳动合同法》第四条第二款规定："用人单位在制定、修改或者决定有关劳动报酬、工作时间、休息休假、劳动安全卫生、保险福利、职工培训、劳动纪律以及劳动定额管理等直接涉及劳动者切身利益的规章制度或者重大事项时，应当经职工代表大会或者全体职工讨论，提出方案和意见，与工会或者职工代表平等协商确定。"

二、劳动规章制度的性质

目前，我国关于劳动规章制度性质的理解主要分为三种学说，分别是劳动规章制度的法律规范说、劳动规章制度的契约规范说以及劳动规章制度的折中说。

（一）劳动规章制度的法律规范说

劳动规章制度的法律规范说认为，用人单位制定的劳动规章制度在事实上发挥着行为规范的作用，从法理角度观察，用人单位劳动规章制度的强制力和约束力的基础是上述规范具有法律规范的性质。该学说在很大程度上将劳动规章制度的制定同立法建立了联系，并承认用人单位在一定范围内具有制定劳动规章制度的权力，职工虽可以在一定程度上参与，却不是劳动规章制度的制定主体。由于学界对于法律规范权力源泉的不同理解，劳动规章制度的法律规范说又进一步演化出三个分支学说。第一，经营权说。此说认为，劳动规章制度是用人单位基于其所有权、经营权和指挥权，对单位内的劳动者发布的单位内部规则，无须劳动者同意即可生效。第二，习惯法、自治法说。此说认为，劳动规章制度是用人单位内部的惯例或者自治规则，劳动者同意与否不影响劳动规章制度的法律效力。第三，授权法说。此说认为，劳动规章制度之所以具有法律约束力，是因为法律基于保护劳动者的目的，赋予劳动规章制度以法律效力。

（二）劳动规章制度的契约规范说

劳动规章制度的契约规范说认为，劳动规章制度本身不具有约束力，然而，由于劳动者对劳动规章制度的同意事实上体现为默示同意或者录用时的概括同意，在劳动者个人与用人单位之间就劳动规章制度所列内容形成意思合致关系，劳动规章制度几乎对所有劳动者具有约束力，这是合同上的约束力。也有观点认为，劳动规章制度可以被视为劳动合同的一部分，劳动合同既已成立，劳动规章制度作为劳动合同的附合合同，只要合法也同样具有效力。但劳动规章制度的契约规范说中所谓当事人的合意并不包括所有劳动者的意思在内，因为即使严格按照法律规定的程序制定出来的劳动规章制度，体现的也仅仅是在岗职工与用人单位之间的合意，对于以后录用的新职工来说，他们尽管没有机会表达其意思，但是同样要受已有劳动规章制度的约束。由此可见，劳动规章制度的契约规范说显然具有片面性，即使承认劳动规章制度是契约，它也属于一种附合契约。

（三）劳动规章制度的折中说

劳动规章制度的折中说认为，用人单位的劳动规章制度之所以发生法律效力，既是由于法律的确认，也是由于当事人双方的合意。用人单位制定劳动规章制度是针对全体劳动者统一设定的集体规范，是基于劳动者集体合意才产生相应的法律约束力。劳动规章制度的折中说秉持劳动条件应由劳动关系双方合意的基本原则，认为鉴于劳动规章制度统一规范劳动条件的现实，个别劳动者对劳动规章制度的制定、变更之承诺虽然有必要，但可由劳动者集体意思予以同意，若未经劳动者集体意见同意，劳动规章制度则不发生法律效力。

在上述三种学说中，劳动规章制度的折中说比较符合我国国情和立法实践。实际上，依法制定的劳动规章制度具有法律效力，既是法律规定，也是当事人双方的合意。

三、劳动规章制度的意义

（一）劳动规章制度在劳动关系规则网络中的意义

劳动关系系统中的规则是一个网络，既包括法规、政策、命令，也包括协约、合同及用人单位劳动规章制度。用人单位劳动规章制度作为劳动关系系统输出项的规则，是劳动关系各方主体交涉的结果。同时，这种输出也会成为输入要素再次进入劳动关系系统，成为劳动关系主体交涉的基础。用人单位劳动规章制度是劳动关系规则网络中最重要的内容之一，是明确劳动条件、调整劳动关系、规范劳动关系的主要机制，也是签订劳动合同的基本依据。

劳动关系规则网络中，通过立法、法律赋予或达成合意而产生法律效力的规则，可以称为劳动关系规范。劳动关系规范一般有劳动基准、集体合同、用人单位劳动规章制度、劳动合同四个层次。这四个层次的劳动关系规范的关系是法律效力递减、劳动条件递增的关系。其中，劳动基准作为外部规范，是其他所有企业内部形成的规则的依据。

(二) 劳动规章制度在劳动关系中的现实意义

用人单位劳动规章制度是整个组织机构正常运行的制度保障，没有合理的劳动规章制度就没有能真正发挥作用的组织机构，也就没有组织的正常生产和经营活动。只有通过劳动规章制度来规范领导和职工等组织成员的职责和行为，才能使组织正常运行，充满生机和活力。

1. 劳动规章制度是组织正常运行的保证，是组织成员行动的指南

在组织的运行过程中，针对组织内部成员的劳动关系管理主要有四种工具可以运用，分别是劳动法律法规、劳动关系双方签订的劳动合同、集体合同以及用人单位劳动规章制度。在劳动关系管理中，由于劳动法律法规的局限性、劳动合同的单一性以及集体合同在劳动关系管理中作用的有限性，用人单位劳动规章制度较好地弥补了以上三种劳动关系管理工具的缺陷，与这三种劳动关系管理工具共同构成了劳动关系管理体系。

劳动规章制度虽属于调整个别劳动关系的规范，但劳动规章制度规定的是用人单位共通的权利义务，适用于用人单位的所有劳动者。劳动规章制度明确了组织的劳动条件和组织成员的行为规范，可以大量减少因劳动条件不统一或对行为规范的解释不一致所带来的劳动争议和劳动纠纷。因此，劳动规章制度保证了组织的正常运行，是组织成员行动的指南。

2. 劳动规章制度是用人单位奖惩的依据

《劳动法》第四条规定："用人单位应当依法建立和完善规章制度，保障劳动者享有劳动权利和履行劳动义务。"这里的劳动权利和劳动义务仅仅是一种抽象的法律规范。在具体的劳动条件确定和劳动关系运行中，这些抽象的法律规范很容易产生歧义以至于发生劳动争议。用人单位劳动规章制度就是对以上抽象的法律规范的具体规定与解释，它明确了工作场所的劳动条件与行为规范。

可见，用人单位劳动规章制度是用人单位对劳动条件及劳动

纪律等方面的具体规定，不论其法律性质如何解释，劳动规章制度都对用人单位的劳动者具有规范作用。因此，用人单位的奖惩必须以劳动规章制度为依据，这样才有助于用人单位对工作场所的正常管理，保证用人单位的日常运转，预防劳动争议的发生。

3. 劳动规章制度是劳动关系双方维权的利器

劳动规章制度是用以规范劳动者个人与用人单位之间的个别劳动关系运行的用人单位规则，是用人单位订立劳动合同的主要依据之一。

市场经济中的用人单位，因为拥有经营自主权，也就拥有了对劳动者进行指挥命令的管理权，用人单位往往通过制定劳动纪律、行为规范等手段来促使劳动者履行劳动义务，对劳动者进行管理。但是，市场经济中的用人单位毕竟是以追求利润为目标的，因此很容易出现牺牲劳动者利益甚至侵犯劳动者权利的情况。所以，劳动规章制度要"通过民主程序制定"才能具有法律效力，即"用人单位在制定、修改或者决定有关劳动报酬、工作时间、休息休假、劳动安全卫生、保险福利、职工培训、劳动纪律以及劳动定额管理等直接涉及劳动者切身利益的规章制度或者重大事项时，应当经职工代表大会或者全体职工讨论，提出方案和意见，与工会或者职工代表平等协商确定。"通过民主程序制定的劳动规章制度应该是劳动关系双方利益妥协和利益平衡的结果。

因此，劳动规章制度一旦具有法律效力，它就不仅仅是企业方维权的工具，同时也成为职工方维权的利器。

4. 劳动规章制度是企业文化和企业形象的重要载体

企业文化是在一定条件下，企业在生产经营和管理活动中创造的具有该企业特色的精神财富和物质形态。它包括文化观念、价值观念、企业精神、道德规范、行为准则、企业制度等，其中价值观念是企业的核心。企业文化是推动企业发展的不竭动力，是企业个性化的根本体现，也是企业生存、竞争和发展的灵魂。

劳动规章制度对于企业文化建设的重要性也是不言而喻的，它是企业文化的载体，能够传播企业文化，宣传企业形象。一般情况下，企业文化是抽象的，对职工的行为较难具有强制约束力，但是以劳动规章制度作为载体的企业文化，将该价值观念作为职工的行为准则，要求职工贯彻执行，可以对职工的行为进行有效约束。

四、劳动规章制度与劳动合同、集体合同的比较

劳动规章制度、劳动合同与集体合同都是确立劳动关系双方权利和义务的重要依据、规范劳动行为的准则、协调劳动关系的重要制度。因此，从三者的目的来看，它们具有一致性，均是为调整企业劳动关系而存在的。但三者的区别也是明显的，具体区别主要体现在以下五个方面。

1. 参与主体和制定要求不同

根据《劳动合同法》的规定，劳动规章制度也是劳动关系双方共同决定的事项，需要经过民主程序，最后通过平等协商程序确定。但是，劳动规章制度制定时对劳动关系双方"共决"的要求比较低。《劳动合同法》第四条第二款规定："用人单位在制定、修改或者决定有关劳动报酬、工作时间、休息休假、劳动安全卫生、保险福利、职工培训、劳动纪律以及劳动定额管理等直接涉及劳动者切身利益的规章制度或者重大事项时，应当经职工代表大会或者全体职工讨论，提出方案和意见，与工会或者职工代表平等协商确定。"从这一规定可以看出，用人单位制定劳动规章制度时需要将其起草的劳动规章制度草案交由职工代表大会或者全体职工讨论，而不是由职工代表大会或者全体职工"讨论通过"；职工讨论后，让职工提出方案和意见，最后由用人单位和工会或职工代表通过平等协商确定。集体合同的制定需要劳动关系双方共同决定，其双方"共决"的程度比规章制度的制定要高。《劳动合同法》第五十一条规定："企业职工一方与用人单位通过平等协商，可以就劳动报酬、工作时间、休息休假、劳动安全卫生、保险福利等事项订立集体合同。集体合同草案应当提交职工代表大会或者全体职工讨论通过。"这里，法律要求集体合同草案应该提交职工代表大会或者全体职工"讨论通过"。显然，集体合同所要求的"讨论通过"比劳动规章制度所要求的"讨论"在

"共决"程度上更高。劳动合同订立是劳动者与用人单位的双方法律行为，缺少任何一方就无法订立劳动合同，劳动合同的内容均由用人单位和劳动者遵循平等自愿、协商一致的原则，共同确定，因此，劳动关系双方在劳动合同事项上的"共决"程度更高，且是用人单位与单个劳动者进行"共决"。

2. 内容指向不同

劳动规章制度、劳动合同、集体合同都会涉及劳动报酬、工作时间、休息休假等内容。但是，三者的内容指向与侧重点是不同的。劳动合同中的内容是企业与单个劳动者约定的事项。集体合同与劳动规章制度中的事项一般来说都是适用于企业和全体劳动者的事项。就同一问题而言，集体合同与劳动规章制度的侧重点是不同的。比如，对于工作时间事项的规定，集体合同侧重于工时标准以及延长工作时间的要求，主要目的是对劳动者在工作时间上进行保护；而劳动规章制度则侧重于规定实行哪一种工时制度、上下班时间以及违反规定的处理等，主要目的是要求职工遵守工作时间。再如休假制度，集体合同和劳动规章制度也都会涉及，集体合同主要侧重于为劳动者享有各类假期提供保障，而劳动规章制度则主要侧重于职工请假的手续、要求以及违反规定的处理等。

3. 实施方式不同

劳动规章制度的实施主要靠用人单位通过奖励和惩罚两种手段来落实。在实践中，一般是通过以教育为主、惩罚为辅的原则来督促职工自觉遵守劳动规章制度，维护正常的生产工作秩序。劳动合同、集体合同作为劳动关系双方的协议，主要靠协议的约束力来确保落实。

4. 效力范围不同

劳动规章制度的内容是集体性的，它的效力范围也是整个企业，对象是全体职工。集体合同的效力范围一般也是适用于整个企业，针对特定群体的集体合同仅适用特定的群体，如企业内部的女职工权益保护专项集体合同仅适用企业内部的女职工。劳动合同的效力范围仅限于企业的单个劳动者，对其他劳动者无法发生法律效力。

5. 效力等级不同

劳动规章制度、集体合同与劳动合同的效力等级如何是一个非常重要的法律问题，理清三者之间的关系对于处理劳动争议具有重要的指导作用。首先，如果劳动规章制度与劳动合同、集体合同规定的事项不一样，那么三者具有同等的法律效力，因为从法律规定来看，劳动规章制度和劳动合同、集体合同都具有法律效力，三者对不同的事项作出不同规定的，各自在各自的范围内适用。其次，如果劳动规章制度与劳动合同、集体合同对同一事项作出规定且规定的内容不一致，那么三者的效力哪个高呢？对此，《最高人民法院关于审理劳动争议案件适用法律若干问题的解释（二）》第十六条给出了明确的答案，即"用人单位制定的内部规章制度与集体合同或者劳动合同约定的内容不一致，劳动者请求优先适用合同约定的，人民法院应予支持。"最高人民法院对于这个规定给出的原因是，确定劳动合同和集体合同的优先适用效力，主要目的是防止用人单位，特别是企业的经营管理者不正当行使劳动用工管理权，借少数人的民主侵害多数职工依法享有的民主权利，从而倡导运用集体协商的机制建立和谐劳动关系，维护和推行集体劳动合同制度，促进劳动力市场管理秩序的规范。

 **技能要求**

员工手册的编制技术

（一）员工手册的概念

简单来说，员工手册就是企业将组织内涉及员工利益的规章制度汇编成册而成的。这样做一方面可以使规章制度显得比较系统和规范，另一方面也便于员工查询和学习，更为重要的是，便于企业履行公示或告知程序。员工手册有两项基本功能：一是使刚入职的新员工能够快速了解企业的历史、文化、运作模式、员工管理政策、日常行为规范等，快速成长为合格员工；二是规范员工的日常行为，强化行业或企业的特殊要求，提升企业整体的运营效率。

对于企业来说，如果能够有效地发挥员工手册的功效，一方面可以降低培训成本与员工管理成本，另一方面还可以促使员工降低工作失误率与事故率，从而改善员工的工作效率与效果。员工手册的编制往往需要以明晰的企业文化和规范的人力资源管理体系为基础。

（二）员工手册的内容

完整的员工手册一般包含以下几个方面的内容：前言、企业简介、总则、员工行为规范、人力资源管理制度（如录用制度、试用期制度、劳动合同管理制度、考勤制度、加班和值班制度、休假制度、薪酬制度、福利制度、培训制度、考核制度、离职管理制度等）、保密制度、安全卫生制度、其他制度（如差旅制度、车辆管理制度、通信费管理制度、借款和报销制度等）、奖惩制度、员工申诉与争议处理制度、附则。

（三）员工手册的功能

1. 有利于新员工尽快进入角色。新员工通过员工手册可以全面、迅速地了解企业文化、个人行为规范和企业的员工管理政策，从而为尽快进入工作角色做好知识和心理上的准备。所以，学习员工手册应该成为新员工入职后的第一门培训课。

2. 有利于规范、指导员工的行为。员工手册在员工被录用后的岁月里，将一直陪伴着他们，对其职业行为发挥引导作用。

3. 有利于企业文化建设。员工手册体现了企业的人文环境和行为规范，承载了企业和员工的心理契约，成为传递企业文化的重要桥梁。

4. 有利于提升企业形象。员工手册不仅是企业向内部员工提供的向导，也是社会公众了解企业的窗口。一本美观的员工手册有利于树立企业形象，成为企业对外宣传的良好工具。

5. 可作为招聘时的宣传资料。有些企业甚至在招聘面试时就请求职者阅读员工手册，目的是让他们对企业的情况和即将面临的职业生活有所了解，以便他们作出正确的职业选择。

（四）员工手册的编制依据

1. 企业的基本特征

企业的基本特征表现为行业特征和企业特征两个方面。行业特征一般提出对行业内企业的基本要求。行业的一切要求和标准对行业内所有企业均具有约束力和控制力。这样，企业在编制员工手册时，对员工的行为约束，如着装约束、员工工作秩序约束、员工卫生条件约束等都要相应提出具体的要求和措施。

企业特征是企业的个性风格，它对编制企业员工手册也会产生一定的影响。例如，企业可能依据其自身的观念（如决策者的观念、性格等），对员工提出一些有利于企业发展的基本要求和基本规则。这类要求是在企业经营发展过程中逐渐总结出来的，并使其成为企业内部的规则。

2. 企业的管理制度

企业的管理制度包括企业对生产的管理制度、对人力资源的管理制度、对用工的管理制度、对后勤的管理制度、对财务的管理制度、对经营计划的管理制度、对市场的管理制度、对服务的管理制度，等等，其中对企业员工手册影响最大的是企业的人力资源管理制度和用工管理制度等。因为企业员工手册是企业员工管理制度的一种延续，是企业对员工管理规则的具体化。它是在企业人力资源管理制度和用工管理制度的基础上编制的，其规则必须要全面反映企业的人力资源管理和用工管理的基本思想和基本内涵。

3. 企业形象识别系统战略目标

企业形象识别系统（CIS），战略目标规定着企业的形象战略。企业形象战略的内容主要包括产品形象、员工形象、品牌形象、环境形象等。其中，员工形象由员工的各项表现形成，包括员工的着装、员工的精神风貌、员工的语言特征、员工的行为表现等。而这些内容又是企业员工手册中必备的内容。这说明企业形象识别系统战略目标是企业编制员工手册的一个重要依据。而员工手册又是企业战略目标具体分目标的一种表现，是企业实现其战略目标的一种具体规划。

（五）员工手册的特点

员工手册与企业内其他制度文案相比，具有以下五个典型的特点。

1. 目的性

所谓目的性，是指员工手册的编制目的是有效控制生产劳动过程，规范员工在实现劳动过程和完成生产任务中的行为，确立并调整企业生产劳动过程中企业与员工以及员工与员工之间的关系，从而确保企业总体目标顺利实现。简言之，员工手册的目的就是为企业劳动用工管理提供服务和支持。这一特点将员工手册与企业的其他规章制度区别开来。

2. 稳定性

所谓稳定性，是指员工手册一经编制实施，将保持较长时间的稳定性，不能朝令夕改。员工手册所汇总的规章制度是对企业较长一段时间的用工关系进行规范和约束的文件，需要具备稳定性。这一特点将员工手册与其他相关公文区别开来，比如通知、请示、会议纪要等。当然，员工手册的稳定性是相对的，它也需要依国家法规政策和企业的客观情况的变化而发生变化。

3. 普适性

所谓普适性，是指员工手册一旦形成，不管员工职位高低或者权限大小，都将受到约束和规范。员工手册是对企业全部或部分范围劳动用工管理行为进行规范和约束的文件，应具有普适性。这一特点就将员工手册与企业同个别员工或特定员工签订的协议、使用的文案等区别开来。这一特点也是编制员工手册时应该注意的重要问题，即不具有普适性的内容不应在员工手册中作出规定，而应该在劳动合同或者专项协议文案中加以规定和体现。

4. 强制性

所谓强制性，是指对于已经经过法定程序生效的员工手册，员工必须无条件地贯彻执行，没有讨价还价的余地。员工手册是依据国家法律、法规编制的，其内容是法律、法规的延伸和具体化，具有强制执行的属性。企业可以按照规定采取一定的措施，运用一定的手段，来保证其实施。这一特点将员工手册与企业的道德规范区别开来。

5. 综合性

所谓综合性，是指员工手册内容的全面性，它包含了员工入职之后需要面对和使用的、与劳动用工管理相关的各项制度，它类似于员工在企业中寻求成长所需的"指南性文件"，与员工自身发展相关的各项规定、奖惩办法都应该包含其中。这一特点将员工手册与企业的某些单一条文区别开来。

（六）员工手册的编制规范

员工手册不是规章制度的简单罗列，实践中不少争议的发生都源于员工手册的编写欠缺严谨性和科学性。因此，员工关系管理者要特别注意员工手册编写的技术要求，这样才能保证员工手册有效地为企业管理服务。

1. 用语准确、条理清晰

一套编制完备的员工手册首先需要注意用词、造句和逻辑结构，这是编制员工手册的最基本技术要求。

（1）用词规范准确

员工手册是企业各项规章制度的汇编，编制员工手册等于是在为企业立法，因此要使用法律术语，避免使用俗称。比如，有些企业在规章制度中使用"转正"一词，其法律用语应该是"试用期届满"；再如，平时习惯所说的"辞退"，其法律用语应该是"劳动合同解除"。此外，用词要准确，语言表达要有层次、有条理。员工手册编制完成后要交多人反复审读和讨论，看其是否清楚表达了想要表达的意思。同时，由于中文表达的特殊性，遣词造句时要注意避免歧义和笼统的表达。

（2）逻辑关系严密

在语言方面，除了用词、造句之外，还需要注意的就是逻辑结构，否则，缺乏逻辑结构的员工手册会出现疏漏。比如，在惩处制度方面，企业规章制度中一般会列举三类违纪行为，即轻微违纪、一般违纪、严重违纪。有些企业的员工手册在单独列举轻微违纪、一般违纪、严重违纪的诸多情形时,没有注意到三类行为之间的递进关系,从而导致规章制度有疏漏。当员工经常出现轻微违纪或者一般违纪应该如何处理?按照《劳动合同法》的规定,只有员工严重违反企业规章制度的,才可以与其解除劳动合同。由此可见,针对员工的违纪行为,必须在制定规章制度时注意逻辑结构设计,当员工的"小过错"不断升级,进而达到"严重违纪"的情况,才能与其解除劳动合同。

此外,在设计员工手册条款时,还需要注意句与句之间、条款与条款之间不要脱节,更不能自相矛盾,否则会导致企业在劳动争议案件中败诉。

2. 灵活运用授权性条款

在编制员工手册时会涉及一些专业性问题,如财务报销制度、安全生产制度等,这时候就需要灵活运用授权性条款,即授权专门的部门制定相应的规章制度。这样做有以下两点好处:一是可以发挥职能部门的优势,二是可以避免规章制度的内容过于烦琐。但是,需要指出的是,授权职能部门制定的规章制度要想对全体员工产生效力,必须通过规章制度制定的程序使其上升为企业的规章制度,否则它就无法对全体员工产生效力。

3. 适当运用弹性条款

(1) 兜底条款

兜底条款也被称为其他类条款。员工手册的编制是事先预设性质的,尽管大部分内容是对以前实践经验的总结,但是,也有对未来行为的预设。因此,在编制员工手册时,不可能穷尽所有事项,这就需要对难以穷尽的事项采用技术性术语进行概括规定,以增加规章制度的广覆盖性和适用时的弹性。比如,在列举"严重违纪"情形时,即使列举再多情形,也不可能列举得全面,这时就需要一个"其他"条款,如"其他与上述违纪情形程度相当之情形"。这是一项常用的立法技术,在规章制度制定时也应好好利用,其优点是可以增加规章制度的灵活性,扩大其约束范围。

（2）转嫁条款

立法中常用的第二大类弹性条款是转嫁条款。这项立法技术也可以在编制员工手册时运用。这类弹性条款主要适用于国家法规政策变化比较频繁的事项，比如涉及最低工资、社保费缴费比例等。最低工资每两年甚至每一年都会调整一次，社会保险的缴费基数和比例等也会经常调整。员工手册中如果涉及这些内容，就不要进行详细规定，一句话带过即可，如"按照国家法规政策执行"等。如果对国家法规政策变化比较频繁的事项在员工手册中作出了具体、详细的规定，就要注意在国家法规政策变化后，修改员工手册的相应条款，并且要履行相应的修订程序。因此，在编制员工手册时，灵活运用转嫁条款，可以增加员工手册的灵活性、适应性和稳定性。

第二单元 劳动规章制度的内容和制定程序

知识要求

一、劳动规章制度的内容

（一）我国劳动规章制度的基本内容

1. 关于劳动条件的规定

关于劳动条件的规定，是企业在劳动关系运行中贯彻执行以劳动法为中心的国家劳动和社会保障法规的条款的具体体现。由于劳动条件的规定涉及劳动者的切身利益，因此规定要详细、准确、具体。关于劳动条件的规定具体应包括以下内容：

（1）工作时间及休息休假，包括标准工作时间的规定、不定时工作时间的规定、综合计算工时工作制的规定、延长工作时间的规定、休息日的规定、节日休息的规定、年休假的规定、探亲假的规定、婚丧假的规定、女职工产假的规定等。

（2）劳动报酬，包括企业工资分配原则、工资组成的规定、工资确定的规定、工资调整的规定、工资集体协商的规定、工资支付的规定、工资扣除的规定、奖金的规定、津贴及补贴的规定等。

（3）劳动安全卫生，包括安全卫生责任制、安全教育的规定、安全卫生环境的规定、安全培训的规定、健康检查的规定、女职工特殊安全卫生保障措施、安全卫生中的权利义务等。

（4）职工培训，包括一般培训、脱产培训、业余培训、特别培训以及培训费用返还等规定。

（5）社会保险和福利，包括社会保险项目，退休、退职的规定，医疗期的规定，社会保险待遇以及职工福利的规定等。

2. 关于劳动纪律的规定

（1）劳动纪律。劳动纪律是劳动者在劳动过程中必须遵守的劳动规则和秩序，它是保证劳动者按照规定的时间、质量、程序和方法，完成自己承担的工作任务的行为准则。企业的劳动规章制度可以对劳动者的时间纪律、组织纪律、岗位纪律、协作纪律、安全卫生纪律、品行纪律等进行规定。

（2）岗位规范。岗位规范是企业根据劳动者劳动岗位的特点，对上岗人员的行为提出客观要求，制定相应标准的综合规定。企业的劳动规章制度规定岗位规范的主要内容有岗位规范的基本要求、岗位职责的规定、劳动者上岗标准的规定、生产技术规程的规定等。

（3）奖励与惩罚。奖励是企业对劳动者的鼓励和表彰，包括精神奖励和物质奖励；惩罚是企业对违纪人员的制裁和处罚。企业的劳动规章制度中对奖励的规定主要包括奖励的条件和奖励的种类，以明确获得奖励的具体要件和内容。惩罚的规定包括实施惩罚的条件、处分的种类、罚款及赔偿经济损失等内容。

3. 关于程序管理的规定

劳动规章制度会作出劳动关系双方相互承认对方地位的约定，也会形成关于标准形成的手续、标准的解释和实施，以及关于纠纷处理的手续等方面的合意。具体包括以下内容：

（1）招聘管理，其中包括招聘权限、招聘原则、招聘方式、招聘程序等。

（2）劳动合同管理，其中包括劳动合同订立、劳动合同续订、试用期、劳动合同期限、劳动合同内容、劳动合同履行、劳动合同变更、劳动合同解除、裁减人员、解除劳动合同的经济补偿、劳动合同终止等。

（3）劳动争议处理，其中包括劳动争议处理的原则、企业劳动争议调解委员会的规定、企业内部申诉机构以及劳动争议的预防等。

（二）我国对劳动规章制度内容的基本要求

1. 内容合法

劳动规章制度必须在现行法律框架内制定，不得违反国家法律、法规、规章、政策及地方性法规和政策。用人单位劳动规章制度中违反法律规定的内容自然无效，职工可以不受其约束。实践中，个别用人单位的劳动规章制度存在违反国家规定的工时、休息休假、加班等基本劳动标准的现象，有的甚至出现上下班搜查职工身体、限制职工婚育等违法内容。

2. 内容合理

劳动规章制度的内容除了要做到合法以外，还要做到合情合理。如《劳动合同法》第三十九条规定，劳动者"严重违反用人单位的规章制度的""严重失职，营私舞弊，给用人单位造成重大损害的"，用人单位可以单方面解除劳动合同。但何谓"严重违纪""严重失职""重大损害"，法律没有做进一步的具体规定，这就需要用人单位在劳动规章制度中予以细化和完善。用人单位在界定这些问题时，需要把握好一定的"度"。在如何把握、合理与否的"度"上，虽然没有统一的标准，但用人单位不能超过一般正常人所能接受的程度，不得违反公序良俗。比如，有些用人单位对职工工作时间就餐、饮水、如厕等事项规定了极为苛刻的时限，一般正常人很难达到，这样的内容就属于不合理，甚至有可能侵犯劳动者的人身权利。需要指出的是，当用人单位和劳动者就劳动规章制度内容的合理性问题发生争议时，最终要通过劳动争议仲裁委员会或者人民法院来裁决。

3. 不得与劳动合同、集体合同的内容相冲突

劳动规章制度、劳动合同、集体合同虽然都具有法律效力，但是当三者对同一问题的规定出现不一致时，劳动者可以选择适用对自己最有利的部分。因此，劳动规章制度应与劳动合同、集体合同在内容上搞好衔接，避免发生冲突。

（三）劳动规章制度的体系

劳动规章制度体系，是指用人单位将全部劳动规章制度按照一定标准分类组合所形成的，具有一定纵向结构和横向结构的有机整体。用人单位自诞生之日起，就需要建立健全各项劳动规章制度，以支撑整个制度管理系统的正常运行。因此，用人单位劳动规章制度的涉及面很广，需要对用人单位的宗旨、职工的职权和职责、议事规则等方面作出具体规定。此外，用人单位还要结合自身实际情况，增添或修改符合其自身需要的劳动规章制度条款。劳动规章制度体系通常主要包括招聘制度、薪酬福利制度、绩效考核制度、培训制度、考勤与休假制度、劳动争议处理制度、保密制度、人事交接调动制度等，如图4-1所示。上述列举的各项劳动规章制度的建立并不是一蹴而就的，劳动规章制度体系是经过不断积累、完善形成的，用人单位可以根据其各阶段发展的实际需要不断对劳动规章制度体系进行调整和完善。

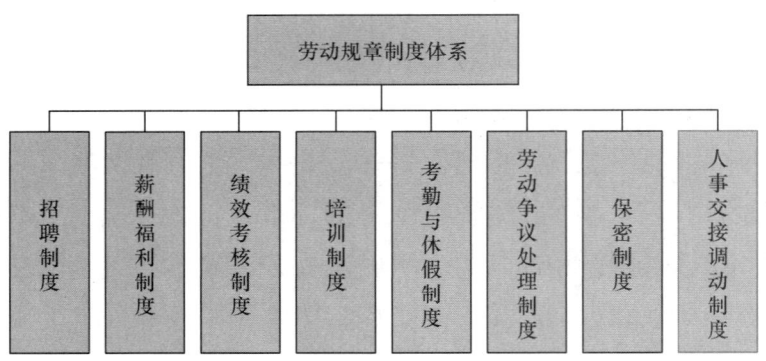

图4-1 劳动规章制度体系

二、劳动规章制度制定的程序

根据《劳动合同法》第四条的规定，劳动规章制度制定的程序一般包括起草、讨论、通过和公示四个步骤。

（一）起草草案

劳动规章制度的起草一般有两种情况：一种是为起草新的劳动规章制度，另一种是为修改旧的劳动规章制度。起草人员一般是用人单位的行政人员，也可委托外部顾问或专家代为起草。起草草案的具体过程可依照以下程序进行。

1. 选定起草人员

拟定劳动规章制度是一项具有政策性、知识性和技术性的工作，需要专业的团队才能完成。用人单位应当选择懂法律政策，熟悉用人单位实际经营状况，具有管理知识以及较高文字写作能力的人员组成起草团队，承担用人单位劳动规章制度的起草工作。起草团队中既要有用人单位的领导和人力资源管理业务人员，也要吸收工会干部和职工群众参加，以形成多层次的人员组合。对起草团队的人数没有特别的规定，但是要注意起草团队精干有效的原则。如果用人单位难以组成专业化的起草团队，也可以委托专门的劳动保障法律政策咨询机构代为起草。

2. 拟定起草大纲

为了保证起草工作有序进行，在确定了起草团队后，要由起草人员拟定劳动规章制度大纲。劳动规章制度大纲就是确定劳动规章制度的基本框架、体系构成、内容梗概，明确起草工作的指导思想、方法步骤、人员分工、起草工作的要求以及完成起草工作的时间等。起草大纲须经用人单位的行政部门讨论审定后方可开始起草工作。起草大纲决定着后续起草工作的成败，一定要反复论证，多征求群众和有关专家的意见，确定成熟后再着手起草。

3. 形成草案文稿

起草人员按照起草大纲确定的框架和内容，在计划时间内进行起草工作，形成劳动规章制度草案的文稿。形成的草案文稿虽然不是正式的劳动规章制度，但也应符合劳动规章制度的外在表现形式，即符合一般的格式，内容也应全面。

（二）职工讨论

依据《劳动合同法》第四条第二款规定："用人单位在制定、修改或者决定有关劳动报酬、工作时间、休息休假、劳动安全卫生、保险福利、职工培训、劳动纪律以及劳动定额管理等直接涉及劳动者切身利益的规章制度或者重大事项时，应当经职工代表大会或者全体职工讨论，提出方案和意见，与工会或者职工代表平等协商确定。"这里确立了劳动规章制度在制定程序上必备的法律程序，即经由职工代表大会或全体职工讨论、修改。

起草劳动规章制度和起草其他文件一样，需要经过反复修改才能成熟完善。同时，劳动规章制度草案文稿的讨论和修改，不只是简单的起草工作程序，而是用人单位制定劳动规章制度坚持民主原则和公正原则的具体体现，修改的过程也不只是对文字的简单增删，而是对劳动规章制度内容的更进一步认识和深化，使其更加成熟和完善。

用人单位劳动规章制度草案的修改，应按照一定的步骤进行。通常先由起草人员自行修改，然后召开职工代表大会或全体职工大会讨论、修改；之后，再由起草人员在征求各方意见的基础上进行综合整理、去粗取精，对文稿进行修改补充。在讨论、听取修改意见时，要让用人单位的职工畅所欲言，将其对劳动规章制度草案的各种意见都发表出来，既要听取同意的、赞扬的意见，也要听取批评的、反对的意见。经过反复讨论和征求意见，对文稿做反复的修改后，形成比较成熟的审议文稿。

（三）协商通过

用人单位劳动规章制度草案经职工代表大会或全体职工讨论、提出意见或方案后，用人单位应对意见或方案进行梳理、修订和总结，完善劳动规章制度草案，从而形成制度建议稿。然后，用人单位需要派代表同工会或者职工代表共同对用人单位劳动规章制度建议稿进行协商，最终形成用人单位劳动规章制度的终稿。在我国，虽然司法解释要求劳动规章制度要"通过民主程序制定"才能具有法律效力,但对何为"民主程序制定"并无明确的说明。考察我国相关法规政策,一般认为"民主程序制定"包含工会同意、职工代表大会通过、职工代表投票通过等几种方式。

(四) 制度公示

用人单位制定的劳动规章制度,经法定程序确认其内容合法、程序有效后,要由用人单位法定代表人签字并加盖用人单位行政公章,作为正式文件向全体职工正式公布。

三、劳动规章制度的效力

(一) 劳动规章制度的效力表现

劳动规章制度的法律效力是指劳动规章制度对人和对事的约束力。通常认为,劳动规章制度的法律效力表现在三个方面。

一是依法制定的劳动规章制度,职工应当遵守,除非该劳动规章制度违反了法律强制性规定,或者劳动合同当事人约定排除适用。

二是用人单位制定的劳动规章制度也构成用人单位的行为依据或准则。劳动规章制度在内容上可以有权利性的规定,也可以有义务性的规定。针对义务性的规定,用人单位也需要遵守,否则用人单位可能会因此承担不利的法律后果。如劳动规章制度规定了发放工资的程序,如果用人单位不遵守则可能构成拖欠工资。

三是对于司法机关来说,通过民主程序制定的劳动规章制度,不违反国家法律、行政法规及政策规定,并已向劳动者公示的,可以作为人民法院审理劳动争议案件的依据。

(二) 用人单位劳动规章制度的效力范围

用人单位劳动规章制度的效力范围,可以分为对人的效力、空间效力、时间效力三类。

1. 对人的效力

用人单位劳动规章制度一般是用于用人单位内部的管理,所以它对全体职工都有约束力,当然对用人单位也具有约束力。

2. 空间效力

用人单位劳动规章制度的空间效力范围是指用人单位劳动规

章制度约束力的空间。一般来讲，用人单位劳动规章制度在用人单位的经营场所都有效，但是有效规章制度适用的空间效力范围不限于工作场所，还适用于其他场所。比如，不论是在工作场所内还是在工作场所之外，职工都有义务遵守用人单位的保密制度。

3. 时间效力

时间效力范围涉及用人单位劳动规章制度的生效时间、失效时间及溯及力。生效时间、失效时间要在用人单位劳动规章制度中明确。一般来讲，职工在用人单位任职期间用人单位劳动规章制度都是有效的，除非用人单位废除该规章制度。关于用人单位劳动规章制度的溯及力，一般而言，其法律效力不能溯及既往，也就是说，用人单位劳动规章制度只对其发布实施之后的人或事产生效力。

（三）劳动规章制度的合法性条件

根据《最高人民法院关于审理劳动争议案件适用法律若干问题的解释》《公司法》《劳动合同法》等规定，劳动规章制度的生效要件主要包括以下三点。

1. 制定主体合法

《劳动法》和《劳动合同法》都规定，用人单位应当依法建立和完善劳动规章制度。因此，劳动规章制度只能由法律或企业章程授权的主体，即用人单位制定。在实践中，用人单位在制定劳动规章制度时通常会授权或委托其人力资源管理部门、行政部门或战略规划部门等起草，但是，劳动规章制度在发布时一定要以用人单位的名义发布，否则其效力范围容易遭到质疑，面临制定主体不适格的法律风险。

2. 制定内容合法、合理

劳动规章制度的内容必须在现行法律法规的框架之内制定，不得违反法律、法规和政策的规定，否则，用人单位极易因劳动规章制度内容不合法、不合理而引起劳动争议。依据《最高人民法院关于审理劳动争议案件适用法律若干问题的解释》第十九条的规定，劳动规章制度得以成为人民法院审理劳动争议案件依据的一项重要前提就是其内容不违反国家法律、行政法规及政策的规定。从实践来看，相对来说，在用人单位劳动规章制度法律地位的问题中，合法性比合理性更容易认定。当劳动关系双方就劳动规章制度的合理性问题产生争议时，劳动关系双方都不是最终的裁判者，最终的裁判者是劳动争议仲裁委员会和人民法院。此外，用人单位劳动规章制度的内容要和劳动合同、集体合同做好衔接，避免发生冲突。

3. 制定程序合法

根据《劳动合同法》第四条的规定，劳动规章制度制定的程序一般包括起草、讨论、通过和公示四个步骤。尤其值得注意的是公示环节。公示是指把劳动规章制度告知到每一个新入职的劳动者，或者是把新制定的劳动规章制度正式公布，告知用人单位的所有劳动者。关于公示的方式，我国并不存在相关的规定或要求。在实务中，用人单位公示的目的是使职工知晓其劳动规章制度。用人单位可以通过网站、电子邮件、公告栏、员工手册、会议、培训和劳动合同附件等手段进行公示，告知所有职工必须遵守其制定的劳动规章制度。需要指出的是，企业内部的劳动关系工作者还必须有证据证明职工已经知晓用人单位劳动规章制度，否则后果非常严重。

四、劳动规章制度与劳动合同规定不一致时的效力判断

劳动规章制度与劳动合同在劳动条件和劳动标准等内容上存在一定的交叉，既然两者都能约束劳动者，那么它们的效力是一样的吗？如果不一样，哪一个效力更高呢？如果两者在劳动条件和劳动待遇的规定上不一致，那么劳动者适用哪一个呢？根据劳动法倾斜保护劳动者的立法精神，当劳动合同中的某一项内容与用人单位劳动规章制度的规定不一致时，应该按照作为国际惯例的"有利原则"即"有利于劳动者的原则"来确定适用劳动合同还是劳动规章制度。《最高人民法院关于审理劳动争议案件适用法律若干问题的解释（二）》第十六条规定："用人单位制定的内部规章制度与集体合同或者劳动合同约定的内容不一致，劳动者请求优先适用合同约定的，人民法院应予支持。"这实际上也反映出要遵守"有利原则"。

在实践中，许多用人单位在订立劳动合同时，将一些方便自我管理但又不便写入劳动合同的条款，另行制定成内部劳动规章制度来加以完善；或者与劳动者签订劳动合同在前，修改劳动规章制度从而变相变更劳动合同在后，这就出现了劳动合同表面合法，而实际执行中许多内部劳动规章制度又对劳动合同内容加以限制、调整，甚至出现向用人单位利益倾斜的现象。用人单位的这种做法并不明智，当出现用人单位劳动规章制度与劳动合同相抵触的情况时，劳动者有优先选择权。

首先，用人单位制定的内部劳动规章制度在法律上应视为劳动合同的附件，它是对劳动合同已规定内容的细化和对劳动合同未加规定部分的补充，但它不得违反劳动合同的原则和精神。这是因为劳动合同是劳动者在加入用人单位之初，和用人单位订立的确立双方劳动关系、明确双方权利和义务的协议，依法应遵循平等自愿、协商一致的原则，也就是说劳动者是基于接受劳动合同约定的权利和义务的前提，才自愿加入用人单位的。同时，根据《劳动法》第十六条规定，劳动者的权利和义务又是通过劳动合同明确的，因此，用人单位制定的劳动规章制度应该保障劳动合同中双方权利和义务的实行，而不得改变劳动合同，更不得与之相抵触。

其次，劳动合同是劳动者和用人单位在平等协商一致的基础上订立的，反映的是双方的真实意思表示，劳动合同一旦依法订立，对双方具有同等约束力；而在现实中，用人单位为"方便"管理，其内部劳动规章制度在更大程度上反映的是用人单位单方面的意愿，劳动者只能无条件服从，可能并不完全是劳动者的真实意思表示。从这点上看，用人单位劳动规章制度的效力也不及劳动合同。

再次，《劳动法》第十七条第二款规定："劳动合同依法订立即具有法律约束力，当事人必须履行劳动合同规定的义务。"同时，《劳动法》第八十九条规定："用人单位制定的劳动规章制度违反法律、法规规定的，由劳动行政部门给予警告，责令改正；对劳动者造成损害的，应当承担赔偿责任。"

最后，涉及劳动报酬等劳动条件的内容时，《劳动合同法》第五十五条规定："集体合同中劳动报酬和劳动条件等标准不得低于当地人民政府规定的最低标准；用人单位与劳动者订立的劳动合同中劳动报酬和劳动条件等标准不得低于集体合同规定的标准。"同时，《最高人民法院关于审理劳动争议案件适用法律若干问题的解释（二）》第十六条也规定："用人单位制定的内部规章制度与集体合同或者劳动合同约定的内容不一致，劳动者请求优先适用合同约定的，人民法院应予支持。"也就是说，当劳动规章制度规定的内容与劳动合同或集体合同相冲突且不利于劳动者时，劳动者有选择的权利。

 **技能要求**

劳动规章制度制定过程中的要点及注意事项

在用人单位劳动规章制度制定过程中通常会涉及招聘、薪酬福利、绩效考核、培训、考勤与休假、奖惩等方面的内容。下面就从这六个方面展开，介绍劳动规章制度制定过程中的要点及注意事项。

（一）招聘制度

招聘制度是用人单位劳动规章制度的重要组成部分，把好招聘录用关，对确保用人单位招到合适的职工至关重要。同时，在招聘制度的制定环节，应严格遵守相关法律法规的规定。从实务的角度来看，用人单位在实施招聘制度时应注意以下三点。

1. 避免歧视性内容

根据《就业服务与就业管理规定》第二十条的规定，用人单位发布的招用人员简章或招聘广告不得包含歧视性内容，否则属于违法行为。招聘歧视又称为就业歧视，主要包括性别歧视、民族歧视和身体残障歧视、传染病歧视、城乡户籍歧视等。这些都是《劳动法》《就业促进法》等法律所明令禁止的。

2. 必须履行告知义务

和谐的劳动关系应当在公平、平等的基础上建立。在招聘工作开始实施之后，用人单位和求职者都承担着法律要求的告知义务。法律规定了用人单位在录用求职者、订立劳动合同前，应履行如实告知义务，即用人单位不需求职者询问而必须主动向其告知真实情况，包括工作内容、工作条件、工作地点、职业危害、安全生产状况、劳动报酬等。除此之外，求职者若希望了解用人单位的其他情况，如福利、培训、劳动规章制度、劳动纪律等，也可使用知情权，明确向用人单位提出要求。求职者若提出要求，用人单位应当如实告知，但涉及用人单位商业秘密等需要对求职者保密的内容除外。履行告知义务可以降低用人单位可能面临的法律风险。与此相应，求职者的告知义务对应的是用人单位的知情权。用人单位询问求职者与工作相关的信息时，求职者必须如实说明。法律对用人单位可询问的内容进行了界定，用人单位只能询问求职者与劳动合同直接相关的基本情况（参见《劳动合同法》第八条），主要包括健康状况、知识技能和工作经历等。与劳动合同非直接相关的基本情况，如涉及个人隐私问题，求职者没有告知义务。

用人单位或者求职者任何一方违反告知义务都要承担相应的法律责任。一旦一方违反了告知义务，并且构成了欺诈行为，劳动合同依法就将全部或者部分无效。在合同无效的情况下，无过错的一方可以解除劳动合同。

3. 符合用人单位发展需要

招聘活动必须符合用人单位发展的需要，用人单位的发展战略决定了其人力资源规划的制定以及招聘制度的确定，为用人单位引进合适的人才，才能为用人单位的发展提供强有力的人才支撑，不断提升职工素质是招聘工作的重要目标。

（二）薪酬福利制度

依据《劳动合同法》第十七条规定，劳动报酬、社会保险都是劳动合同中的必备条款。《劳动争议调解仲裁法》第十六条规定："因支付拖欠劳动报酬、工伤医疗费、经济补偿或者赔偿金事项达成调解协议，用人单位在协议约定期限内不履行的，劳动者可以持调解协议书依法向人民法院申请支付令。"因此，在制定薪酬福利制度时应注意满足最低工资标准要求、同工同酬、合理设定加班工资标准、足额缴纳社会保险费等方面的合法性问题。

用人单位的薪酬福利制度与用人单位每一位职工的切身利益都息息相关，因此在实务中极易引发劳动争议。薪酬福利制度的制定应注意以下几个方面的内容：薪酬福利制度适用范围、薪酬福利管理权责、薪酬分配原则、薪酬福利的结构、薪酬福利水平、特殊情况下的薪酬福利支付、薪酬福利调整办法、薪酬福利发放及保密、薪酬福利异议及处理等。

（三）绩效考核制度

用人单位依据绩效考核结果调整职工岗位或者与职工解除劳动合同的合法性是用人单位劳动关系管理工作的重点，处理不当将会引发劳动争议，增加管理难度，因此在制定绩效考核制度时应更加谨慎，力争做到绩效考核制度合情、合法、合理。

依据法律法规的相关规定，用人单位调整职工工作岗位的三种情况，也是合法的情形包括：第一，双方在劳动合同中明确约定用人单位有权根据生产经营的需要变动职工的工作岗位；第二，绩效考核结果或其他途径证明职工不能胜任目前的工作岗位，用人单位可进行调岗；第三，用人单位与职工签订了带有脱密期条款的保密协议之后，该职工提出辞职，用人单位为了避免泄露商业秘密，对其岗位进行调整，待脱密期满后解除劳动合同。

如果用人单位可以通过确凿的证据证明职工无法胜任当前工作，在通过调岗或培训后仍然无法胜任，依据《劳动合同法》的规定，此时用人单位可以与职工解除劳动合同。然而，如果因此产生劳动争议，职工往往会对用人单位的绩效考核制度或者方案提出质疑。例如，职工指出绩效考核中存在歧视性因素，如性别歧视或者民族歧视等；或者职工指出解除劳动合同的原因并非其不胜任岗位，而是由于"得罪"了用人单位的相关人员。此类劳动争议的解决成本较高，因此在设计绩效考核制度和方案时，要尽量保证严谨性，尽量站在用人单位和职工的双重视角进行审视，降低劳动争议发生的可能性。

（四）培训制度

用人单位培训的目的是促进用人单位的发展。但在制定和实施培训制度的过程中，不能忽视可能涉及的一系列法律问题。用人单位对职工培训的合法实施，不仅有利于维护用人单位自身发展的权利，也有利于保护职工及其发展的合法权利，减少劳动关系双方的矛盾与纠纷，稳定用人单位和谐的劳动关系。因此，确保用人单位培训制度的合法实施，全面了解《劳动合同法》及相关劳动法律法规对于培训涉及双方权利的规定，是用人单位进行培训以期达到自身长远发展的前提条件。在实务中，用人单位培训制度的制定应注意以下几个方面：专项培训费用的规定、服务期的规定、竞业限制相关条款的规定及其可能引发的劳动争议问题等。

（五）考勤与休假制度

考勤与休假制度几乎是每个用人单位劳动规章制度中都会涉及的内容，也是每个用人单位都会重点关注的内容。用人单位有权依法对劳动者的考勤和休假进行管理，劳动者在考勤和休假时应履行一定的程序和手续。在法律上对于考勤的程序和手续并无具体规定，可以由用人单位根据实际情况加以规定。

在实务中，为了考勤与休假制度的顺利实施，尽量避免劳动争议的发生，在制定考勤与休假制度时应注意以下要点：一方面，在制定考勤制度时应该对正常工作时间、休息时间、考勤方式、对迟到早退和旷工的解释、违反考勤制度的处罚措施等内容进行详细、准确的界定；另一方面，一套完善的休假制度应包含假期的种类、休假程序、假期的批准权限、休假的实现、休假方式、假期未用的处理、假期工资待遇以及违反休假制度的处理措施等方面内容。

（六）奖惩制度

奖惩是用人单位常用的激励手段，适当的奖惩制度有利于提高用人单位的生产经营效率。但需要注意的是，用人单位劳动规章制度中的惩戒权必须合法行使才能获得法律支持，不恰当的奖惩制度容易引发劳动争议，甚至对用人单位产生负面的影响。通常地，奖惩制度中的奖励制度会对用人单位职工起到正向激励作用，但如果奖励制度不当也可能遭到职工非议，引发不满情绪。惩罚制度通常包括对职工进行纪律处分、经济处罚、解除劳动合同等，更加容易引发劳动争议，用人单位在实施惩罚制度时应更加谨慎，不得滥用惩戒权，尽可能地降低惩戒风险。

在实践中，用人单位可以通过发放物质奖励、提供晋升机会、公开表扬等方式实现奖励制度；并通过行政处分、罚款或者赔偿，以及解除劳动合同等方式实现惩罚制度。不论是奖励还是惩罚，都需要公平、合理、完善的绩效考核制度作为依据，否则极易引发职工的不满情绪。

第二节　劳动规章制度的实施与评估

第一单元　劳动规章制度的实施

知识要求

一、劳动规章制度实施的主体与原则

劳动规章制度的实施主体是用人单位行政主体，职工有遵守劳动规章制度的义务。也就是说，劳动规章制度是由用人单位行政主体发布的，并且由其负责在用人单位范围内贯彻落实。同时需要指出的是，劳动规章制度所规范的是职工在劳动过程中的行为，劳动规章制度的实施有赖于全体职工的遵守。因此，劳动规章制度的实施是在用人单位行政主体的监督下，职工对劳动规章制度的遵守和执行。为确保劳动规章制度的客观性、准确性和公正性，劳动规章制度实施时用人单位应遵守的原则包括：严格执行、依章治企原则，前后统一、全面实施原则，各司其职、协作实施原则，及时调整、合理实施原则。

二、劳动规章制度实施的重要机制

（一）建立劳动规章制度执行的监督与处罚机制

良好的制度需要强有力的执行者，更需要与之相匹配的监督与处罚机制。没有相应的监督与处罚机制，用人单位劳动规章制度的实施就没有了保障，进而影响劳动规章制度的作用。因此，用人单位应当建立相关制度实施的监督机制，请监督者或机构进行相关的审查，监督各项制度实施是否到位，并将监督结果直接上报管理机构，从而实现用人单位劳动规章制度的科学化、规范化。

（二）建立劳动规章制度的信息反馈机制

任何用人单位的劳动规章制度都不是十全十美的，用人单位在经营中都有可能出现各种各样的矛盾和冲突，或用人单位劳动规章制度没有规定的情况，此时管理层就要遵循"先做事，后承担责任"的原则，通过信息反馈机制及时将情况反馈至高层领导处。通过建立信息反馈机制将制度实施中存在的问题及时反馈，在反馈的基础上进行相应的调整，或者新制定相关的劳动规章制度，以弥补原有制度的不足。

三、劳动规章制度实施的必要条件

用人单位劳动规章制度实施的基本特征是用人单位以行政权力强制全体职工遵守和执行，劳动关系双方按照规定享有权利和承担义务。劳动规章制度一旦实施就会产生相应的结果，那些不遵守和不执行劳动规章制度的职工，将会受到相应的惩罚。因此，劳动规章制度的实施应当具备一定的条件。

（一）劳动规章制度的有效性

用人单位劳动规章制度具有效力是其实施的基本条件，具体来说包含两层意思：一是劳动规章制度的内容必须符合法律、法规的规定，即劳动规章制度的内容要合法。若劳动规章制度中有与法律、法规相抵触之处，则该项劳动规章制度无效，不具有约束职工行为的效力。二是实施的劳动规章制度必须是程序合法的。劳动规章制度的生效必须经过职工参与及正式程序公示，没有按正式程序公示的劳动规章制度不具有效力。同时，劳动规章制度在其公布生效前，对劳动行为也不具有约束力。也就是说，尚未生效的劳动规章制度不符合实施的条件，不得实施。

（二）劳动规章制度的可操作性

用人单位制定的劳动规章制度要具有可操作性，有一定检验标准的条款。劳动规章制度的一个重要作用是表明劳动政策，从而规范职工的劳动行为，因此必须具有实际规范的标准。如果没有实际规范的标准，只是一些空洞的要求或一般原则，职工则无法遵循，用人单位也难以衡量，劳动规章制度就难以落实。比如，劳动规章制度中有关劳动纪律的规定，职工若连续旷工，用人单位将对其采取处罚措施，但劳动规章制度并没具体规定连续旷工的次数，职工不知道对连续旷工的界定，用人单位也无法判断旷工职工的行为是否违纪而采取处罚措施。因此，关于劳动规章制度的内容，应具有可操作性。

（三）实施机构的明确性

用人单位若要把劳动规章制度的内容适用于劳动生产过程，使其在每一环节上都得以有效落实，就必须要指定相应的组织机构或专门管理人员负责。

（四）范围的适用性

劳动规章制度对用人单位全体职工都适用，但并不是每一项规定在任何时候、任何岗位，对任何职工都适用，而是针对不同的工作岗位、不同的生产经营条件规定的不同行为规范，确立了不同的政策内容和标准，这些内容和标准只在规定的范围内具有约束力。

四、劳动规章制度实施的常见问题

用人单位的管理离不开劳动规章制度，在管理过程中，劳动规章制度起到了重要的作用。随着市场化程度的不断深入，我国各类用人单位的劳动规章制度也越来越完善，实施效果总体是良好的。但是在实际的管理过程中，也存在着劳动规章制度实施的形式化、缺损化、扩大化、偏离化等问题。

用人单位劳动规章制度的确立并不就意味着它自动实施生效，只有通过管理人员和职工的遵守和执行才使其生效。但是，在落实用人单位劳动规章制度的过程中，常由于各种原因，劳动者并不一定积极地贯彻用人单位劳动规章制度的规定。因此，用人单位劳动规章制度能否顺利实施以及实施效果如何取决于参与者们是否受到鼓励，是否获得足够的和必需的资源实施。目前，用人单位劳动规章制度在实施过程中存在的问题具体表现为以下四个方面。

1. 劳动规章制度实施的形式化。用人单位劳动规章制度实施形式化，具体表现为用人单位劳动规章制度实施的形式主义，即规章在执行过程中缺乏具体的可操作性措施，制度只是停留在文本层面，而未被进一步转化为具有可操作性的具体措施。用人单位劳动规章制度的实施被表面化，无法真正地发挥作用。

2. 劳动规章制度实施的缺损化。用人单位劳动规章制度实施的缺损化，即一项完整的劳动规章制度在实施时，只有部分被贯彻，其余部分被抛弃，使用人单位劳动规章制度的内容残缺不全。对用人单位来说，劳动规章制度中有关政策性的规定，特别是劳动合同、工资报酬、技能培训、安全卫生、社会保险、福利等，都应得到实施，落实到每一位职工身上，不能降低标准，逃避责任。

3. 劳动规章制度实施的扩大化。用人单位劳动规章制度实施的扩大化，即劳动规章制度在执行过程中被附加了不恰当的内容，使其调控对象、范围、力度以及目标超越了原定要求。用人单位劳动规章制度制定公布后，它的内容对劳动关系双方都具有约束力，任何一方在实施中都不得任意改变劳动规章制度的规定，特别是用人单位的行政部门,更不能因其是制定劳动规章制度的主体,享有行政权力而任意扩大劳动规章制度的实施范围。

4. 劳动规章制度实施的偏离化。用人单位劳动规章制度实施的偏离化,即用人单位实际的做法与本来的劳动规章制度背道而驰。劳动关系双方按照劳动规章制度的规定,承担义务的一方必须用自己的实际行动来履行义务,真正发挥劳动规章制度的作用。同时,用人单位劳动规章制度要保障劳动者享有劳动权利、履行劳动义务,在实施过程中的偏离化是对劳动者依法享有的权利、应履行义务的干扰。在实践过程中,用人单位要杜绝劳动规章制度实施的偏离化。

五、劳动规章制度实施出现问题时的应对策略

第一,共同协商,对劳动规章制度进行修改和完善。根据《劳动合同法》第四条第三款的规定,用人单位在规章制度实施过程中,工会或者职工认为不适当的,有权向用人单位提出,通过协商予以修改完善。

第二,解除劳动合同,赔偿劳动者的经济损失。根据《劳动合同法》第三十八条第一款第四项的规定,用人单位的规章制度违反法律、法规的规定,损害劳动者权益的,劳动者可以随时通知用人单位解除劳动合同。此外,用人单位应当向劳动者支付经济补偿。

第三,劳动行政部门责令改正,用人单位承担相应赔偿责任。根据《劳动合同法》第八十条的规定,用人单位直接涉及劳动者切身利益的规章制度违反法律、法规规定的,由劳动行政部门责令改正,给予警告;给劳动者造成损害的,应当承担赔偿责任。

 **技能要求**

劳动规章制度实施过程的监督检查

劳动规章制度制定的目的是为了维护用人单位的秩序,保障劳动者在用人单位中的权益。在实务中,劳动规章制度颁布之后,用人单位应定期或不定期地对其实施过程进行监督检查，遇到问题及时解决并完善现有劳动规章制度，保证其作用的正常发挥。

（一）监督检查的期限

监督检查的期限可分为定期与不定期两种。其中，定期监督检查也就是相关工作人员可以定期对劳动规章制度的实施状况进行检查，比如每一季度、每半年或者每一年度，具体可视用人单位各方面的变动情况而定，但是时间不宜超过一年；不定期监督检查就是指用人单位随时对劳动规章制度的实施情况进行监督检查，以利于劳动规章制度的贯彻执行。

（二）监督检查的方法

1. 自我监督检查

用人单位行政主体依据自己的主观判断，结合事实和数据，在劳动规章制度实施一段时间后，对劳动关系双方主体取得的效果和用人单位劳动规章制度本身的有效性进行一定的监督检查。检查的最终结果可以通过报告与报表的形式提供给用人单位有关主管部门查阅，以完善劳动规章制度。

具体步骤为：

第一，作出劳动规章制度监督检查的决定，确定监督检查的目的。

第二，制订劳动规章制度监督检查的计划，主要包括：①选择监督检查的人员；②选定监督检查的对象；③选择监督检查的形式；④选择监督检查的方法；⑤确定方案及测试工具。

第三，收集整理和分析数据。

第四，撰写劳动规章制度监督检查报告。

第五，向用人单位行政管理人员、高层领导者、职工及时反馈监督检查结果。

2. 配合国家的检查

依据《劳动法》《劳动保障监察条例》《劳动合同法》等有关法律、法规规定对劳动规章制度进行监督检查。各级劳动行政部门对用人单位劳动规章制度检查的内容主要涵盖：劳动规章制度内容是否符合法律、法规规定，制定劳动规章制度的程序是否符合有关规定。经审查，发现用人单位劳动规章制度的内容违反法律、法规规定的，应责令用人单位限期改正。

（三）监督检查的结果

监督检查的结果有两种情形：一种是确实遵照劳动规章制度行事，事事与规定一致，没有出入；另一种为实际情形与规定互有出入。之所以有出入可能有如下原因：第一，规定没有不妥当与不合法的内容，但是并未被真正贯彻实施；第二，规定内容本身欠妥、不合理或不合法，但未经修正完善，导致现实中很难实行；第三，规定本身尚无不当，只是因为规定太烦琐，在执行上有困难，执行者由难生畏，不愿积极推行，导致执行与规定发生出入。用人单位应在认真总结监督检查结果的基础上，采取一定的措施以保障劳动规章制度发挥作用。

第二单元 劳动规章制度的评估

 **知识要求**

一、劳动规章制度评估的含义

评估通常是指评议估价或评定价值高低，即根据确定的目的来测定评估对象系统的属性，并将这种属性转变为客观定量的计量或主观效用的行为。劳动规章制度评估是指由用人单位通过专门机构和人员，依据国家法律、法规规定及用人单位的实际情况，根据特定的目的，遵循适用的标准，按照一定的程序，运用科学的方法，对劳动规章制度进行评定和判断的过程。

一套完整的劳动规章制度体系，除了要科学合理地制定和有效地执行外，还需要对劳动规章制度执行以后的效果进行判断，从而确定劳动规章制度的价值，这种活动就是劳动规章制度的评估。因此，劳动规章制度评估是劳动规章制度执行过程中的一个重要环节，是调整、继续执行、修订或终止劳动规章制度的重要依据，是确认劳动规章制度价值的重要手段。

二、劳动规章制度评估的内容

劳动规章制度对于用人单位的正常运转起到了不可或缺的作用，而劳动规章制度评估也是比较复杂的，因此用人单位在对劳动规章制度进行评估时，可以从多角度、多层面将劳动规章制度进行分层剖析，逐一展开评估分析。比较常见的对劳动规章制度的评估有三类：第一类是对劳动规章制度方案本身的评估，主要侧重于对劳动规章制度内容的评估；第二类是对劳动规章制度制定过程的评估，强调的是过程控制；第三类是对劳动规章制度实施效果的评估，主要是结果导向的评估。

（一）对劳动规章制度方案本身的评估

针对劳动规章制度方案本身进行评估的目的在于分析、比较各种不同的劳动规章制度方案，指出每个方案的可行性以及相对的优缺点。有学者认为，评估是一个过程，这个过程在于确定重要的决策范围。选择适当的资信，搜集与分析资信并将它们做成有用的摘要资料，提供决策者抉择适当的劳动规章制度方案之基础。

（二）对劳动规章制度制定过程的评估

对劳动规章制度制定过程的评估，主要强调对劳动规章制度在制定过程中的制定方法和流程的评估。持这种观点的学者认为，制度评估是系统应用各种社会研究程序，搜集有关的资讯，用以判断劳动规章制度的概念化与设计是否周全完整；知悉劳动规章制度实际执行的情形、遭遇的困难，有无偏离既定的劳动规章制度方向，指出劳动规章制度的效用。

（三）对劳动规章制度实施效果的评估

对劳动规章制度实施效果的评估主要着眼于劳动规章制度实施所带来的效果，是一种以结果为导向的评估。持这种观点的学者认为，劳动规章制度评估的主要目的在于鉴定劳动者执行的劳动规章制度在达到其目标方面的效果，确认劳动规章制度对问题的解决程度和影响程度，通过对劳动规章制度实施效果的透视和分析，辨识劳动规章制度实施效果的成因，分析某种效果是劳动规章制度本身的作用还是其他因素所致，以求通过优化劳动规章制度运行机制的方式来强化劳动规章制度的实施效果。评估劳动规章制度的实施效果当然也要涉及劳动规章制度方案和劳动规章制度的执行等诸多方面，但是评估的侧重点应该是劳动规章制度的实施效果。

三、劳动规章制度评估的要素

有效的劳动规章制度评估体系主要由五个基本要素构成。第一，劳动规章制度的评估主体。劳动规章制度的评估主体是指由什么机构、部门或人员来实施对用人单位劳动规章制度的评估。第二，劳动规章制度的评估对象。劳动规章制度的评估对象是评估的客体。根据实际需要，用人单位可以选取劳动规章制度体系中的某一项、某几项或是整个劳动规章制度体系进行评估。第三，劳动规章制度的评估目标。劳动规章制度的评估目标是整个评估工作运行的指南和目的，即着眼于鉴定劳动者执行的劳动规章制度在达到其目标方面的效果，从而通过优化劳动规章制度运行机制的方式来强化劳动规章制度的实施效果。第四，劳动规章制度的评估标准。劳动规章制度的评估标准是判断评估对象优劣的基准，是劳动规章制度实施评估的基础。第五，劳动规章制度的评估方法。这是劳动规章制度评估的具体手段。上述五个基本要素共同组成一个完整的劳动规章制度评估体系，它们之间相互联系、相互影响。

四、劳动规章制度评估的方法

在实务中，常见的劳动规章制度评估方法通常分为两类：一类是定性评估方法，主要包括图表评估法、简单排序评估法、配对比较评估法等；另一类是定量评估方法，主要包括层次分析法、经济计量学方法、成本效益法等。需要指出的是，任何一种评估方法都有各自的特点和局限性，因此，评估主体应该根据用人单位的实际情况灵活地选择与其相适应的评估方法。通常使用单一方法进行劳动规章制度的评估可能会产生偏差，而过分依赖定量评估方法而忽略必要的定性评估分析也是不可取的。应当结合实际情况,采用适当的评估方法综合地作出评估。以下选取若干比较具有代表性的评估方法进行介绍。

(一)图表评估法

图表评估法是在劳动规章制度评估中普遍采用的方法,进行绩效考核制度评价、职位晋升制度评价等均可以使用这种方法。劳动规章制度依据设定的表格中所提取的要素进行评估,该表是等第尺度的,因此,这种方法又称为评级量表法,常用李克特量表进行评估。评估人员只需要根据填写表格的情况把各项得分加总,便可得出图表评估的结果(见表4-1)。样表中给出的评估要素仅停留在三个维度上,评估人员可以根据实际情况添加需要评估的要素,同时还可以将评价标准的执行情况进一步进行分解,根据每项要素的重要性确定其权重等。

表4-1　　　　　　　　图表评估法样表

评估单位名称:_____　　评估对象:_____
评估日期:_____　　评估人:_____

评估要素	说明	评定				
		A	B	C	D	E
合法性	企业各项劳动规章制度的制定是否遵循国家和地方相关法律法规的规定	10	8	6	4	2
适用性	企业各项劳动规章制度的目标价值是否符合企业的实际需求	10	8	6	4	2
经济性	企业各项劳动规章制度的制定和执行效益是否大于成本	10	8	6	4	2

评定标准:A为非常优秀,理想状态;B为优秀,满足要求;C为基本满足要求;D为略有不足;E为不合格。

(二)简单排序评估法

简单排序评估法适用于对若干劳动规章制度进行比较和评估,具体做法是将所有需要进行评估的劳动规章制度作为评估对象,通过简单排序对这一系列劳动规章制度进行比较和评估。但是,这种方法无法对某一项劳动规章制度进行评估。使用这种方法进行劳动规章制度评估的时候,不是把每项劳动规章制度的执行表现与某些具体指标逐一对照,而是采用在执行的劳动规章制度之间进行相互比较,进行从优到劣的排列(通常是将最优者排在最前,最差者排在最后),样表见表4-2。这种方法在实践中运用得比较多,特别是在进行定性比较的时候。但是,这种方法无法表明被比较的项目之间在数量上的差距具体有多大。

表 4-2　　　　　　　　简单排序评估法样表

第一栏:评估等级最高的制度	第二栏:评估等级最低的制度
1.	11.
2.	12.
3.	13.
4.	14.
5.	15.
6.	16.
7.	17.
8.	18.
9.	19.
10.	20.

(三)配对比较评估法

配对比较评估法是将每个评估对象的每一项特征作为指标,与其他评估对象两两进行比较。这种比较方法适用于多项劳动规章制度的评估,样表见表4-3。但是,如果有待比较的若干项劳动规章制度差别过大,也不适用于这种评估方法。一旦比较的项目过多,程序就会比较麻烦,因为配比的次数是按照 $[n(n-1)]/2$(其中 $n=$ 项数)的公式计算的。5项劳动规章制度的配对比较需要进行10次,10项劳动规章制度的配对比较需要进行45次,50项劳动规章制度的配对比较则需要进行1 225次。此外,配对比较评估法仅能反映被评估劳动规章制度之间的排序(或名次),而无法反映这些劳动规章制度之间的差距大小。

表 4-3　　　　　　　　　配对比较评估法样表

比较对象	被评估的各项劳动规章制度				
	A	B	C	D	E
A		+	+	−	−
B	−		−	−	−
C	+	+		+	−
D	+	+	−		+
E	+	+	+	−	

（四）层次分析法

层次分析法是从经济系统论的思想出发，将评估对象视为一个系统，再把这个复杂的系统层层分解为若干个要素，并将这些要素的支配关系组成逐层递进的层次结构，样表见表4-4。然后，通过成对比较的方法确定各要素之间的权重分配。最后，综合评估主体做判断，将评估对象的重要性进行简单排序。这种方法可以对较为复杂的劳动规章制度体系进行分析评估，对单一劳动规章制度的评估并不适用。层次分析法体现了人的决策、思维判断、综合分析的特征，同时，集合了定量分析和定性分析的处理方式。

表 4-4　　　　层次分析法样表：劳动规章制度
要素评判矩阵及权重

一级指标	二级指标	三级指标	模糊关系矩阵及权重			
			优	良	中	差	项目权重
合法性	劳动规章制度的制定是否遵循相关劳动法律、法规的规定	招聘制度的制定是否遵循相关劳动法律、法规的规定					
		薪酬福利制度的制定是否遵循相关劳动法律、法规的规定					
	劳动规章制度的制定是否遵循其他法律、法规的规定	招聘制度的制定是否遵循其他法律、法规的规定					
		薪酬福利制度的制定是否遵循其他法律、法规的规定					

续表

一级指标	二级指标	三级指标	模糊关系矩阵及权重				
			优	良	中	差	项目权重
适用性	劳动规章制度的目标价值是否符合企业的当前需要	招聘制度的目标价值是否符合企业的当前需要					
		薪酬福利制度的目标价值是否符合企业的当前需要					
	劳动规章制度的目标价值是否符合企业未来发展的需要	招聘制度的目标价值是否符合企业未来发展的需要					
		薪酬福利制度的目标价值是否符合企业未来发展的需要					
经济性	劳动规章制度的制定效益是否大于成本	招聘制度的制定效益是否大于成本					
		薪酬福利制度的制定效益是否大于成本					
	劳动规章制度的执行效益是否大于成本	招聘制度的执行效益是否大于成本					
		薪酬福利制度的执行效益是否大于成本					

 **技能要求**

劳动规章制度评估的流程

劳动规章制度评估是有计划、按步骤进行的一种活动，需要遵循一定的流程。一般来说，劳动规章制度评估可以分为三个步骤，即评估的准备、评估的实施与分析、评估结果输出。

(一) 评估的准备

劳动规章制度评估的准备是这项工作的基础和起点，在准备阶段，用人单位应当明确劳动规章制度评估的目的、中心和重点，避免评估工作的盲目性，以保证评估工作的顺利进行。在评估准备阶段，需要完成的工作主要包括：

1. 确定评估工作的目的。劳动规章制度评估的目的是整个评估工作的基石和起点，为劳动规章制度评估的后续工作指明了方向。明确评估工作的目的有助于使整个评估工作做到有的放矢，从而更好地解决存在的问题，优化和完善现有劳动规章制度。

2. 确定评估工作的实施主体。劳动规章制度评估工作的实施主体可以由用人单位内部的某个部门或团队担任，也可以选聘有关专家组成专家咨询组，委托社会中介机构实施评估，并同选定的社会中介机构签订委托书，然后由该社会中介机构成立评估工作组及专家咨询组。但是，无论谁作为评估工作的实施主体，在准备阶段都应该对其任务和要求应加以明确。此外，还应对评估工作实施主体的成员进行培训，提高他们的理论水平，从而构建一支有较高水准的评估队伍，因为劳动规章制度评估人员的素质和态度会直接影响到评估的信效度。

3. 确定评估对象。劳动规章制度的评估对象是评估的客体。在这个阶段，需要明确劳动规章制度的评估对象。从实务角度来看，虽然评估结论决定了劳动规章制度的持续、修订或终止，但这并不意味着任何一项劳动规章制度在任何时候都可以而且有必要进行评估。在确定评估对象时，必须坚持有效性和可行性相结合的原则。一方面，选择的评估对象必须确有价值，即能够通过评估达到一定的目的；另一方面，选择的评估对象又必须是可以被评估的，即从时机、人力、物力、财力上看都能满足评估所需的基本条件。

4. 制定评估方案。制定劳动规章制度评估方案是劳动规章制度评估准备阶段中最重要的一项工作。因为评估方案的设计将直接关系到劳动规章制度评估活动的成败。一般来讲，劳动规章制度评估方案应囊括以下内容：针对所要评估的劳动规章制度，明确评估的目的、意义和要求；阐述评估对象和评估工作的实施主体；提出评估的基本设想，根据评估目标确定评估的内容和范围。

5. 确定评估标准和方法。制定劳动规章制度的评估标准是进行劳动规章制度评估的基准和标杆。在向有关人员反馈已经确定了评估标准之后，选取合适的评估方法就成为评估的核心问题。在实务中，用人单位可以根据自身的实际需要以及劳动规章制度的类型、侧重点、目的等选择适合的评估方法。关于劳动规章制度的评估方法，在本单元的知识要求部分已有详细阐述，这里不再赘述。

综合来看，评估方案应包括劳动规章制度评估活动的五项要素，即什么人、出于什么目的、根据什么标准、采用什么方法、对什么劳动规章制度进行评估。总之，评估方案包含了劳动规章制度评估的五个要素，即评估者、评估对象、评估目的、评估标准和评估方法。其中，评估者是评估工作的实施主体，评估对象是评估的客体，评估目的是评估的出发点，评估标准是评估的准则，而评估方法则是评估赖以实现的手段，它们相互依存，相互作用，构成一个完整的劳动规章制度评估系统。一项具体的劳动规章制度评估，就是由这些要素的有机组合所构成的活动过程。因此，劳动规章制度评估方案就是要针对上述五项要素用书面方式做系统、详细的论证与说明。与此同时，还应该对评估活动的组织安排以及评估经费的筹措和使用等情况作出说明。

（二）评估的实施与分析

劳动规章制度评估的实施与分析是整个劳动规章制度评估活动中最重要的步骤，实施评估的主要任务包括以下三点。

1. 利用各种调查手段和信息来源，广泛收集有待评估的劳动规章制度信息。信息是对劳动规章制度进行评估分析和实施的基础。与评估相关的有效信息既可以作为评估者最初判断的依据，也可以作为其最后评估的尺度。在实务中，通常可以采用的方法主要包括：观察法、查阅资料法、调研法（其中包括开会调查、访谈、问卷调查等）、案例分析法、实验法、德尔菲法等。这些方法各有其特点和应用范围，评估者最好能交叉使用，使其相互配合，以确保所获信息具有广泛性、系统性和准确性。

2. 综合分析已获取的劳动规章制度信息，对原始数据、问卷和资料进行系统的整理、分类、统计和分析，为劳动规章制度评估结果的输出提供依据。

3. 综合运用相应的评估方法，具体进行评估。在进行劳动规章制度的评估时，要坚持评估资料的完整性、科学性、针对性，客观、公正地反映出劳动规章制度的实际实施效果，进而得出评估结论。在实施评估阶段，虽然主要工作是信息收集、信息处理和得出结论三项，但实际操作起来，却是相当复杂和困难的，需要劳动规章制度的评估工作实施主体具有较强的综合分析能力，整体把握评估分析的方向、内容、进度和侧重点等。同时，这又是劳动规章制度评估过程的实质性阶段，必须集中评估工作实施主体的集体智慧。

（三）评估结果输出

评估结果输出是劳动规章制度评估活动的最后一个步骤，是达到劳动规章制度评估的最终目的。这一步骤的主要任务是综合判断、分析诊断、反馈信息。综合判断就是从总体上对评估对象得出一个关于其执行情况的定性或定量的综合意见，优良程度的区分或关于劳动规章制度制定水平是否达到应有标准的结论。分析诊断就是对被评估的劳动规章制度的执行优劣得失进行系统的分析、评论，旨在找出存在的问题及问题的症结所在。反馈信息就是将评估活动所获得的信息向有关方面进行报告，包括两方面的内容：一是撰写评估报告，二是提出评估工作的总结和建议。

相关法律法规

1. 《中华人民共和国劳动法》
2. 《中华人民共和国劳动合同法》
3. 《最高人民法院关于审理劳动争议案件适用法律若干问题的解释（二）》

劳动规章制度管理 第四章

复习思考题

1. 简述劳动规章制度与劳动合同、集体合同的联系与区别。
2. 简述员工手册的内容和功能。
3. 简述员工手册的编制规范。
4. 简述劳动规章制度的内容和体系。
5. 简述劳动规章制度制定的程序。
6. 简述劳动规章制度实施的原则。
7. 简述劳动规章制度实施过程的监督检查方法。
8. 简述劳动规章制度评估的含义。
9. 简述劳动规章制度的评估内容和评估要素。
10. 简述劳动规章制度评估方法与流程。

案例分析题

从事软件销售的小徐犹豫再三还是跳槽到了一家新公司，岗位是区域销售经理，薪酬是每月 4 000 元的底薪加上 15% 的销售提成。相较于底薪，小徐更看重的是 15% 的销售提成，这个比例比他原来工作的公司高。

工作半年多，小徐基本上一切如常，业绩好，带出的销售团队的表现也越来越出色。最近，公司领导层人员更换，一系列新政策陆续出台，其中包括对薪酬制度的改革。人力资源部按照法定程序制定了新的薪酬制度，其中区域销售经理的薪酬标准调整为底薪每月 5 000 元加上 10%~12% 的浮动销售提成。

到了年底，小徐发现看起来"变化不大"的薪酬改革，给自己的钱包显著地"减了肥"。那些主要依靠销售提成的同事大部分收入也减少了。而以前销售业绩不好的同事对公司的改革却很是拥护，因为无论其销售业绩如何，他们每年的收入都不同程度地稳步增长了。

对这项改革，小徐当然不满意。作为金牌销售，他要的就是高提成，可这项改革程序上没问题，内容也没问题，效果更是没问题，他满意不满意又能怎样呢？有些郁闷的小徐左思右想也想不明白，自己的劳动合同和公司的新制度都一样白纸黑字地摆在面前，为什么非要按照新的薪酬制度来？各人情况不一样，难道自己就不能选择高提成吗？既然想不通，那就把想法提出来沟通吧，小徐自言自语道，"我要的其实也很简单，就是按照我的劳动合同执行薪酬标准，这不算过分的请求吧？"想到这里，小徐拨通了人力资源部经理的电话……

请思考：

1. 小徐的请求过分吗？员工可以自由选择按照哪一规定执行吗？

2. 劳动合同和劳动规章制度的关系是什么？两者内容发生抵触时应该如何处理呢？

第五章　企业民主管理

 学习目标

1. 了解劳企协商的概念，熟悉劳企协商成果的评估内容和劳企协商决定事项落实情况评估的实施方式。

2. 掌握劳动关系氛围的概念，了解劳动关系氛围的维度和测量，熟悉如何构建和谐的企业劳动关系氛围。

3. 熟悉职工代表大会的组织机构、组织原则和工作制度，以及职工代表大会决议的落实途径。

4. 了解厂务公开制度的概念和公开信息的分类，熟悉公开信息指标评估原则，掌握撰写厂务公开分析报告注意事项。

5. 掌握职工董事、职工监事制度的概念，熟悉职工董事、职工监事的权利与义务，职工董事、职工监事的工作程序，了解职工董事、职工监事制度的创新以及制度实施的要点。

6. 掌握冲突管理的方法，了解国外员工民主参与的一般形式，掌握企业民主管理体系的评估内容，了解员工民主参与的衡量尺度。

第一节 劳企协商管理

第一单元 劳企协商成果的评估

 知识要求

一、劳企协商的概念

劳企协商是指在集体协商和集体合同制度以外,由用人单位的工会、职工代表或劳动者个人为一方,与用人单位的代表,就涉及劳动者集体或个人的合法的或法律未加以规定的权益事项和程序规范,以及工会组织自身的权利和义务进行商谈的行为。它的主体和客体可以是雇主或雇员个人,也可以是雇主组织或雇员组织。协商的内容主要包括用人单位涉及职工切身利益的重要改革方案和规章制度的制定,用人单位各岗位的工作定额和劳动标准,劳动合同的签订、变更、解除和终止,以及工会组织、工会会员和工会工作人员权益保护的实体和程序规范。

二、劳企协商成果的评估

劳企协商达成协议后,协议的实施过程需要有经常性的监控体系,以随时把握协议的进展状况及其效果。当一项协议实施到一定阶段时,需要进行专门的检查评估活动,以全面了解和总结协议的阶段性进展及其效果。所以,劳企协商成果的评估是劳企协商过程中的重要环节,也是劳动关系协调员的重要职责。

(一)评估的内容

针对各种不同的劳企协商协议,评估的内容可能是不一样的。但总体来说,评估包括三方面内容,即协议方案是否合理,实施行动是否得力,以及是否取得了预期的效果。

首先,对协议方案的评估的主要内容包括协议在实践过程中表现出来的必要性、有效性和可行性,即一项协议在多大程度上

为用人单位和劳动者所需要（必要性），它能够在多大程度上达到预期目标或解决预期的问题（有效性），它在实践中可操作的程度如何（可行性）。其次，对于协议实施行动的评估则主要看协议在实施过程中的各项行动是否合理并有效，包括组织工作是否得力，机构设置是否合理，它们在协议实施中是否有效地发挥了作用，规章制度是否合理并完善，资金和其他资源调动是否及时并有效。最后，劳企协商协议的评估还要关注协议可能达到的效果。签订劳企协商协议的目的是保证劳动者和用人单位达成的共识能够得以实现，因此，需要评估劳动者和用人单位双方是否按协议条款实施，并取得双方满意的结果。

（二）评估的标准

与其他评估工作一样，在劳企协商协议评估中也要采用一系列标准，从各种不同角度衡量协议的执行及其效果。评估中一般包含如下几类标准。

1. 行动标准、收效标准和效率标准

在协议评估中需要从行动本身、行动的收效及效率等方面对协议行动作出测量和判断，因此需要采用行动标准、收效标准和效率标准。

所谓行动标准，是指在评估中评判一项协议行动进展情况的标准，即已投入的资金和已采取的行动是否符合预先的计划。

所谓收效标准，是指评判一项协议行动收效的大小及质量的标准，即已采取的行动是否取得了预期的收效，是否达到了该项协议预期的目标。对协议行动收效的测量和分析应该从受益者分析、用人单位社会效益分析和可持续性分析等多个角度进行。

所谓效率标准，是指对一项协议行动效率的评判，即对协议投入产出率高低的评判。

2. 事实标准与价值标准

由于劳企协商协议执行涉及价值的问题，因此在对协议的执行进行评估时，既包含对协议执行过程中各种事实的评判与分析，也包含对协议行动及其效果的价值评判。

 **技能要求**

劳企协商决定事项落实情况评估的实施方式

劳企协商协议评估的方法和程序是否得当，对评估结论的科学性、公正性和权威性具有较大的影响。在现实的评估中可采用各种各样的方法，常用的有以下一些方法和实施方式。

（一）评估的常用方法

在评估中既有定量分析也有定性分析。定性分析主要通过深入解剖少数个案而获得对整个协议执行及其收效的深入了解。定性分析收集资料的方式主要包括对个案的深入访谈、小组座谈、典型单位文献资料分析等。定性分析的最大好处在于能够深入分析协议执行的全过程，仔细地分析执行过程的成效和不足，并具体分析行动的收效，以及取得各种成效或失败的原因。定性分析的不足之处主要是它难以兼顾分析对象的广泛性。

评估中的定量分析主要通过广泛收集资料，并对资料进行统计分析和比较，从而获得对协议执行及其收效的数量分析结论。在现实的评估中常常大量采用定量分析方法。这类方法主要是采用一组客观的指标来分析协议执行是否达到预期目标，并通过对协议执行前后的情况进行定量比较以及开展广泛调查来分析协议执行的效果。

（二）评估的组织及实施方式

劳企协商协议评估一般也需要按照严格的程序进行。评估工作的主要环节包括评估计划的拟订、评估者和评估机构的选定、评估的实施、评估报告的撰写等。

评估计划的拟订是劳资协商协议评估工作的首要环节。评估计划的内容包括对评估工作的执行者、内容、标准、方法与步骤等方面的具体规定，以及对评估工作所需要的经费及组织方式的安排。

选择合适的评估者和评估机构是劳企协商协议评估工作的重要一环。评估机构分为评估的组织机构和评估工作的执行机构，前者主要负责制订评估计划，组建或聘请评估工作的执行机构，验收评估报告；而后者则主要负责评估工作的具体实施。评估的组织机构可以由劳动关系双方共同组建；而评估工作的执行机构则可以是由劳动关系协调员临时组建的评估工作班子，也可以聘请政府研究部门、大学和相关的科研机构，以及一些商业性的政策评估机构等承担相应的工作。

评估计划拟订好、评估机构组建好后，就可以按照评估计划展开评估工作。评估者通过收集资料、整理和分析资料，得出评估结论，然后撰写评估报告。评估报告是评估工作的最终产品，其内容一般包括对评估工作进程及方法的介绍和说明、评估结论以及相应的政策建议等。

延伸阅读

德国的劳资共决制包括企业层次上的企业代表会制，以及法定企业层次上的监事会劳资共决制和劳工经理制。

德国的企业代表会制是在第二次世界大战前的基础上发展起来的。早在占领时期，西方盟国就开始了重建联邦德国企业代表会的工作。1952年10月，德国联邦议院通过了《企业宪章法》，完成了由盟国启动的企业代表会的重建工作。该法令于1972年年初修订，一直在使用。

《企业宪章法》明确规定，在雇员超过20人的德国企业中都要设立由全体雇员选举产生的企业代表会。在含有多个下属企业的大企业和康采恩中，还要设立总企业代表会和康采恩企业代表会。企业代表会由年满18岁的非高级雇员选举产生，凡已在本企业工作6个月以上者均可当选。企业主必须对企业代表会的工作给予全面的支持。企业代表会在本企业中享有广泛的共决权。在企业社会事务方面，企业代表会享有共同决定权。这意味着在劳动及休息时间、休假、工伤事故防范、福利政策、职业培训等方面，不经企业代表会同意，企业不能作出决定。如果劳资双方无法协商一致，则须由州劳动局出面调解。

企业代表会还可参与企业人力资源政策,尤其是工资和雇佣解聘政策的制定。雇员工资首先由基于全行业工资水平的劳动合同规定。与此同时,企业代表会也可参与决定许多与本企业工资相关的事务,如雇员的工资级别等。此外,根据《企业宪章法》规定,企业的每个雇佣计划都必须得到企业代表会的同意。在企业个体和集体解聘问题上,企业代表会也握有一定的发言权。1972年修订的《企业宪章法》还赋予企业代表会参与制定企业总人力资源政策的权利。

同时,企业代表会通过企业经济委员会参与企业经济事务。在德国,雇员超过100人的企业应依法成立作为企业主顾问的经济委员会。1952年出台的《企业宪章法》曾将经济委员会规定为一个劳资对等共决的机构。但1972年修订的《企业宪章法》则将其明确变成一个由企业代表会选举产生的、完全的雇员代表机构,同时还赋予了经济委员会更多参与企业经济事务的权利,如企业主有义务将企业的财务状况、生产投资计划、压缩和关闭企业计划以及变更企业组织等事务提前通知经济委员会。

德国劳资共决制的另一个重要组成部分,就是在企业的领导机构——监事会和经理委员会中实行劳资共决制,即监事会劳资共决制和劳工经理制。德国企业的监事会相当于我国企业的董事会,拥有制定企业大政方针、任命并领导经理委员会的权力。而经理委员会则是监事会的执行机构,负责企业的日常生产经营活动。企业层次上的劳资共决制,是第二次世界大战后联邦德国的工会联合会在鲁尔煤钢工业中首先开创的。

鲁尔区拥有高度发达、集中的煤钢工业,为了防止这些工业再度为联邦德国的侵略扩张服务,英国政府于1947年年初开始对其进行非集中化改造。而英占区工会则趁机在新独立的鲁尔钢铁企业中建立了监事会劳资共决制和劳工经理制。1951年,联邦德国的工会联合会及其下辖的矿工和钢铁工会又以罢工相威胁,迫使联邦议院通过《煤钢企业经理委员会及监事会雇员共决法》,在所有煤钢企业中建立了监事会劳资共决制和劳工经理制。这就是所谓的"煤钢共决制"。这个共决法出台后,联邦德国又先后于1956年和1971年通过了《煤钢共决补充法》和《煤钢共决延伸有效法》,将监事会劳资共决制和劳工经理制分别扩展到了以经营煤钢工业为主的康采恩和煤钢加工企业之中。1988年,联邦议院又规定,凡在煤钢领域的销售额占本企业销售额20%以上的康采恩也适用于"煤钢共决制"。

在"煤钢共决制"所涉及的企业中,都要建立监事会劳资共决制和劳工经理制。其具体做法包括:监事会由5名资方代表和5名劳方代表外加1名中立方代表共11人组成,其中2名劳方代表必须由工会提名。监事会第11人由已经选出的10名代表向选举机构建议,如选举建议未能被提出或提出后未能被选举机构所接受,则要成立一个劳资共决的协调小组来解决问题。如协调小组所提出的人选被股东代表大会所拒绝,则最终须由法院来裁决第11名监事会成员的人选。与此同时,法律还要求在经理委员会中设立1名与其他2名经理有着同等地位的劳工经理。劳工经理不仅有权参与企业福利政策的制定,还在企业人力资源政策,如雇佣、解聘方面拥有较大的发言权。

与魏玛时代以企业代表会制为核心的劳资合作机制相比,"煤钢共决制"所开创的是一个以监事会劳资共决为核心的劳资共决新模式。"自1951年起,这部法律即以'煤钢共决法'而著称。煤钢共决模式是以特定或者对等共决为特征的。煤钢共决在德国社会政策改革史上具有极其重大的意义。无论是1952年的《企业宪章法》,还是后来其他的共决法、共决协议,都是沿着'煤钢共决法'所确定的方式,在企业管理层和监事会组织中确保工人和工会权利的。"1952年的《企业宪章法》明确规定,所有企业的监事会必须包括1/3的雇员代表,这就是所谓的"三分之一共决制"。而后,德国联邦议院于2004年将"三分之一共决制"从《企业宪章法》中剥离,单独制定了《三分之一共决法》。这部在2008年完成修订的法律明确规定,在雇员达到500~2 000人的企业的监事会中,1/3的成员要根据企业代表会的建议,由全体雇员"秘密、平等"地选举产生。

1976年5月,联邦德国又制定了《雇员共决法》,要求在雇员超过2 000人的大企业中全部实行监事会劳资共决制,即企业监事会成员半数由股东大会选举产生,半数由雇员选举产生。为了避免监事会投票时出现半对半难以抉择的局面,法律还要求设立1名拥有2票投票权的监事会主席。主席由全体监事会成员选举产生,劳工代表亦可当选。根据《雇员共决法》的要求,企业代表会在选举监事会雇员代表时居于更重要的地位。监事会中雇员代表的候选人名单是由企业代表会和高级职员代言会共同选举产生的企业选举理事会制定的,工会只能对名单提出有限的修改意见。候选人名单产生后,雇员达2 000~8 000人的企业将由全体雇员直接选举确定监事会雇员代表,而雇员达8 000人以上的大企业还要先由雇员选出代表,再由这些代表选出最终的监事会雇员代表。

第二单元 劳动关系氛围

知识要求

劳动关系氛围是衡量劳动关系的一个重要指标,因而受到了越来越多国内外学者以及企业管理者的关注。一个企业的管理沟通和员工的民主参与程度会影响到其劳动关系氛围的和谐程度,同时,劳动关系氛围也会影响企业的管理沟通和员工的民主参与程度。另外,劳动关系氛围既是企业文化建设的体现,也会对员工个人和企业组织的绩效产生很大的影响。

一、劳动关系氛围概述

(一) 劳动关系氛围的概念

很多学者对劳动关系氛围进行了定义,对这些定义进行整理归类,主要包括以下三类。

1. 根据劳动关系氛围总体特征界定的定义。劳动关系氛围是一个组织区别于其他组织,其内部环境所特有的、相对持久的属性,是一个组织所具有的典型特征,是一系列可以通过个体主观知觉和感受测量的工作场所环境的特征集合。工作场所环境包括管理风格、角色、规则、创新等内容。

2. 根据劳动关系氛围形成原因界定的定义。劳动关系氛围是组织成员对劳动关系双方行为、态度和实践的知觉和感受。劳动关系双方行为、态度和实践包括劳动关系双方的行为准则、态度、沟通及普遍行为等方面。而知觉和感受则包含结构、自主、关心、激励方向、参与感、信息共享和信任等层面的内容。

3. 根据劳动关系氛围作用界定的定义。劳动关系氛围可以反映劳动关系主体的行为和态度,描述组织中劳动关系的质量。作为评价劳动关系优劣的工具,劳动关系氛围可以反映出组织内劳动关系变化的原因,并通过员工的感知影响员工的组织公民行为、满意度和职业生涯质量,进而对组织效能产生影响。

可以看出,对于劳动关系氛围的界定主要包括以下特征:它发生在工作场所,主体是员工、工会与管理者,评价对象是组织的劳动关系行为和实践;它是感知性的,这种感知会受到员工、工会与管理者之间的集体相互作用影响,并且会影响员工的行为态度和绩效;它是用来描述劳动关系质量的。

(二)劳动关系氛围的维度与测量

1. 劳动关系氛围的维度

可以从不同的角度对劳动关系氛围的维度进行不同的划分(见表5-1)。

表5-1　　　　　　　　劳动关系氛围维度

学者	劳动关系氛围维度
达斯马齐连等人（Dastmalchian, et al., 1982）	从员工、管理者、工会的角度划分为三个维度,分别是感知到的管理者与员工关系特征、工会支持程度、劳资合作的意愿机制
达斯马齐连等人（1989）	劳动关系氛围的五个维度,即和谐、冷漠、开放、敌对和即时性

续表

学者	劳动关系氛围维度
沃尔 （Warr，1978）	劳动关系氛围主要由两个维度构成，即内部冲突和普遍满意
马丁 （Martin，1979）	将劳动关系氛围划分为攻击或对抗、冷漠、敌对、工会支持四个维度
本内特 （Bennett，1994）	将劳动关系氛围分成劳资气氛、劳资双赢、员工参与三个维度
温 （Wan，1997）	工会和管理者合作、协商、达成共识以及员工支持是构成劳动关系氛围概念的四个维度
戈登和拉德 （Gordon & Ladd，1990）	分为领导、决策、申诉决议、协商、员工经历、出现问题并进行解决的能力六个维度
郑秋延（2011）	将劳动关系氛围根据和谐—对抗、主动—被动这两个维度划分为四种类型，即和谐—主动、和谐—被动、对抗—主动、对抗—被动
崔勋和吴海艳（2011）	将劳动关系氛围根据合作—对抗、积极—消极这两个维度划分为四种类型，即合作—积极、合作—消极、对抗—积极、对抗—消极

资料来源：朱岩，顾建平. 人力资源背景下劳动关系氛围的研究评述与启示［J］. 中国商贸，2013（21）：44-46.

2. 劳动关系氛围的测量

从上述劳动关系氛围的维度划分可以看出，以往研究者主要从合作—对立这一指标来对劳动关系氛围进行衡量，即双方互助、互信、互谅、相互配合、达成共利的程度。劳动关系双方对于企业的目标与认同感越高，双方互助、互信、互谅、相互配合、达成共利的程度就越高，则劳动关系氛围的合作性也越强；反之，则对立性越强。但是，我国也有情境上的特殊性，合作—对立并不能完全反映我国企业劳动关系氛围的真实状况。结合我国情境，可以再发展出另一个维度，即积极—消极，指员工参与企业管理和表达意见意愿的主动程度。员工越是积极主动地参与到企业的管理过程中来，表明该企业的劳动关系氛围越积极；反之，则越消极。据此，劳动关系氛围的两个维度可以划分为四种类型（见表5-2），不同类型的劳动关系氛围在企业中具有不同的员工行为表现方式（崔勋和吴海艳，2011）①。

表5-2　　　　不同劳动关系氛围中的员工行为方式

	积极	消极
合作	①合作—积极 （如信息分享的主动参与等行为）	②合作—消极 （如被动参与或不参与等行为）
对抗	③对抗—积极 （如劳动争议、申诉等行为）	④对抗—消极 （如怠工、磨洋工、停工等行为）

二、劳动关系氛围的相关理论基础

（一）组织氛围理论

组织氛围来自卢因（Lewin）的相关研究，主要是指组织成员对组织环境包括规章制度和人际关系等的一种主观上的感受，其对组织成员的态度和行为的影响是潜移默化而深远的。将组织氛围这一概念借用到劳动关系领域，就产生了劳动关系氛围的概念。因此，组织氛围的相关理论是劳动关系氛围的理论基础。组织氛围的相关理论对于劳动关系氛围的研究在理论和实践上具有重要的指导意义。

（二）社会交换理论

互惠原则（the norm of reciprocity）是社会交换理论的基础，即着眼于长期的劳动关系双方的双赢，在使组织目标得以实现的同时，组织成员自身也得到全面的发展。社会交换理论强调劳动关系双方的互惠义务，即双方之间的自愿投资而不求短期或长期约定的回报，其本质是对所得到的支持和利益的自愿性互惠。显然，在和谐的劳动关系氛围中，组织成员可以感知到组织对其的好处，作为对组织的回报，他们将表现出对组织有益的工作态度与行为。

---

① 崔勋，吴海艳. 劳动关系氛围研究［J］. 中国人力资源开发，2011（3）：5-9.

(三) 自我调节态度理论

自我调节态度理论是由巴戈齐（Bagozzi，1992）[1] 提出的。他认为个体对事件、结果和环境的主观上的感知导致了其态度反应，态度反应指向应对意向，最终产生个体的应对行为。由自我调节态度理论可知，劳动关系氛围的和谐程度不同，员工会产生不同的情绪反应、行为意向和工作行为。因此，自我调节态度理论是劳动关系氛围的一个崭新的理论视角。

(四) 角色冲突理论和认知失调理论

当员工处在组织和工会相互对立的环境中，将会产生员工工作满意度和工会承诺冲突的情景，也会产生角色冲突（Rizzo，et al.，1970）[2]，员工将被迫在这两者中进行最优选择。认知失调理论是费斯廷格（Leon Festinger）于1957年提出的[3]，他认为此时员工将产生严重的认知失调，进而很难对两者都保持忠诚。反之，当员工处在组织和工会相互合作的环境中，便会感知到员工工作满意度和工会承诺，从而对组织和工会都会更加忠诚。在分析劳动关系氛围对员工工作满意度、工作努力、工作行为等的具体影响时，认知失调理论和角色冲突理论具有重要的作用。

 **技能要求**

构建和谐劳动关系氛围的管理方法

(一) 倡导良性的组织文化建设

一个企业的劳动关系氛围其实体现的是该企业的文化氛围和育人理念，要更好地利用劳动关系氛围所带来的影响，就要从企业的文化建设着手。良好的企业文化不仅能够正确地引导员工增加工作投入从而为企业创造更大的价值，还能够增强员工之间以

---

[1] BAGOZZI R P，1992. The Self-regulation of Attitudes，Intentions and Behavior [J]. Social Psychology Quarterly，55（1）：178-204.

[2] RIZZO J R，HOUSE R J，LIRTZMAN S I，1970. Role Conflict and Ambiguity in Complex Organizations [J]. Administrative Science Quarterly，15（2）：150-163.

[3] FESTINGER L，1957. A Theory of Cognitive Dissonance [M]. Evanston，IL：Row，Peterson.

及员工与管理者之间的凝聚力,改善同事关系及上下级之间的关系,使员工在轻松愉悦的组织氛围内工作以更好地投入到工作中去,创造良性循环。因此,应该在企业内营造一种良好的、与企业战略目标相匹配的文化氛围。其中,学习型组织文化受到很多企业的青睐,它强调企业自上而下的学习,通过学习提高自身的技能,从而在组织中营造了良好的学习风气,夯实了企业文化。

企业领导自身的行为对员工的影响也不容忽视。一方面,领导要及时地对员工在工作上的出色表现给予认可和鼓励,进行及时的强化;另一方面,如果领导十分重视工作,也积极地投入到工作中,那么领导的榜样就能潜移默化地影响到员工。因此,领导应该以身作则,努力在企业中营造出良好的文化氛围,从而提高员工的工作投入度,提高企业的竞争力。

(二)建立健全企业员工民主参与体制

1. 健全绩效考核体系与评估体系

绩效的考核与评估是实现员工薪酬与晋升公平的基础。企业应该完善绩效考核标准,促使薪酬政策公开透明,最大限度地体现与遵循多劳多得、努力与回报成正比的原则,为员工提供良好的物质回报,从而实现薪酬和绩效的对等承诺。总之,企业应完善绩效考核办法,合理体现员工个人价值。

2. 健全沟通制度

在组织中,通常会出现信息不对称的现象,这种现象会导致劳动关系氛围的相对不和谐。适当的沟通可以避免这种现象,所以企业应该建立良好的沟通制度和沟通渠道。沟通渠道有正式和非正式之分,通过沟通渠道,员工可以更好地表达自己的心声和诉求。在使员工高效率地完成工作的同时,企业应更加注重员工的全面发展,从而改善员工与管理者之间的关系,减少各种摩擦及猜忌。

3. 建立公开透明的管理机制

公开透明的管理机制,能够遏制不良行为的发生和蔓延。企业应学习和建立先进的人力资源管理体系,特别是明确针对个体或小团体的自利行为，利用机制的公开力量，荡涤组织内种种自利行为，减少员工的消极感知和行为，从而构建和谐的劳动关系氛围。

第二节　职工代表大会管理

知识要求

一、职工代表大会的组织制度

职工代表大会的组织制度，是职工代表大会开展活动、履行民主管理职能、完成其任务的组织设置与工作制度的总称。它主要包括职工代表大会的组织机构、组织原则、工作制度。

（一）职工代表大会的组织机构

职工代表大会的组织机构包括大会主席团、代表团（组）和根据工作需要而设立的经常性或临时性的专门小组。职工代表大会主席团是职工代表大会会议期间的组织领导机构，负责主持会议。其成员应包括工人、技术人员、管理人员和企业的领导干部。其中工人、技术人员、管理人员应超过半数。主席团成员必须是本届职工代表大会的正式代表，其人数可根据职工代表人数多少决定。主席团不实行常任制。职工代表大会开展的活动是统一组织起来的职工代表的活动。在企业组织中，职工代表按照分厂、车间、科室组成代表团（组），推选团（组）长。被推选出来的职工代表按所在生产和工作单位组成的代表团（组）开展活动。代表团（组）长一般应由分厂、车间或科室工会主席担任。职工代表大会的专门工作小组是根据职工代表大会工作需要而设置的执行专门任务的临时性或经常性机构。专门工作小组成员一般从职工代表中提名，根据职工代表人数及要解决问题的难易度确定小组的人数，每个小组3~5人不等，也可以聘请少数有特殊专长的非职工代表参加，但须经过职工代表大会通过。专门工作小组对职工代表大会负责，承办职工代表大会交付的各项工作。

（二）职工代表大会的组织原则

民主集中制是职工代表大会的组织原则，也是职工代表大会的基本制度，它是职工代表大会协调行动、集中意志、充分发挥作用的重要保证。职工代表大会实行民主集中制反映了职工、职工代表、职工代表大会之间的个人服从组织、部分服从整体、少数服从多数的关系。民主集中制是把高度民主与高度集中结合起来的组织原则。它要求职工代表大会既要充分发挥每个职工的智慧，又要有统一的意志、统一的组织纪律性。

（三）职工代表大会的工作制度

为保证职工代表大会各项具体工作有序、有效开展，用人单位应制定相应的职工代表大会实施办法，确定职工代表大会会议期间及闭会期间开展工作的制度。就目前职工代表大会的实践情况看，职工代表大会的工作制度应包括：职工代表大会的会议制度、职工代表大会专门工作小组的工作制度、职工代表大会团（组）长和专门工作小组负责人联席会议制度、职工代表活动制度以及民主管理考评制度。其中，职工代表大会会议制度的制定工作应包括决定职工代表大会的届期、每年召开会议的次数、会议议题、议程、决议形成与修改等事项。职工代表大会专门工作小组的工作制度是保证专门工作小组围绕职工代表大会相关职权的落实而设立的制度，它是承上启下的枢纽。职工代表大会团（组）长和专门工作小组负责人联席会议由用人单位的工会委员会召集，联席会议可以根据会议内容邀请党政负责人或其他有关人员参加。联席会议所讨论确定的问题，需在下一次职工代表大会上报告，并予以确认。职工代表活动制度包括对职工代表参加职工代表大会会前、会中及会后活动的要求，规定日常活动时间、活动内容及组织领导等内容。民主管理考评制度是用人单位为了促进贯彻和执行职工代表大会实施细则、落实职工代表大会决议、保障职工民主管理权利的责任管理制度。

二、职工代表大会决议的检查督促工作内容

为切实保证职工代表大会决议的贯彻落实，工会要组织职工代表大会专门委员会（小组）和职工代表，对决议的落实情况进行检查督促。检查督促的形式主要包括：

（1）会后检查。一般在每次职工代表大会闭会后 2 个月左右，工会将组织职工代表团（组）长和有关职工代表组成检查团，由检查团进行检查。

（2）专题检查。针对职工代表大会决议中的重点、难点或职工群众普遍关注的热点问题，组织专门工作小组进行检查。

（3）总结检查。在下次职工代表大会开会前的 1 个月左右进行总结检查，对上次职工代表大会闭会以来决议的落实情况作出切合实际的评价。表彰执行决议好的部门和个人；批评和质询工作不力的部门和个人，必要时追究这些部门和个人的责任，向职工代表大会提出处理意见。

（4）大会检查。在职工代表大会上，由大会主席团对上次职工代表大会决议执行情况进行评价，对执行不力的要追究责任，提出处理意见。

检查督促的程序和方法是：

（1）提出贯彻执行和落实职工代表大会决议的要求。

（2）职工代表大会闭会后，及时检查向职工群众传达贯彻决议的情况。如果属于厂长（经理）重大决策方面的决议，还要检查各级行政部门是否制定并向职工群众部署了贯彻落实决议的有效措施，了解发动职工群众的情况。如果属于涉及职工切身利益方面的决议，则要增加检查行政部门的行文是否符合大会的决议，以及文件传达后职工群众的反应。

（3）检查贯彻落实情况。职工代表大会闭会 1 个月后，针对属于厂长（经理）重大决策方面的决议，要检查各级行政部门所采取的具体措施的实施情况和实施效果，提出改进的意见或建议。针对属于涉及职工切身利益方面的决议，则要在执行过程中进行定期检查，一方面检查有关科室和基层行政部门的执行情况，另

一方面采取设立意见箱、建立接待日和到职工群众中调查了解的方式检查其执行情况，发现偏差，立即报告，厂长（经理）责成有关部门纠正，并做好协调工作。

（4）写出书面总结。总结内容包括检查决议在贯彻执行中的经验和存在的问题、职工群众的反应，以及执行决议的效果。总结经联席会审议后向职工代表大会报告。

做好职工代表大会决议贯彻落实的检查督促工作应注意三点：一是事先要做好充分准备，确定检查的内容和重点，拟定详细的检查督促方案；二是检查组成员要认真学习党和国家有关方针政策及有关企业管理知识，明确检查的要求，掌握检查的方法，对检查内容有一致的审查标准；三是检查中要本着实事求是的精神，既肯定成绩，总结经验，又找出差距，帮助改进。

 **技能要求**

一、职工代表大会闭会后的主要工作

职工代表大会的决议是职工代表大会在其职权范围内依法对其所议重大事项和问题需要会后认真贯彻的决定。职工代表大会在形成决议后，基本完成了其使命，进入闭会期。职工代表大会闭会后的主要工作就是由工会组织和协助职工代表向职工群众传达大会精神，发动和组织职工群众贯彻执行大会决议。职工代表大会的质量高不高，作用大不大，关键就是看职工代表大会决议的落实情况。

二、职工代表大会决议的主要落实途径

职工代表大会闭会后，工会要组织好参加大会的职工代表向所在单位职工群众汇报，宣传职工代表大会通过的各种决定和议案，对职工群众不理解、不清楚的问题进行必要的解释；要收集广大职工群众对职工代表大会通过的各种决定和议案的意见和建议，向所在职工代表团（组）反映。在实际工作中，工会和广大职工代表有义务影响、组织和带动广大职工认真贯彻职工代表大会所通过的决定和议案。

（一）发布落实决议通知

这是当前各用人单位落实职工代表大会决议的最常用也是最重要的途径。职工代表大会闭会后，用人单位党委、行政部门、工会可以联合发布通知，向全体职工群众通报大会决议情况，号召全体职工认真学习决议内容，把大会决议自觉落实到行为上。发布通知的同时，用人单位也应将大会决议涉及的方案一并发放到各部门，由部门工会组织职工进行学习，让职工群众深刻领会会议精神，结合各自的岗位工作落实大会决议。

（二）通过职工代表落实职工代表大会决议

落实职工代表大会决议是职工代表的义务与职责。对于这一点，各用人单位在其制定的职工代表大会实施办法中都有规定。职工代表大会通过的决议也会提出职工代表贯彻大会决议的要求。一些用人单位为了强化职工代表落实决议的职责，在大会闭会后会专门向职工代表发布通知，敦请他们在各自的部门、在各自的工作岗位上，组织职工群众学习职工代表大会各项决议，带领广大职工予以落实。

（三）对决议目标进行分解，以行政会议的方式进行落实

用人单位的职能部门是职工代表大会通过决议的落实主体。为了落实好大会的各项决议，用人单位的领导可以通过联席会议的方式，确定负责落实各项决议的具体部门，并责令它们在规定的时间内制定落实方案。方案除了上交单位领导部门外，还要提交工会委员会一份备案。

第三节　厂务公开管理

 **知识要求**

一、厂务公开制度的概念

厂务公开制度是企业管理方向本企业职工公开企业生产经营

管理方面的重大事项、涉及职工切身利益的规章制度和经营管理人员廉洁从业相关情况，并按照一定程序向职工公开，听取职工意见，接受职工监督的民主管理制度。企业主要负责人是实行厂务公开的责任人，同时企业应当建立相应的机构或者确定专人负责厂务公开工作。

二、公开信息的分类

依照有关要求，公开信息主要包括四个方面，即公开信息包括四大类。

（一）企业重大决策

主要包括企业中长期发展规划，投资和生产经营重大决策方案，企业改革、改制方案，兼并、破产方案，重大技术改造方案，职工裁员、分流、安置方案等重大事项。

（二）企业生产经营管理方面的重大事项

主要包括年度生产经营目标及完成情况，财务预决算，企业担保，大额资金使用，工程建设项目的招投标，大宗物资的采购、供应，产品销售和盈亏情况，承包租赁合同执行情况，企业内部经济责任制落实情况，以及重要规章制度的制定等。

（三）涉及职工切身利益方面的事项

主要包括劳动法律法规的执行情况，集体合同、劳动合同的签订和履行，职工提薪晋级、工资奖金分配、奖罚与福利，职工养老、医疗、工伤、失业、生育等社会保险费的缴纳情况，职工招聘，专业技术职称的评聘，评优选先的条件、数量和结果，职工购房、售房的政策和住房公积金管理以及企业公积金和公益金的使用方案，安全生产和劳动保护措施，职工培训计划等。

（四）与企业领导班子建设和党风廉政建设密切相关的情况

主要包括民主评议企业领导人员情况，企业中层领导人员、重要岗位人员的选聘和任用情况，干部廉洁自律规定的执行情况，企业业务招待费的使用情况，企业领导人员工资（年薪）、奖金、兼职、补贴、住房、用车、通信工具的使用情况，以及出国出境费用的支出情况等。

三、公开信息指标评估原则

(一) 科学性原则

科学性原则主要体现在理论和实践相结合，以及采用的科学方法等方面。在理论上要站得住脚，同时又能反映公开信息对象的客观实际情况。

设计公开信息指标体系时，首先要有科学的理论做指导，使公开信息指标体系能够在基本概念和逻辑结构上严谨、合理，抓住公开信息对象的实质并具有针对性。

同时，公开信息指标体系是理论与实际相结合的产物，无论采用什么样的定性、定量方法，都必须是客观的抽象描述，抓住最重要、最本质和最有代表性的东西。对客观实际抽象描述得越清楚、越简练、越符合实际情况，科学性就越强。

(二) 系统优化原则

公开信息对象必须使用若干指标进行衡量，这些指标是互相联系和互相制约的。有些指标之间有横向联系，反映不同侧面的相互制约关系；有些指标之间有纵向关系，反映不同层次之间的包含关系。同时，同层次指标之间尽可能做到界限分明，避免使用相互有内在联系的若干组、若干层次的指标体系，从而体现出很强的系统性。

1. 指标的数量和指标体系的结构形式以系统优化为原则，即以较少的指标（数量较少，层次较少）较全面系统地反映公开信息对象的内容。既要避免指标体系过于庞杂，又要避免单因素选择。核心目标是做到公开信息指标体系的总体最优或满意。

2. 公开信息指标体系要统筹兼顾各方面的关系。由于同层次指标之间存在制约关系，在设计指标体系时，应该兼顾各方面的指标。

3. 设计公开信息指标体系时应采用系统的方法。例如系统分解和层次分析法（AHP），由总指标分解成次级指标，再由次级指标分解成次次级指标（通常人们把这三个层次称为目标层、准则层和指标层），并组成树状结构的指标体系，使体系的各个要素及其结构都能满足系统优化要求。也就是说，通过各项指标之间的有机联系方式和合理的数量关系，体现出对上述各种关系的统筹兼顾，达到公开信息指标体系的整体功能最优，以及客观、全面公开信息系统的输出结果的目的。

（三）通用可比原则

通用可比原则指的是不同时期以及不同对象之间可以做比较，即可以进行纵向比较和横向比较。

1. 纵向比较，即同一对象一个时期与另一个时期做比较。公开信息指标体系要有通用可比性，条件是指标体系和各项指标、各种参数的内涵和外延保持稳定，从而使用来计算各指标相对值的各个参照值（标准值）不变。

2. 横向比较，即不同对象之间的比较，找出共同点，按共同点设计公开信息指标体系。针对各种具体情况，采取调整权重的办法，综合分析各公开信息对象的情况再加以比较。对于相同性质的部门或个体，往往很容易取得可比较的指标。

（四）实用性原则

实用性原则指的是实用性、可行性和可操作性。

1. 指标要简化，方法要简便。公开信息指标体系要繁简适中，计算公开信息指标的方法要简便易行，即公开信息指标体系不可设计得太烦琐，在能基本保证公开信息结果的客观性、全面性的条件下，指标体系要尽可能简化，减少或去掉一些对公开信息结果影响甚微的指标。

2. 数据要易于获取。公开信息指标所需的数据应易于采集，无论是定性公开信息指标还是定量公开信息指标，其信息来源渠道必须可靠，并且容易取得；否则，相关工作难以进行或代价太大。

3. 整体操作要规范。各项公开信息指标及其相应的计算方法、各项数据都要标准化、规范化。

4. 严格把控数据的准确性。能够实行公开信息过程中的质量控制，即对数据的准确性和可靠性加以控制。

（五）目标导向原则

评估的目的不是单纯评出名次及优劣的程度，更重要的是引导和鼓励用人单位向正确的方向和目标发展。

要对企业公开信息的指标进行评估，就要从以下四个方面衡量指标是否符合目标导向的要求。

1. 选取的指标能否反映群众最关心、反映最强烈的热点问题。

2. 选取的指标是否涉及职工切身利益，需要让职工清楚、明白。

3. 选取的指标是否容易引发矛盾或产生误解，容易滋生腐败现象。

4. 选取的指标是否立足企业，遵循循序渐进的要求。

不同企业的经营管理情况不同，企业管理者、职工群众对信息公开的认知程度也有所区别，所以在实行厂务公开制度时，各企业要根据自己的具体情况选择公开信息指标，以使这项活动收到应有的成效。

石家庄某集团有限公司在推行厂务公开制度时，在公司级确定了十项公开内容，然后再根据具体要求把十项公开内容细致化、指标化，收到了良好的效果。

 **技能要求**

撰写厂务公开分析报告注意事项

（一）确定报告阅读对象及报告分析范围

报告的阅读对象不同，报告的写作角度、深度也就不同。比如，提供给单位主要行政负责人或研究人员时，报告可以专业化一些，有深度一些；而提供给其他部门领导，尤其是对公开信息比较陌生的人时，报告则要力求通俗一些。对于提供给不同层次阅读对象的报告，则要求撰写人员在写作时准确把握好报告的框架结构和分析层次，以满足不同阅读者的需要。再如，报告的分析范围若是某一部门或二级公司,分析的内容可以具体一些;而分析范围若是整个集团公司,则分析文字要力求精练,不能对所有问题面面俱到,集中性地抓住几个重点问题进行分析即可。撰写厂务公开分析报告要了解阅读对象对信息的需求,充分领会阅读者需要什么信息,撰写人员必须在报告写作前,有一个清晰的框架和分析思路。

分析报告的框架具体如下:报告目录、重要提示、报告摘要、具体分析、问题重点综述及相应的改进措施。

"报告目录"旨在告诉阅读者本报告所分析的内容及所在页码;"重要提示"主要是针对本报告的新增内容或须加以重点关注的问题事先作出说明,旨在引起阅读者的高度重视;"报告摘要"是对本报告内容的高度浓缩,一定要言简意赅,点到为止。无论是"重要提示",还是"报告摘要",都应在其后标明"具体分析"所在页码,以便阅读者及时查阅相应分析内容。

以上三部分非常必要,其目的是让阅读者在最短的时间内获得对报告的整体性认识并了解本报告将告知的重大事项。"问题重点综述及相应的改进措施"一方面是对上次报告中阐述事项执行情况的跟踪汇报,同时对本报告"具体分析"部分中揭示出的重点问题进行集中阐述,旨在将零散的分析集中化,再一次给阅读者留下深刻的印象。

(二)立足当前,瞄准未来,以数据和事实说话

准确的数据以及发展前后的对比能够使报告更富有说服力。因此,报告撰写者要对所需分析的问题进行深入研究,必要的时候可以制作问卷,向职工发放进行调研,使分析言之有据。

成绩和问题都要涉及,但在程度表述上要客观,勿轻易下否定结论。做到实事求是,成绩不夸大,缺点不缩小,不能弄虚作假,这是分析、总结教训的基础。过多的溢美之词会使分析报告显得不真实,对于解决问题没有任何好处;绝对否定的言辞在分析报告中也应避免,比如"厂务公开流于形式,完全是某领导的责任",这样的评判没有多少实际意义。分析报告的行文要尽可能

通顺、流畅、简明、精练，避免口语化、冗长化。

延伸阅读

示例1　××集团有限公司选择公开的十大内容

（前略）公司级公开的项目：

1. 住房分配公开。公司要将职工宿舍的酝酿、选址、签订合同以及建设的情况（含购买商品房）、分配或出售住房的政策条件、住房标准、申请住房人员及家庭的基本情况、打分排队情况、预分方案、建筑图纸、最后分配落实情况等全部张榜公布。

2. 收入分配公开。要把工资、奖金的分配政策、标准、综合数字、分配结果等情况向职工公开。

3. 业务招待费使用情况公开。主要是落实业务招待费使用情况向职工代表大会报告制度。总经理每半年向职工代表大会报告一次业务招待费的提取、支出情况。报告前先要经职工代表审议，监督小组审查、核实，向职工代表大会报告后由职工代表大会形成决议。

4. 职工代表大会民主评议公司领导干部公开。要按照集团公司制定的《职工代表大会民主评议监督领导干部的实施办法》，召开职工代表大会，对公司领导干部进行民主评议。职工代表大会必须保证有2/3的职工代表参加。领导干部述职后，职工代表进行评议，并将评议结果和整改措施向群众通报。

5. 干部任免公开。干部的选择、任用条件、标准程序、最后确定的任免结果向群众公布。

6. 公司改革、发展的重大决策公开。主要包括公司大额度奖金的使用、重要工程项目安排、重要人事安排、产品结构的调整、公司转机建制等情况。

7. 物资采购公开。购买原材料要将需购材料的质量和数量、供货厂家及材料规格、质量和服务等情况，在保护商业秘密和技术秘密的前提下，在一定场合、范围内向供货厂家公开。实行综合评估、货比三家的办法，在保证质量的前提下，实行公开竞价。

8. 用工制度公开。把招工、招聘等政策、条件、来源、数量、意向书签订情况及最后确定的对象向职工公开。公司实行转岗分流、减员增效要公开进行，要将有关政策、条件、人员确定情况，下岗后的安置情况及转岗培训等情况向职工公开。

9. 领导干部廉洁自律情况公开。主要是将领导干部收入申报、礼品登记、重大事项、民主生活会等情况在一定的场合、范围内公开。尤其是民主生活会情况，既要公开领导班子的自查情况，更要公开领导班子成员个人的自查自纠、整改提高的情况，特别是职工群众反映最强烈的一些问题，必须向群众交代清楚。领导干部廉洁自律，不仅要公开领导班子的整体情况，还要将相关要求向领导干部个人延伸。

10. 职称评定公开。职称评定的政策、条件、指标数、推荐数、评定结果向职工公开。

××集团有限公司根据确定的这十项公开内容，进一步细化、具体化，使厂务公开每一项内容指标化，并落实到具体责任人。

示例2　××集团有限公司物资供应公开实施细则

一、物资供应公开组织机构

1. 物资供应公开领导小组

组长：1人

副组长：1人

组员：多人

2. 物资供应公开监督小组

组长：1人

组员：多人

二、物资供应公开的主要内容及有关规定

1. 物资供应公开的目的

提高外采物资的质量，降低采购成本，规范管理行为，纠正不正之风，加强廉政建设，提高公司经济效益，并且为供货单位创造一个公平竞争的环境。

2. 物资供应公开的主要内容

（1）建立供货关系的前提条件公开；

（2）样品的检验标准、程序及检验结果公开；

（3）小批试供的程序及试供结果公开；

（4）择优选点的标准、程序及评价结果公开；

（5）各供货厂家综合评价结果公开；

（6）各供货厂家的可供货量公开；

（7）对公司作出过特殊的厂家照顾的公开。

3. 供货厂家筛选的原则

严格控制供货厂家数量，采购量大的品种的供货厂家不应少于3家，但一般不超过5家，个别情况可放宽至8家。

筛选的原则：质量相同看人格，人格相同看质量，人格、质量相同看服务。

4. 新增供货厂家的程序

凡有意供货的厂家须到供应公司或创优办填报自荐（推荐）表，一式两份。填好的自荐（推荐）表经登记审核后，于两天内转价格部，价格部会同有关部门联审报价，签署意见，一份存创优办，一份存供应公司。

5. 新供货厂家须具备的条件

（1）产品质量合格；

（2）价格低于现行价（内部掌握在5%以内）；

（3）具有不低于平均月供货量2.5倍的资金承受能力。

6. 样品检验及供货程序

价格审核通过后，由供应公司通知厂家标样件，质量部进行样件检验，并在规定时间内将结果报创优办，样品检验合格者，由创优办下发小批试供通知单，试供限2~3批，合格者视各厂家情况，采取相应方式进行认定，15天内出认定结果，认定合格者由创优办通知供应公司签订供货合同。

三、物资供应公开的范围及公开方式

1. 公开的范围

公司及配套单位。

2. 公开的场地

在供应公司休息室设公开栏。

3. 公开栏的主要内容

（1）供方须知。

（2）供应公开制领导机构名单及监督电话。

（3）外协、外购物资供货单位自荐（推荐）表。

（4）"意见及要求表"。各外协单位对供应公开制运行中存在的问题，可到供应公司索取"意见及要求表"进行填写，物资供应公开领导小组收到意见后向有关部门领导反映解决并给予答复。

（5）供应公开制供货厂家综合质量考核表。

（6）《关于在经济往来活动中廉洁自律的几项规定》，主要包括：

1）公司全体人员要自觉、不断地学习国家的有关法规，并将其应用到实际采购工作中去。

2）公司领导应每月对全体人员进行一次廉洁自律教育和检查，适当组织有关配套单位、外协厂家进行座谈，从中发现问题，帮助做好廉洁工作。每月召开一次公司责任领导廉洁自律生活会，进行自检和互检。

3）凡有下列行为的人员，一经发现，立即调离工作岗位。

①利用工作之便刁难外协、配套厂家，个人向外协、配套厂家索取、收受提成或酬金的；

②利用工作之便，身兼第二职业，在外单位从事购销活动，个人索取、收受提成或酬金的；

③与外协、配套厂家的销售人员达成默契，利用提高采购价格或给公司造成严重经济损失，而个人牟取提成或酬金的。

4）凡参加配套厂家订货会、座谈会，相关人员一般不得收受礼金和贵重礼品，难以谢绝时应及时上交公司做统筹处理。

5）凡外单位来我公司礼节性走访的，所赠礼金或贵重礼品一律上交公司做统筹处理。

6）对违反上述规定，情节严重的交上级有关部门处理，一切后果由个人承担。

7）为鼓励廉洁自律、洁身自好的优良作风，公司将根据上交情况，给予上交者一次性奖励。

四、考核单位：企管部

五、监督电话：×××××××

第四节 职工董事监事管理

知识要求

一、职工董事、职工监事制度的基本概念

职工董事、职工监事制度是依照法律规定，通过职工代表大会选举产生的职工代表作为董事会、监事会成员参与公司决策、管理和监督，代表和维护职工合法权益，维护促进公司健康发展的制度。

凡依法设立董事会、监事会的公司都应建立职工董事、职工监事制度。

职工董事、职工监事是相对于产权所有者的代表而言的，他们是由职工选举产生而不是由公司出资人委派产生的。因此，他们虽然被称为"职工董事"或"职工监事"，并享有与资方董事和监事相同的权利，他们的代表性却非常明确，即在董事会和监事会上代表职工的利益。当然这种代表性并不意味着他们与资方代表必然会形成利益的对立，而是通过参与高层次的决策，协调劳动关系双方的利益，促成公司利益共同体的实现。

推行职工董事、职工监事制度，在我国现行法律及党和政府的政策文件中都有明确规定，是建立现代企业制度、完善公司法人治理结构的重要内容；是维护职工合法权益，调动和发挥职工的积极性和创造性，建立和谐稳定的劳动关系，促进企业改革、发展、稳定的内在需要。

二、职工董事、职工监事的权利与义务

（一）职工董事、职工监事的权利

根据2012年颁布的《企业民主管理规定》的规定，职工董事依法行使下列权利：

（1）参加董事会会议，行使董事的发言权和表决权；

（2）就涉及职工切身利益的规章制度或者重大事项，提请召开董事会会议，反映职工的合理要求，维护职工合法权益；

（3）列席与其职责相关的公司行政办公会议和有关生产经营工作的重要会议；

（4）要求公司工会、公司有关部门和机构通报有关情况并提供相关资料；

（5）法律法规和公司章程规定的其他权利。

职工监事依法行使下列权利：

（1）参加监事会会议，行使监事的发言权和表决权；

（2）就涉及职工切身利益的规章制度或者重大事项，提议召开监事会会议；

（3）监督公司的财务情况和公司董事、高级管理人员执行公司职务的行为，监督检查公司对涉及职工切身利益的法律法规、公司规章制度贯彻执行情况，劳动合同和集体合同的履行情况；

（4）列席董事会会议，并对董事会决议事项提出质询或者建议，列席与其职责相关的公司行政办公会议和有关生产经营工作的重要会议；

（5）要求公司工会、公司有关部门和机构通报有关情况并提供相关资料；

（6）法律法规和公司章程规定的其他权利。

（二）职工董事、职工监事的义务

根据2012年颁布的《企业民主管理规定》的规定，职工董

事、职工监事应当履行下列义务：

（1）遵守法律法规，遵守公司章程及各项规章制度，保守公司秘密，认真履行职责；

（2）定期听取职工的意见和建议，在董事会、监事会上真实、准确、全面地反映职工的意见和建议；

（3）定期向职工代表大会述职和报告工作，执行职工代表大会的有关决议，在董事会、监事会会议上，对职工代表大会作出决议的事项，应当按照职工代表大会的相关决议发表意见，行使表决权；

（4）法律法规和公司章程规定的其他义务。

三、职工董事、职工监事的工作程序

职工董事、职工监事应当围绕公司董事会、监事会会议议题，在参与决策前，深入到职工群众中，充分听取广大职工和工会的意见和建议，广泛收集职工代表反映的情况，如实反映工会、职工代表大会或代表团（组）长和专门委员会（小组）联席会等方面形成的意见。每次董事会、监事会后，由职工董事、职工监事向工会委员会通报情况。每年职工董事、职工监事向职工代表大会进行述职报告一次，接受职工代表大会的询问。职工代表大会每年对职工董事、职工监事就履行工作职责等情况进行一次评议，并根据评议结果对认真履行职工董事、职工监事职责的人员提出奖励意见。职工董事、职工监事的更换要按照民主程序进行，对不称职或者有严重过失的职工董事、职工监事由职工代表大会罢免。

四、职工董事、职工监事制度的创新

（一）建立职工董事、职工监事的述职制度

为使职工董事、职工监事能做到真正地代表和维护职工的合法权益，有必要建立职工董事、职工监事的述职制度。

职工董事、职工监事每年须向公司职工代表大会述职，自觉接受职工群众的监督。

职工代表可对职工董事、职工监事的工作进行评议；职工董

事、职工监事要对职工代表的质询作出答复，当个别职工董事、职工监事确实出于某种原因不能胜任时，职工代表大会或职工大会可依法定程序，对职工董事或职工监事进行罢免或更换。

（二）建立职工董事、职工监事联系群众的制度

职工董事、职工监事要议事，首先必须"懂"事，既要全面了解现代企业经营管理知识，也要经常深入职工群众之中，做广泛、深入、细致的调查。只有倾听职工的呼声，掌握第一手材料，才能使参与决策和监督有理有据，并做到参政参到点子上，议事议到关键处，也才能在参与决策和监督时充分反映职工的意见。具体做法一是建立职工群众接待日，或通过召开职工群众座谈会等形式直接征求和听取职工群众的意见和要求；二是设立职工董事、职工监事联系箱，收集职工对公司发展及存在问题的改进建议。

（三）建立职工董事、职工监事了解公司情况的制度

公司和工会应当为职工董事、职工监事全面了解、掌握公司各类情况提供必要条件；公司应把有关生产经营的文件等发给职工董事、职工监事；职工董事、职工监事可以列席公司有关会议，并到公司有关部门进行调研、巡视，查阅有关文件资料。

（四）建立职工董事参与董事会重大决策前的论证制度

由于多方面的原因，现实中职工董事、职工监事在参与公司重大决策方面有许多不适应的地方，其主要表现是：对自己的职责不明了；对现代企业经营决策不熟悉；对党的路线、方针、政策和上级的要求领会不够，不能理直气壮地发表意见，履行职责。因此，应建立职工董事参与董事会重大决策前的论证制度。每次召开董事会之前，董事会应将会议有关文件发送给职工董事，职工董事收到公司董事会的议题和有关文件后，公司工会应牵头召开职工代表团（组）长联席会，协助职工董事对重要议题进行分析论证。

（五）建立职工董事、职工监事的培训制度

职工董事、职工监事素质的高低决定了他们作用发挥的大小。

在职工董事、职工监事素质这个问题上，实践中必须克服一种倾向，即以所谓职工素质低为由，忽视甚至变相剥夺职工董事、职工监事在会议内外发表意见的权利。同时，要花大力气加强对职工董事、职工监事的培训，培训内容主要包括三个方面：一是现代企业管理知识；二是党和国家的方针政策与法律法规；三是工会工作和职工民主管理方面的知识。

（六）建立职工董事、职工监事的权益保障制度

一是职工董事、职工监事依法行使职权，任何组织和个人不得压制、阻挠或打击报复；二是职工董事、职工监事因履行职责（含参加培训等）占用工作时间的，按正常出勤享受应有待遇；三是职工董事、职工监事在任职期间，除因个人严重过失外，公司不得与之解除劳动合同或作出不利其就业条件的岗位变动。

 **技能要求**

职工董事、职工监事制度实施的要点

（一）把握正确发挥作用的原则

职工董事、职工监事履行职责，既要考虑职工劳动者的权益，又要考虑公司出资者的权益，即"双赢原则"。在工作中要坚持"两个维护"的统一。维护职工的具体利益，特别是职工的具体经济利益，必须以发展生产，提高公司效率为前提，所以要把着眼点放在发展生产，提高效益上来，引导职工"干主人活、尽主人责"，在生产建设中发挥主力军作用；否则，其代表作用就是有限的。因为相对于一般董事和独立董事而言，职工董事属于一种"两栖董事"，作为内部人的一面，其个人日常工作必须接受公司高管层的管理和领导；而"董事会领导下的总经理负责制"却又从理论上赋予了职工董事对高管层的间接的"约束和影响力"。那么，职工董事、职工监事应该如何把握这一点？

职工董事、职工监事除履行一般董事、监事职责外，还具有其特定的职责。公司的各位董事、监事由于身份各不相同，对公

司和职工担负的责任也不同。职工董事、职工监事与其他董事、监事相比，其发挥作用及行使权利的角度大不相同。他们在董事会、监事会中，一方面要站在全公司的角度去参与、监督经营决策，另一方面还要履行工会的维护职能，要以职工利益为重，切实体现其职工利益代表者的身份。

工会主席、副主席进入董事会、监事会，代表职工参与公司高层决策和监督，能够更直接、更及时、更有力地维护职工利益。因此，职工董事、职工监事在行使权利时要突出维护的基本职责，要着眼于职工群众的利益，替他们想问题、办事情，反映他们的意见和建议，这种途径比其他民主形式更直接、及时和有效。董事会、监事会作为高层决策、监督机构，在研究决定重大问题时，职工董事和职工监事要在其中发挥重要作用。

（二）在决策中要讲求工作方法

1. 会前发挥好调研作用

董事会、监事会作为高层决策、监督机构，其决策过程包括方案制定和方案实施两个阶段。在这两个阶段，调查研究要贯彻始终。离开对实际情况的调查研究，就不可能制定出科学的决策方案，更不可能在实施过程中对决策方案作出正确的修改、补充，同样也不可能对决策进行科学的总结。因此，在召开董事会、监事会前，职工董事、职工监事要围绕中心议题通过多种途径、采取多种形式进行调查研究工作。实践中，要注意结合公司实际情况，通过职工代表巡视、建立经理联络员制度、召集职工座谈会等多种形式，广泛听取职工群众的意见和要求，充分做好参加会议的前期准备工作。

2. 会中发挥好参与作用

在董事会、监事会决策公司生产经营重大问题，制定重要规章制度，讨论有关职工工资、福利、安全卫生与劳动保护、社会保险等重大问题以及涉及职工切身利益的问题时，职工董事、职工监事都要代表职工充分地表达和反映职工的意愿和要求，表明自己的态度，从源头上加强参与和监督，切实维护好职工的合法权益。职工董事、职工监事在参与监督活动时，往往容易强调具体的指标，就指标论指标，而恰恰在具体指标上较容易引起争议。较好的选择是打造参与、监督的链条，通过政策或原则这个中介，将自己的权利渗透到具体参与监督中，在政策或原则上达成共识。当然，在政策或原则上达成共识后，具体指标的重要性也很明显，但此时再解决争议就会相对容易些。比如运用激励优于控制的原则，很多公司将工资的发放视为控制成本的手段，但是一些优秀的公司则把工资发放作为激励职工提升自我和促进公司发展的动力，后者往往能够使公司和职工双方受益。

3. 会后发挥好监督作用

注意协调各方关系，使董事会、监事会的决议、决定落到实处。通过职工代表大会、代表团（组）长联席会、工会例会等形式，将董事会、监事会的会议精神传达给全体职工，动员职工认真贯彻执行。同时，通过职工代表巡视等形式，对董事会、监事会的各项决议、决定，特别是对与职工切身利益相关的决议、决定的落实情况进行监督检查，发现问题及时沟通解决。

（三）不断提高职工董事、职工监事素质

实践中发现，有相当部分的职工董事、职工监事处于"董事不懂事、监事不管事、平时不参政、参政难议事"的状态，工会主席、副主席和职工代表分别进入董事会、监事会，做工作、想问题不能只是站在本职工作岗位的角度，而是要站在公司全局的角度。这就对职工董事、职工监事提出了新的更高的要求。要想发挥好作用，职工董事、职工监事就必须不断提高自身素质，从思想政治素质、文化知识素养、经营管理知识、决策协调能力等方面进行学习提高。只有这样才能在参政议政和实施监督中发挥好职工董事、职工监事的作用。

第五节　新型民主参与制度

知识要求

一、冲突管理中的员工民主参与

冲突是工作场所普遍存在且不可回避的客观事实，冲突管理也引起了现代企业越来越多的关注。在经济社会发展的历程中，曾经出现过多种解决冲突的方法和机制。这些方法从简单到复杂，从肤浅到深入，反映出人们对于冲突及冲突管理理念的重大转变，以及管理手段和管理技术的重大进步。从冲突管理的发展趋势看出，工作场所冲突通过传统的集体谈判和法院诉讼程序来解决的比例越来越少，取而代之的是通过非诉讼纠纷解决机制（ADR）和在此基础上产生的冲突管理系统（CMS）。到21世纪的最初10年，又产生了整体冲突管理系统（ICMS）。

冲突管理的方法是指冲突管理系统通过何种手段去应对和处理组织中出现的冲突。相对于非诉讼纠纷解决机制较为单一的解决手段（调解和仲裁）而言，冲突管理系统拥有较为丰富和全面的冲突管理方法，这些方法不仅仅涵盖了非诉讼纠纷解决机制的方法，而且还延伸到了冲突产生、发展、激化的各个阶段。

虽然在不同的组织中，冲突管理的方法不尽相同，且对于各种方法具体的操作也不完全一致，但冲突管理的方法仍然具有一定的内在一致性。以下总结了若干种主要的冲突管理方法，无论哪种方法都涉及了员工的民主参与。

1. 敞开门。鼓励员工随时报告他们发现的问题，鼓励员工进入冲突管理团队的办公室进行对话和沟通。

2. 监察员。这是组织中专门设置的岗位，独立于其他直线管理部门，可以直接向公司的首席执行官报告和负责。员工可以向监察员倾诉并获取帮助。

3. 电话热线。有两种类型，一是由专门的人员（包括监察员）来接听并解答，二是采取电话留言的方式。

4. 面对面沟通。如果冲突各方愿意，在冲突管理团队的安排下，可以进行直接协商和沟通。

5. 员工顾问。员工顾问是组织的常规雇员，经过培训之后，他可以向冲突各方提出自己的建议。由于员工顾问自身就是组织的成员，因此具有熟悉人员和情况的优势。

6. 程序讨论会议。当以上的方法都无法解决冲突时，本方法将为员工提供下一步如何处理的程序选择。程序讨论会议由一名组织的管理人员、一名员工顾问以及涉及冲突的员工共同参加。

7. 内部调解。通常有两种方式，一是由管理者作为调解员，二是由员工作为调解员。

8. 同行审查小组。同行审查小组由3名员工代表和2名管理者代表共5人组成，负责听取冲突各方的陈述，审查冲突解决情况并得出处理意见。各方如不满意，则进入高管审查或者直接进入外部解决程序。

9. 高管审查小组。高管审查小组由3名或者5名副经理级别的高层管理人员组成，员工可向他们提出申诉，由他们来决定最终的处理意见。各方如不满意，则进入外部解决程序。

10. 外部调解。选择组织外部中立的人员或组织进行调解。

11. 仲裁。如果外部调解仍然无效，双方可以进入仲裁阶段。

12. 法律顾问。如果仲裁仍然无法达成一致，那么冲突各方则寻找法律顾问，准备进行诉讼。

二、国外员工民主参与的一般形式

国外员工民主参与已发展了100多年时间，出现过各种员工民主参与的形式与制度。概括起来说，主要有以下四种形式。

（一）集体谈判

集体谈判是西方国家劳动关系管理的核心制度之一，也是员工通过工会组织参与管理的一种有效手段。西方国家大都通过立法形式规定集体谈判的具体内容、机制与做法，并赋予工会作为员工代表与资方进行谈判的资格。在实际的谈判过程中，会有三个权利主体参与其中，即管理层、工会和政府。管理层代表雇主组织的利益；工会则代表员工的利益；政府在不同国家扮演着不同的角色，但不管政府是直接参与谈判还是间接参与谈判，它扮演的一般都是"中间人"的角色，在劳资双方之间寻找平衡，这是政府作为一种补偿力量而发挥作用。

从员工与工会的角度来看，集体谈判对员工参与管理具有双重作用。一方面，员工与工会要想取得良好的谈判结果，就离不开对企业生产经营和管理状况的深入了解，他们提出任何修正企业现行管理政策的要求，都要有真凭实据，这就要求员工主动参与企业的管理。另一方面，集体谈判也是签订集体合同的实际过程，进而确定劳资双方各自的权利与义务，这也是在为员工自己制定行为准则。因为集体谈判牵涉员工的切身利益，员工大都会为谈判的顺利进行出谋划策。

当前，集体谈判有两种发展趋势，一是谈判范围分散化，职责向基层转移；二是谈判的内容范围不断扩大。西方国家传统上盛行产业或全国一级的集体谈判，这种谈判的社会影响力大，谈判双方都容易从中找到有利于自己的一面，但这种谈判所形成的主要决议经常远离实际生产部门，并最终损害双方的利益。因此，集体谈判便向企业、工厂一级，甚至车间一级发展，全国性集体合同由地方性集体合同进行补充，即地方的工厂和工会就该厂中特定的工作条件进行谈判。在谈判内容方面，过去许多国家集体谈判的内容只限于工资和劳动条件，现在谈判的内容范围扩大了，如工会权利、员工代表权利、参与管理形式、假日和养老金等方面的优惠，大都列入谈判的内容范围，甚至人力资源管理、企业投资及搬迁等过去被认为是资方管理特权的问题也被列入谈判的内容范围。

（二）工人委员会制

在欧洲国家，工人委员会制是一种被广泛采用的形式。从组织上看，工人委员会制基本上分为两种形式：一种是由企业管理者代表和员工代表按人数对等原则组成，类似于劳资联席会议；另一种是由工厂全体员工选出的员工代表组成，不论是否是工会会员都可以当选员工代表。在一些欧洲国家，工人委员会被认为是员工影响企业决策的"双轨体系"的一部分。工会参与到集体谈判和院外活动之中，而工人委员会则在工作场所被赋予更多的权利。1972年，联邦德国通过法律对工人委员会的权利作出规定，包括在人力资源事务上有信息被完全告知的权利，抗议计划中的解雇的权利以及在诸如雇佣、调动、分类和工资结构等问题上提出建议和表示同意的权利等。在很多情况下，工人委员会是其他员工民主参与形式的基础和平台。然而在有些国家，工人委员会并没有达到其最初建立时预期的效果。

（三）员工董事、监事制

员工董事、监事制，即董事会或监事会中的员工代表制度，是公司最高管理机构中的员工参与制度。多数欧洲国家有在董事会层次设立员工代表的法律要求，20世纪欧洲共同体通过了一个草案，要求各成员国在雇员超过1 000人的组织内建立员工董事，作为员工参与的一种模式。在实践中，这种体制可分为一级委员会制（董事会）和两级委员会制（监事会和管委会）两种形式。在德国、荷兰、奥地利，公司一级均设有监事会和管委会两级员工代表制。在其他国家，有的只在公司董事会一级实行员工代表制，还有的只在底层的部门董事会中设有员工董事，员工董事的职责是作为部门管理者的顾问。在各种体制中，员工代表少则1人，多则占到1/3，只有德国按劳资双方人数对等原则组成监事会。员工董事或监事一般由全体员工选举产生，地方工会有的可派代表参加董事会，员工代表有权参加董事会或监事会的各种会议，同股东代表共同行使对企业经营管理、销售、技术、劳动、财务等方面的决策权、监督权和部分人事任免权。

员工董事、监事制的意义在于，员工董事在员工和雇主之间建立了一个结合体，员工董事通过提供他们的观点和经验提高了决策会议的质量和决策的质量，而员工的利益要求也能够更多地在公司决策中得以体现，确保员工对董事会的决策更加认同，并且通过让员工了解管理方的意图来减少劳资冲突，创造一种劳资相互信任的氛围，促进劳资合作。

（四）员工自治小组

员工自治小组是车间和班组一级工作现场的员工直接参与经营管理的一种形式。它是由班组成员自行安排小组计划，决定完成生产任务的方式，并且从事技术改革和质量改进等项工作。与其他形式不同，员工自治小组的参与更直接，员工也被授予更大的责任和权力对工作任务本身作出决策。这种参与形式出现的主要原因是企业生产进一步社会化，并导致生产分工更细，要求员工之间有更多的合作并在完成任务上担负更多的责任。

员工自治小组最具代表性的形式就是质量圈管理。它最初起源于美国，于20世纪50年代传到日本，被日本企业发扬光大，成为日本产品质量提高、生产成本降低的重要原因之一。员工自治小组可以在企业生产经营的许多领域中找到自己的用武之地。这种小组从一定意义上充当了管理者的角色，为员工提供了影响管理者决策和锻炼领导能力的机会。同时，员工在工作现场参与管理也会对管理人员造成一定的压力，促使他们不断提高其管理能力，从而在整体上提高企业的管理水平。

 **延伸阅读**

美国的员工持股计划

自20世纪80时代以来，员工持股计划成为欧美国家普遍实行的一种员工民主参与方式。美国的员工持股计划可以追溯到19世纪末期至20世纪初。早在1882年美国就有一家工厂率先采用员工持股制度。进入20世纪后，包括美国钢铁公司在内的多家公司先后引入了该项制度。这可以视为员工持股计划的雏形。到20世纪20年代之后，员工持股计划在美国开始普及。1929年世界经济危机触发了美国股市的崩溃，员工持股计划也因此受到强烈的冲击，很多企业因此失去了对员工持股计划的兴趣。1950年之后，西方市场经济国家逐渐出现了企业所有权和经营权分离的新趋势，于是一些公司开始对高层管理者、经理和一些白领员工实行股票奖励计划，其目的主要是稳定公司管理人员，鼓励他们关心股东及公司的长期利益。政府也对这类计划在税收上给予了支持。在这种背景下，被称为"员工持股计划之父"的美国投资银行家路易斯·凯尔索于1958年对美国员工持股计划进行了系统的理论阐述。实践中，1958年他通过向自己创办的银行申请贷款，以股票红利作抵押，经过8年多的运作，成功地将《西海岸报》报社72%的股权转移到员工手中，由此诞生了美国第一家员工持股公司。在多方支持下，凯尔索又以自己投资的银行为母体，于1961年组建了员工持股计划发展中心，专门支持员工持股计划的发展。

为了支持员工持股计划的实施，美国联邦政府和各州政府都制定了相关的法律。美国关于员工持股计划的法律有20多部，其中最主要的包括1986年的《税收改革法》、1996年的《小企业就业保护法》和1997年的《纳税人减赋法》，这些法律极大地推动了员工持股计划的推广和应用。

在美国，员工持股计划是一项"特别的"养老金福利计划，员工在退休时得以兑现的股票收益构成员工退休养老金的重要组成部分，并且它可以享受一定的税收优惠。具体划分员工所享有的股份时，要与员工的年薪挂钩进行分配。员工获得股权后，员工所认购的股份不能转让、不能交易、不能继承；这种员工持股不同于一般的上市股票，如果员工在一定期限内离职则被视为放弃其所拥有的该公司的股份。

美国的员工持股计划主要可分为四种类型：已用信贷杠杆型员工持股计划、可用信贷杠杆型员工持股计划、非信贷杠杆型员工持股计划、纳税抵免型员工持股计划。（1）已用信贷杠杆型员工持股计划和可用信贷杠杆型员工持股计划，是美国最典型的员工持股形式。具体做法是，首先设立一个员工持股计划信托基金组织,然后由公司担保,该信托基金组织以实行员工持股计划为名向银行贷款,购买公司股东的部分股票,所购股票由信托基金组织掌管,保留在信托基金组织开设的"悬置账户"中。每年从公司利润中,按照预定比例提取一部分交给员工持股计划信托基金组织,该组织将资金用于归还银行贷款,并相应地冲减"悬置账户"中的股份。同时,相应增加每个员工账户上的股份。(2)非信贷杠杆型员工持股计划,是由公司每年向员工无偿提供一定数额的股票,或员工自己出钱购买股票以实现对公司股份的持有。具体做法是:公司直接将股票交给员工持股计划委员会,委员会为每个员工建立相应的账户。该计划要每年从公司利润中按其掌握的股票分得红利,再用红利归还雇主或公司以股票形式的赊账,赊账偿清后,股票即属员工所有。(3)纳税抵免型员工持股计划,主要是指公司按照参与员工持股计划的全体员工薪水的一定比例,使用税后利润为员工购买本公司的股票。该计划也能享受国家税收上的附加投资减免。

此外,美国还有其他一些特殊的员工持股方式,如允许本公司员工拥有广泛认股权的制度、股票购买计划以及股票奖励计划等。这些方式同上述四种类型的员工持股计划相结合,构成了美国员工持股计划的基本格局。

资料来源:唐鑛,刘兰. 企业劳动关系管理[M]. 2版. 北京:中国人民大学出版社,2017.

 **技能要求**

一、企业民主管理体系的评估内容

对于企业民主管理体系可以从制度建设和权利落实两个方面来进行评估。

在制度建设方面,主要评估企业是否制定并规范通过、发布了本企业各民主管理制度的实施细则,如职工代表大会实施细则、厂务公开实施细则、职工董事及职工监事制度实施细则、冲突管理制度实施细则等。

在权利落实方面，主要是对职工享有的知情权、建议与参与权、审核与否决权、共决权进行评估。知情权是评估企业是否将直接涉及职工切身利益的规章制度和重大事项决定告知职工。建议与参与权是评估职工是否能够听取和审议本企业关于生产经营发展规划、技术引进、基本建设等重大事项，以及改制、重组裁员实施方案和财务预决算等情况的报告，并提出意见和建议。审核与否决权是评估职工是否能够审议通过本企业有自主决定权的工资调整、奖金分配、生活福利方案等。共决权是评估职工是否能够讨论并与企业协商确定本企业有自主决定权的有关劳动报酬、工作时间、休息休假、劳动安全卫生、保险福利、职工培训、劳动纪律以及劳动定额管理等直接涉及职工切身利益的规章制度或者重大事项，甚至是企业的经营决定等。

二、员工民主参与的衡量尺度

作为企业劳动关系双方合作的理想形式，员工民主参与管理对企业的经营管理和业绩发展都会产生重要的影响。也就是说，企业管理者在作出决策时，主动邀请员工和工会参与决策，考虑员工和工会方面的意见和立场，会让后者具有更强烈的主人翁意识，这样可以保证在实施决策的过程中和企业实际工作中员工具有更强的责任心。在实践中，员工民主参与管理的实施可以表现在两个层面上。在宏观层面上，员工以集体形式参与，主要通过工会和员工代表与管理者进行企业管理上的合作；在微观层面上，员工的参与状况主要取决于管理者选用的管理方式以及国家法律、法规的要求等。这就是说，员工的参与状况在不同的国家和不同的企业会有很大的差别。衡量这些差别的尺度主要有五种。

（一）参与过程的类型

参与过程的类型有三种衡量标准：①员工的参与是被迫的还是自愿的。在国家规定并要求员工与管理者共同决策和共同管理的情况下，这类参与往往就是被迫的。自愿的参与则是如下情形：管理者提出员工参与的要求，员工自愿接受这种要求。②员工的参与是正式的还是非正式的。正式的参与是指要建立管理者与员工共同管理的委员会，而非正式的参与则是基于管理者与员工之间的合约和协定。员工参与的发展趋势是正式的参与。③员工的参与是直接的还是间接的。直接的参与是通过有许多员工参加的正式会议来进行共同决策；而间接的参与则是通过选举代表，由代表成立的理事会来共同决策。需要指出的是，以上三种衡量标准并不是彼此独立的或互不相关的，而是相互联系的。一般来说，被迫的参与倾向于是正式的和间接的参与，而自愿的参与则倾向于是非正式的和直接的参与。

（二）参与度

员工参与度的变化范围可以从无参与到员工完全控制。具体来说，可以分成四种情况。①无参与。尽管员工不参与共同管理，但管理者对于决策和管理的有关信息可以采取两种不同的态度。一种是完全不透露任何有关决策和管理的具体信息，另一种是管理者事先向员工提供关于决策和管理的详细信息。②不同程度的磋商。这又可以分成两种情况。第一种情况是在管理者作出决策之前，会就有关问题向员工作出解释，并征求员工的意见，然后管理者独立地作出决策。第二种情况是管理者不但向员工征求意见，而且在自己的最终决策中充分反映员工的意见。③联合或共同决策。员工与管理者共同对有关问题进行分析，并共同作出决策或决定。一般来说，在联合或共同决策的情况下，员工与管理者对最终决策的形成具有同样大的影响力。④员工完全控制。这是指员工班组中的某个人或某些人被赋予对有关他们自己的问题进行管理的权力，管理者在非例外的情况下不得干预。

（三）参与管理的内容

员工参与管理的内容也是衡量参与状况的重要指标。员工参与管理的内容可以分成三类。①工作层面的问题和工作条件，其中包括任务分配、工作方法、工作程序设计、工作目标、工作速度、工作时间、休息时间、设备的安置以及工作安全等。②决策层面的有关问题，其中主要有雇用和解雇、培训和激励、工作纪律与工作评估、工资发放与意外事故补偿及其标准等。③企业层面或企业战略层面问题，其中包括企业人员的雇用与使用、利润分成与财务计划、产品发展与市场营销、资本投资与股票分红、产品选择、工厂选址和投资等。必须指出的是，在大多数情况下，员工参与管理的内容主要涉及前两个层面的问题，只有在极少数情况下，员工才参与管理涉及企业层面，尤其是企业战略层面的问题。

（四）管理阶段的参与度

一般来说，全面的管理要经过如下阶段：①发现问题，即通过各种途径发现问题的存在，而且这些问题是企业重要的问题，需要通过加强管理来加以解决。②收集信息，也就是要了解已经发现的问题的症结所在，并针对症结收集相关信息。③寻找解决办法，即针对发现的问题，依靠收集的信息，寻找解决问题的各种办法。④评估解决办法，即针对不同的解决办法，鉴别其优缺点，评估其代价和效果。⑤选择解决办法，即在上述评估的基础上，选择最好的办法。⑥实施解决办法，也就是要将选择好的解决办法在企业管理实践中加以施行。可以看出，员工在上述各个阶段的参与程度不同，其在总体上的参与状况就会大不一样。员工在有些阶段的参与是非常有效的，在有些阶段的参与则不一定有效。比如，对于企业战略层面的问题，员工在搜集信息和实施解决办法这两个阶段的参与就不一定有效；而对于工作层面和工作条件的问题，员工在上述两个阶段的参与就是十分有效的。

（五）对参与管理的原始态度

企业管理的员工参与状况与管理者和员工双方对参与管理的原始态度也是密切相关的。如果双方是以一种合作的态度和公开交流的方式来加强企业的管理，寻找解决各种问题的办法，那么员工参与的结果就是积极的，最终会有助于企业管理的有效开展，并且有助于各种问题的及时解决，从而实现真正的企业劳动关系双方的合作；如果双方是以一种敌对的态度、封闭的或有保留的交流方式来开展企业管理方面的合作，寻找解决问题的办法，那么员工参与的结果就是被动的，这样，就很难促进企业管理的有效开展，也很难推动问题的有效解决，从而很难实现真正意义上的企业劳动关系双方的合作。

相关法律法规

1. 《企业民主管理规定》
2. 《中华人民共和国劳动法》
3. 《中华人民共和国工会法》
4. 《中华人民共和国劳动合同法》
5. 《中华人民共和国劳动争议调解仲裁法》
6. 《企业工会工作条例》

复习思考题

1. 简述劳企协商决定事项落实情况评估的实施方式。
2. 简述劳动关系氛围的维度和测量。
3. 如何构建和谐的企业劳动关系氛围？
4. 职工代表大会决议的主要落实途径有哪些？
5. 简述撰写厂务公开分析报告的注意事项。
6. 简述职工董事、职工监事的权利与义务。
7. 简述职工董事、职工监事的工作程序。
8. 简述冲突管理的方法。
9. 简述国外员工民主参与的一般形式。
10. 简述员工民主参与的衡量尺度。

案例分析题

洋高管盛赞中国企业民主管理

"我曾在法国的企业从事管理工作,但我认为,A公司的民主管理方式更加合理,它有效地调动了职工的工作积极性和创造性,有力地推动了企业的发展。这种民主管理不是形式上的、程序上的,而是融入了企业管理制度之中,成为管理者的自觉行动与公司的企业文化,是以人为本的真正体现。"2012年7月24日,某省深化创新厂务公开民主管理工作会在B汽车公司总部召开。会上,A公司总经理、法国C集团高管毕某盛赞企业的民主管理。

A公司是B汽车公司与法国C集团合资成立的汽车生产企业,历经了20年的发展。2006年12月,A公司召开了一届一次职工代表大会,正式开始了民主管理工作的进程。

毕某认为A公司的职工代表大会有三个显著特点。一是保证了职工代表的参与权。明确代表中既要有中方职工,又要有法方职工,保证中法双方职工代表共同享有参与管理的权利。二是职工代表大会有很高的权威。A公司坚持每年召开职工代表大会。职工代表听取总经理工作报告和职能部门涉及职工切身利益的专项报告。职工代表大会开展征集职工提案活动,并形成提案工作报告,接受全体职工代表的监督。三是履行维护职能。2012年A公司的职工代表大会讨论审议了薪酬制度,并制定了A公司女职工专项集体合同、职业安全卫生专项集体合同,充分保障了职工的合法权益。

毕某介绍说,A公司决定从2012年8月开始组织总经理与职工代表恳谈会,他本人也会参加,希望进一步促进公司的民主管理工作。

资料来源:2012年8月2日《工人日报》(内容经过编辑)。

请思考:我国的职工民主管理制度和国外相关制度相比有何特色?

第六章 劳动争议处理

 **学习目标**

1. 掌握劳动争议预防机制的概念，熟悉建立劳动争议预防机制的措施。

2. 了解员工支持计划的主要模式、干预模型，熟悉员工支持计划项目的效果评估。

3. 掌握劳动争议协商与调解的区别，熟悉劳动争议处理方式的选择。

4. 掌握劳动争议调解与仲裁以及调解与诉讼的衔接，了解支付令的申请和处理。

5. 掌握劳动争议一裁终局的特别规定，了解劳动争议仲裁案件的简易处理。

6. 了解仲裁建议书的效力和作用，熟悉劳动争议仲裁制度的创新。

7. 熟悉劳动争议案件的强制执行，了解司法建议书的效力和作用。

8. 掌握劳动关系重大事件的类型以及应对处理措施。

9. 熟悉冲突管理系统的制度设计和程序设计。

第一节 劳动争议的预防

知识要求

一、劳动争议预防机制的概念

根据我国构建和谐劳动关系的要求和"预防为主、基层为主、调解为主"的工作方针,劳动争议预防无疑是劳动争议处理的第一道防线。事前主动预防劳动争议,而不是事后耗费庞大的资源和巨大的代价来应对劳动争议,是一种高效选择,有利于降低经济、司法和社会成本。劳动争议预防机制是指针对劳动争议预先防范而采取一系列措施,由这些措施共同构成并相互作用形成的一个系统。

劳动争议从产生到最终形成,以意见、矛盾、摩擦、冲突、个体争议与群体争议等形态表现出来。劳动关系协调员要善于从现象和形态中寻找机会,通过劳动关系调整机制使劳动争议从有形转化为无形,化解破坏和谐劳动关系的直接动因。劳动争议事前预防就是依据劳动合同、集体合同、企业劳动规章等来调整劳动关系,监督检查劳动合同、集体合同等执行与落实情况,对涉及职工切身利益的事项跟踪监督检查,通过职工代表大会、厂务公开等形式明确职工关心的热点、难点、焦点和重点问题,营造良好的劳动生产环境。实践表明,劳动争议预防是实现"矛盾转化"的有效途径。

二、劳动争议预防机制存在的问题

实践中,劳动争议预防机制具有普遍存在的共性问题,而更多的是不同规模、不同所有制性质的企业呈现出的差异化问题。

(一)中小微企业合法用工机制不健全,劳动规章制度有待完善

企业劳动规章制度是企业建立合法用工机制的重要手段,也

是企业调整劳动关系的基本规范之一，在企业协调劳动关系中发挥着重要作用。《劳动合同法》实施后，企业纷纷开始重视建立健全劳动规章制度，加强用工的规范管理。大型国有企业已基本建立了较为完善的劳动规章制度，而对于绝大多数中小微企业来讲，劳动关系问题仍然是其管理难题和薄弱环节之一。

尽管劳动合同制度推行多年，仍有部分中小微企业存在劳动合同制度不健全的问题，有的企业不及时与劳动者签订劳动合同，对于劳动报酬、工作时间、绩效提成等往往通过口头方式约定；有的企业签订的劳动合同不规范、内容不齐全、手续不合理、约定内容不明确。除此以外，企业的其他人力资源管理规章制度也不健全，无法细致全面地规范职工行为，从而导致处理职工违纪行为或解除劳动合同时企业相关部门举证不充分、理由不合理。一旦双方的信任关系破裂，由于缺乏书面规定明确双方的权利、义务和行为规范，双方自行协商解决纠纷的基础和空间都较为缺乏，导致企业无法从源头上控制用工法律风险。

有些中小微企业虽然建立了劳动规章制度，但并没有将其纳入劳动法律框架中进行统筹梳理和合法性审查，未及时根据法律、法规的修订对其劳动规章制度进行调整或修订，在对不胜任工作的界定和证据留存方面，或者片面强调企业权利和职工义务，严重侵害职工的合法权益方面，如对女职工的生育权进行限制，要求职工工伤自理，让职工签署自愿不缴纳社会保险费的承诺等出现问题。有些企业在制定劳动规章制度时，并没有按照法律规定征求企业工会和职工代表的意见和建议，也没有对劳动规章制度进行公示，如果劳动规章制度与法律、法规相悖，缺乏"外部效力"，一旦劳动关系双方发生争议，企业必将面临败诉的法律风险。

（二）不同企业的沟通协商机制差异明显，难以做到双方平等对话

企业民主管理制度是建立劳动关系双方沟通协商机制的重要手段，是劳动关系双方沟通对话以及职工参与企业管理的重要渠

道。根据《企业民主管理规定》，我国目前企业民主管理制度的法定形式主要有职工代表大会制度、厂务公开制度、职工董事和职工监事制度等。尽管有些国有企业民主管理制度较为完备，但在实践中不少制度流于形式，发挥作用有限，实施效果有待提高。已签订的集体合同存在内容较为原则，甚至照抄法律条文，质量不高，缺乏针对性和可操作性的问题。此外，有些国有企业的民主管理方式比较单一或匮乏，采用的基本都是职工代表大会、职工董事和职工监事等间接参与的方式，存在参与人数有限、影响力小的缺点。有些民营企业的民主管理制度化程度不高，随意性较强。民营企业建立正式民主管理制度的比例偏低，其民主管理更多是一种制度外的非正式方式，随意性较大，而且存在较明显的地域和行业分化。

（三）职工申诉管理机制普遍缺失，职工申诉渠道不畅通

职工的不满情绪和抱怨行为是各种类型企业内最常见的问题，严重时甚至会引起整个企业内部的劳动关系紧张。而我国企业人力资源管理部门的传统职能中缺乏与职工正式的沟通渠道。大部分企业并没有关于如何通过正常渠道表达不满的规定。在职工出现不满而企业没有正式制度安排的情况下，只有主动性强、个性突出的职工才会通过非正式的方式向人力资源管理部门或关系较好的上级寻求帮助；而大多数职工会先选择忍耐，等不满累积到一定程度时，要么演化成激烈的劳动关系冲突，要么职工选择离职寻求新的工作环境。对企业而言，缺失能够及时发现管理者能力缺陷、管理权不当使用、规章制度不合理等工作场所管理问题的重要信息来源，会使事态继续恶化。

（四）劳动关系预警机制建设薄弱，预警作用不足

企业劳动争议预警机制是企业内部通过运用各种措施，及时掌握本企业劳动关系状况，了解可能产生劳动争议的诱因，将矛盾化解在萌芽状态的劳动关系协调机制。实践证明，预警机制对企业劳动争议，尤其是一些集体争议的预防和处理产生了积极作用。

然而，目前国内对于劳动关系预警机制主要还处在主观和定性研究阶段，在实际工作中尚处于探索性的尝试状态，仍有很多不成熟的地方，如预警信息系统不畅通、预警制度不健全等。尤其突出的问题是尚未建立起一套适合我国现实国情的预警指标体系，导致报送信息范围不明确，预警作用还停留在政策文件的层面，落实比较困难。

三、员工支持计划的主要模式

员工支持计划（EAP）常见的模式主要有四种，分别是以内部管理为基础的内部员工支持计划模式、以契约为基础的外部员工支持计划模式、以资源共享为基础的联合员工支持计划模式、以专业化和灵活性相结合的内外结合员工支持计划模式。

（一）内部员工支持计划模式

内部员工支持计划模式是指组织内部设置专门的员工支持计划部门或在某些部门设置专门的员工支持计划岗位，由组织内部的专职人员负责员工支持计划项目的策划，并为员工实施培训、心理咨询等服务。组织或者招聘相关专业的人员专职负责员工支持计划，或者通过培养的方式将员工培养成为员工支持计划专业人员。美国在员工支持计划发展的初期，基本都采用这种服务模式，但目前逐渐转为外部员工支持计划模式。

（二）外部员工支持计划模式

外部员工支持计划模式是指组织将员工支持计划项目外包，完全由外部的员工支持计划专业机构或具有心理咨询相关知识经验的专业人员为员工提供员工支持计划服务。近年来，西方国家的中小企业越来越多地采用这种模式，我国的大多数企业也采用这种模式来为员工提供员工支持计划服务。

（三）联合员工支持计划模式

联合员工支持计划模式是指由多个组织联合成立一个专门提供员工支持计划的服务机构，在该机构中配备专职的员工支持计划专业人员为员工提供服务。这种模式一般适用于具有长期合作关系的企业之间。

(四)内外结合员工支持计划模式

内外结合员工支持计划模式是指组织内部的员工支持计划实施部门和外部的员工支持计划专业机构联合,共同为组织提供员工支持计划服务。实践证明,对于人数超过 5 000 人的大型组织来讲,这种模式是最理想的,既能保证员工支持计划服务人员的专业性、员工的信任度,同时组织内的员工支持计划专业人员由于充分了解组织内部的实际情况,能够协助设计服务方案,推进项目的进度,并对质量进行监督。

当组织决定导入员工支持计划项目时,如何选择最适合的员工支持计划模式,则需要从组织本身的实际情况、实施部门的人员配置、组织规模以及对员工支持计划的定位等多方面进行考虑。但无论采用哪种模式,都应该保证服务的专业性、便捷性和保密性,以期达到员工支持计划的效果,让员工相信并愿意使用员工支持计划。

四、员工支持计划的干预模型

员工支持计划的干预模型分为一级干预、二级干预和三级干预(见图 6-1)。

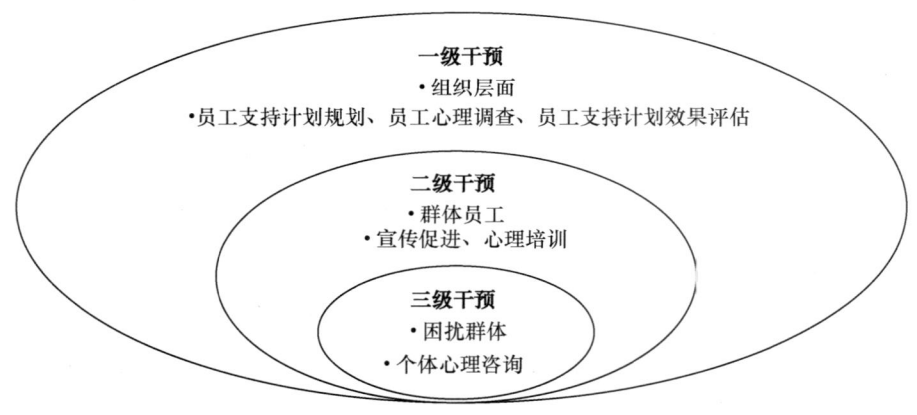

图 6-1 员工支持计划的干预模型

一级干预是组织层面的干预,主要通过对员工支持计划项目的理念宣传、一般技能的学习进行干预。具体实施方法有员工支持计划规划、员工心理调查和员工支持计划效果评估,目的在于帮助企业和员工更好地接受和信任员工支持计划项目，培养自觉参与的意识，使员工支持计划项目具有可发展性。

二级干预的主要对象是群体员工，可以聚焦于某个部门、某个岗位、某个职级或是某个年龄段的某个特定群体。二级干预在确定目标后，提供的是有针对性的主动干预。干预手段以心理培训为主，对员工支持计划项目的理念进行深入推广，干预结果具有预防性和应用性。

三级干预是在二级干预的基础上，锁定有严重心理问题的困扰群体，为其提供个体心理咨询等帮助措施，目的在于发现组织中的危机并进行干预，以问题的解决为导向。

 **技能要求**

一、劳动争议预防机制的参与主体

劳动争议预防机制的建立是一项社会化的复杂系统工程，需要诸多参与主体的共同配合、协作才能完成。

（一）职工代表大会和基层工会组织

企业可以通过职工代表大会和基层工会组织实现民主管理，以此来保障职工充分行使民主权利，调动职工的积极性和创造性，从而预防企业内部劳动争议的发生。实践证明，提高劳动者的民主参与程度，加强劳动关系双方的沟通，可以减少劳动关系双方出现认知偏差的情况，这对预防劳动争议具有积极作用。

（二）企业的行政部门和党团组织

企业的行政部门基本上呈现为三个层级：高层行政部门、中层行政部门和基层行政部门。高层行政部门预防劳动争议的重点应是那些关系到职工最基本的生存需求、影响企业外部形象以及涉及企业职工人数和部门较多的劳动争议。中层行政部门预防的面较广，既包括因行使本部门职权引起的劳动争议，也包括因本部门行使职权与其他同级部门行使职权产生矛盾引起的劳动争议。基层行政部门预防的重点是人际劳动争议、偶然劳动争议和个别劳动争议，一般表现为因考勤、休假、等级考核等引起的劳动争议。企业党团组织的主要任务是凝聚广大职工力量，推进企业改革发展，带动职工实现企业物质文明和精神文明的双重发展。

（三）地方劳动行政部门和地方工会

在化解劳动争议的过程中，政府在三方关系中起着举足轻重的作用。政府既是法律的执行者，也是劳动关系双方的协调者。地方劳动行政部门应当加强监督并鼓励劳动关系规范运行，提高企业内部协调劳动关系的能力和效率。工会在三方关系中的地位也不容忽视。地方工会应当发挥自己的优势和作用，积极整合利用各种社会资源，促进企业履行社会责任，不断提高劳动者的维权意识和维权能力。

二、建立劳动争议预防机制的措施

只有政府、企业等主体共同努力，建立包括合法用工、劳资沟通、员工申诉、劳动关系预警在内的系统性预防机制，持续推进其中每一项具体制度的建设和创新，提升企业预防劳动争议的意识和能力，才能真正实现劳动争议的源头治理，构建和谐劳动关系。

（一）坚持合法用工

政府通过不断完善劳动法律法规，试图均衡劳动关系各方利益。政府还可以通过工作指南和示范文本的方式，指导企业依法制定和完善劳动规章制度，在此基础上，加大对企业违法用工的惩处力度，严格督查企业执法情况。同时，政府应当加大提供信息咨询、建议指导和培训服务的力度，避免劳动关系双方因对政策法规不了解导致错误决策引发纠纷。

企业应当对照劳动法律法规的相关要求，普遍建立起劳动合同制度、用工制度、绩效薪酬管理制度、考勤奖惩制度等，并明确、细化相应的管理制度要求，尤其是对违纪职工处罚的具体细化和量化。我国现行劳动法律法规对违纪行为的规定并没有作出具体列举，这就需要企业根据不同岗位的要求将其细化和量化。凡是法律规定的程序，企业在管理制度中一定要在流程中体现出来。例如，法律规定企业解除劳动合同应当通知工会，企业在解雇流程中就一定要符合法律规定的程序；法律规定，企业经济性裁员应当提前30天向工会或职工说明情况，听取意见，企业实施经济性裁员时就只能经过预先告知程序"闪电裁人"。

（二）加强劳资沟通

实践证明，劳动争议的产生固然有其根源性的劳动关系双方利益不一致的原因，但现实中争议的发生很大程度上都是由劳动者和用人单位之间的沟通不畅引发的。劳资沟通是劳动者和用人单位双方为达成意思一致而采用的交流形式，可以采用各种正式沟通、非正式沟通、上行沟通、下行沟通等不同的形式。

沟通的方式方法正在发生巨大变化，政府应当鼓励企业根据自身实际情况和职工特点，创新民主沟通对话的方式方法，以职工喜闻乐见、便于参与的形式和方法，提高职工对企业政策的认知度和信任度，促进和谐合作、互利双赢的劳动关系。例如，通过共同协商，企业在制定政策前，实行先征求职工意见的决策机制，甚至通过网络手段让全体职工共同参与；通过建议方案，企业鼓励职工提出建议，对那些主动提交有价值的建议方案的员工给予奖励，扩大成功建议方案的影响力；由全体职工或职工代表和管理方代表以座谈会的方式进行民主恳谈，恳谈内容一般是涉及职工切身利益的事项，或者是涉及企业管理和发展方面的问题。

（三）畅通员工申诉渠道

通过政府立法或政策导向，明确企业内部申诉处理规则及程序，将申诉机制确定为企业内部劳动争议处理的制度安排，为处理劳动关系双方之间的纠纷、分歧和不满提供有效途径，使劳动关系双方可以通过正式的、事先安排好的机制澄清纠纷，寻求劳动争议内部迅速解决之道。这不仅有利于发挥人力资源管理部门和工会在处理纠纷中的作用，而且能增进劳动关系双方自治，使其学习相互协商解决问题之道。畅通员工申诉渠道可以弥补职工代表大会、厂务公开等传统机制覆盖面较窄的短板。

劳动争议产生的大部分原因都与企业的人力资源管理政策及

其宣传和执行有关。人力资源管理部门作为上述政策的主要制定者、宣传者和执行者，在企业和职工的沟通中具有得天独厚的优势，容易获得双方的信任，同时由于其掌握一定的企业资源和权力，能够有效预防部分劳动争议，因此，职工愿意在发生劳动争议时向人力资源管理部门提出申诉要求。

（四）建立劳动关系预警系统

政府应加大对劳动关系预警系统的研究投入，包括建立一套科学合理的预警指标体系，规划职责明确的预警组织架构，设置运转流程的信息报送路径，指定能够有效发挥作用的预警主体，并根据预警指标体系的要求，搜集信息，找到劳动关系稳定的临界点，提前介入，采取措施，降低风险，从而使劳动关系预警系统真正发挥预警作用。

同时，企业自身也应当在工作中不断探索，立足自身实际，用好自身资源。企业可以尝试令其人力资源管理部门在预警机制中发挥更大的作用，因为导致劳动争议发生的因素主要是劳动报酬、社会保险、工时休假、劳动合同等，而这些事项是由人力资源管理部门日常主导的。结合企业组织架构完善信息报送系统，建立分级预警机制，包括明确报送指标以及不同层面的报送渠道和程序。更重要的是定期审视人力资源管理相关制度的合理性，从各个方面，特别是从同类企业中收集劳动争议典型案例，吸取教训，不断完善劳动争议预防内部管理。同时在企业内部加强宣传教育，提高企业各层级管理者对劳动争议预防的重视程度，在日常管理中及时消除职工的疑虑或不满，公平公正对待职工，提高管理水平。

三、员工支持计划项目的效果评估

员工支持计划项目的效果评估是指通过科学的方法对员工支持计划项目能为企业和员工带来的效果，或者说是在多大程度上实现了预先设定的目标进行客观的评价。效果评估不仅提供一个机会让使用员工支持计划的企业看到投资得到了很好的回报，而且有助于体现员工支持计划的价值，使它受到更多人的关注。由于员工支持计划服务对象和内容具有多样性，我们需要从多个角度来评估员工支持计划是否有效以及如何有效。

（一）员工对员工支持计划项目满意度的评估

在一个项目实施之后，对其使用情况和满意度进行评估，能够帮助工作人员考察该项目是否为员工所接受，这也是一个项目能够得到持续推广的首要条件。同样，对于员工支持计划而言，对使用率和满意度的评估是一个不可或缺的过程。员工支持计划的使用情况和员工满意度是指员工对员工支持计划的使用情况以及对他们所接受的服务是否满意。其评估指标包括：员工支持计划服务的便捷性、及时性，员工支持计划的使用率，一般员工对员工支持计划的满意度，管理者对员工支持计划的满意度等。

（二）员工个人改变的评估

员工支持计划发展至今，尽管它的服务范围不断扩大，但其首要作用仍是帮助员工解决自身问题。如果员工支持计划确实可以为那些需要帮助的员工解决困难，帮助企业处理特殊员工的心理问题，那便可以证明员工支持计划的效果和使用价值。员工支持计划对员工的影响主要是指在使用了它提供的各种服务后，员工自身的情绪、态度、能力和行为发生了哪些改变。

在我国，员工对于酒精和药品的依赖并不多，更多的是存在单纯的个人或家庭心理问题，所以员工支持计划对于解决这类问题的效果相比而言可能不够明显。尽管如此，国内已使用员工支持计划的企业仍纷纷表示多数使用者在心理问题方面得到了改善，这证明了员工支持计划也能给我国员工带来个人改变。由于员工心理问题的恶化可能会给企业造成经济和企业形象上的极大威胁，那么为员工提供员工支持计划服务用以改变其个人心理与行为，将是企业主动应对员工压力、主动避免风险的一种正确途径。

（三）组织层面改变的评估

员工支持计划对组织运行的影响是指员工支持计划在组织内的实施是否为组织带来了实际的改变。对组织层面改变的评估分为硬性指标（如生产率、产品质量、缺勤率、员工赔偿、招聘及培训费用等）和软性指标（如人际冲突、工作满意度、组织氛围等）。

在大多数员工支持计划的定义中，都将组织层面的改变（如提高组织绩效）作为其中一个重要的目标，并认为员工支持计划通过对员工减压，可以降低员工的缺勤率，改善企业工作氛围，从而使企业生产效率获得较大的提升。有相当多的研究也发现，绩效指标并未随着员工支持计划的引入而发生变化，这是因为随着员工支持计划服务范围的扩大，员工不再是单纯因为酒精等物质依赖问题而寻求帮助，多数求助的员工是因个人或家庭问题导致的心理困扰而寻求帮助，即使其心理困扰得到解决，也不会像解决严重的酗酒问题那样，使得该员工的工作绩效发生大幅的改变，这样员工支持计划的评估者就无法在组织层面上察觉。同时，员工支持计划的介入可能会使潜在问题在变得更严重之前就获得了解决，这对于员工支持计划的使用者来说，无法保证如果其没有接受员工支持计划服务，将会出现怎样的后果，进而也就无法通过比较来获得员工支持计划对于组织真实的作用。因此，针对员工支持计划对组织层面改变所起的作用，企业需要清醒地加以认识，需要及时纠正这一误区，即并不是在所有情况下员工支持计划的引入都能带来组织层面上的各类变化。

综上所述，员工支持计划在员工使用率及满意度、员工个人问题解决上都具有较为明显的作用，而在组织层面改变的效果上则并不明显。

第六章 劳动争议处理

第二节 劳动争议的协商和调解

第一单元 劳动争议协商

 **知识要求**

一、劳动争议协商的作用

（一）快速解决劳动争议

劳动争议协商并非解决劳动争议的必经程序，选择协商并达成和解协议都必须基于劳动争议双方当事人的自愿。劳动争议发生后，当事人可以在完全自愿的基础上，通过互谅互让，达成一个双方都愿意接受的和解协议，然后分别履行协议的内容。以协商的方式处理劳动争议，有利于构建和谐的劳动关系，有利于纠纷的迅速解决。由于以协商的方式解决劳动争议，通常没有第三方的参与，不需要经过他人调解，也不需要经过仲裁和诉讼程序，这样可以大大节省争议双方的时间、财力和精力。

（二）引起时效中断

《最高人民法院关于审理劳动争议案件适用法律若干问题的解释（二）》第一条第（三）项规定："劳动关系解除或者终止后产生的支付工资、经济补偿金、福利待遇等争议，劳动者能够证明用人单位承诺支付的时间为解除或者终止劳动关系后的具体日期的，用人单位承诺支付之日为劳动争议发生之日。"如果用人单位与劳动者因工资争议达成和解协议，用人单位又不履行和解协议的，时效就应从和解协议约定的履行日期开始计算，而不再从劳动争议发生之日起计算。《劳动争议调解仲裁法》第二十七条也规定："仲裁时效，因当事人一方向对方当事人主张权利，或者向有关部门请求权利救济，或者对方当事人同意履行义务而中断。从中断时起，仲裁时效期间重新计算。"当事人就劳动争议进行协商,就是"向对方当事人主张权利"的证明。双方当事人通过协商达成和解协议,就是"对方当事人同意履行义务"的最好的证明。因此,劳动争议双方当事人进行协商,无论是否达成和解协议,都将导致时效的中断。

(三) 转化争议性质

《最高人民法院关于审理劳动争议案件适用法律若干问题的解释(二)》第三条规定:"劳动者以用人单位的工资欠条为证据直接向人民法院起诉,诉讼请求不涉及劳动关系其他争议的,视为拖欠劳动报酬争议,按照普通民事纠纷受理。"因此,用人单位与劳动者因工资产生争议,通过协商达成和解协议,用人单位为劳动者提供欠条的,如果用人单位又不履行和解协议,劳动者可以持欠条直接向人民法院起诉。这样一来,原来的劳动争议就直接转化为普通民事争议。争议性质的转变将带来两个法律后果:一是劳动者可以越过劳动争议仲裁前置程序,直接按照普通债权债务关系向人民法院起诉;二是时效不再是《劳动争议调解仲裁法》规定的一年,而是自2021年1月1日施行的《民法典》规定的三年。

(四) 和解协议可以作为证据使用

《企业劳动争议协商调解规定》第十一条规定:"协商达成一致,应当签订书面和解协议。和解协议对双方当事人具有约束力,当事人应当履行。经仲裁庭审查,和解协议程序和内容合法有效的,仲裁庭可以将其作为证据使用。但是,当事人为达成和解的目的作出妥协所涉及的对争议事实的认可,不得在其后的仲裁中作为对其不利的证据。"由此可见,双方当事人通过协商达成的和解协议,在劳动争议仲裁庭审阶段是可以作为证据使用的。

二、劳动争议协商与调解的区别

协商是指发生劳动争议的双方当事人在平等自愿的基础上,通过自行协商,或请工会或第三方与用人单位进行协商,达成和解协议的一种争议解决方式。即使在劳动争议进入到仲裁或诉讼阶段,当事人仍然可以通过协商的方式解决劳动争议。同样,广义的调解不仅包括劳动争议的基层调解，还包括仲裁中的调解和诉讼中的调解。

虽然协商与调解都是双方当事人在自愿协商下解决劳动争议的方式，但是二者也存在很多不同之处。协商与调解的区别主要体现在四个方面。

（一）主持的主体不同

协商是在没有第三人参与的情况下，双方当事人自行沟通，在互谅互让、平等自愿的基础上对原纠纷作出的妥协性处理；而调解则有第三方的参与，在第三方主导下就争议事项达成一致意见。这个第三方可能是基层调解组织；在劳动争议仲裁或者诉讼阶段，主持调解的第三方则是仲裁庭或者法庭。

（二）启动的方式不同

协商可能在劳动争议产生之初，当事人自愿进行，即使劳动争议案件进入调解、仲裁或者诉讼阶段，当事人仍可以选择协商解决劳动争议。调解由于有第三方的参与，除了当事人自己具有调解意愿外，还需向第三方申请。当然在劳动争议的仲裁或者诉讼阶段，仲裁庭或法庭在作出裁判结论以前，应当主动询问当事人是否有调解意愿，并根据当事人的意愿来决定是否开展调解活动。

（三）结案方式不同

当事人就争议事项协商一致，可以签订和解协议；当事人在第三方主持下就争议事项达成一致意见，可以签订调解协议。如果案件进入仲裁或诉讼程序，当事人双方协商解决劳动争议的，通常由申请人或原告撤回仲裁申请或撤诉，使得该劳动争议案件得以结案。如果当事人在仲裁庭或者法庭的主持下达成调解协议，则以仲裁庭或法庭出具调解书并由双方签字确认的方式结案。

（四）协议效力不同

当事人就争议事项协商一致签订的和解协议，始终都不具有法律上强制执行的效力，在后续的争议解决程序中，这个协议可以作为证据使用。当事人通过调解签署的调解协议，则应区别对待，在基层调解组织主持下达成的调解协议，也不具有法律上强制执行的效力，但是在仲裁庭和法庭主持下达成的调解协议，其效力则等同于裁决书或判决书。

 **技能要求**

一、劳动争议处理方式的选择

（一）可供选择的劳动争议处理方式

劳动争议协商、调解、仲裁和诉讼是我国解决劳动争议纠纷的四种方式。

在我国的具体实践中，一个典型的劳动争议案件可能要经过多个程序：劳动争议协商和解程序、调解程序、仲裁程序，不服劳动争议仲裁裁决向人民法院起诉的一审程序，以及不服一审的上诉二审程序。

根据《劳动争议调解仲裁法》第五条的规定，发生劳动争议，当事人不愿协商、协商不成或者达成和解协议后不履行的，可以向调解组织申请调解；不愿调解、调解不成或者达成调解协议后不履行的，可以向劳动争议仲裁委员会申请仲裁；对仲裁裁决不服的，除本法另有规定的外，可以向人民法院提起诉讼。其中，劳动仲裁是诉讼的前置程序和必经程序，只有对仲裁裁决不服时才可向人民法院提起诉讼，这种制度也被称为"一调一裁二审"或"先裁后审"。

同时，《企业劳动争议协商调解规定》第十二条做了更详细的规定："发生劳动争议，当事人不愿协商、协商不成或者达成和解协议后，一方当事人在约定的期限内不履行和解协议的，可以依法向调解委员会或者乡镇、街道劳动就业社会保障服务所（中心）等其他依法设立的调解组织申请调解，也可以依法向劳动人事争议仲裁委员会（以下简称仲裁委员会）申请仲裁。"

由此可见，在我国现行劳动争议处理体制下，可供选择的劳动争议处理方式有协商、调解和仲裁。

（二）影响劳动争议处理方式选择的因素

1. 劳动争议双方的力量对比

除了劳动争议当事人申请仲裁无须取得对方当事人同意外，选择协商或调解的方式解决劳动争议的，均需要对方当事人的同意和配合，才能进行下去。

劳动争议发生在劳动者与用人单位之间，他们的力量对比容易影响彼此对争议处理的决策。受劳动关系隶属性特征的影响，用人单位作为劳动者的雇佣者和管理者的身份，决定了劳动者无法克服其对用人单位的依赖，而劳动者的经济弱势通常使劳动者更希望维持稳定的劳动关系。用人单位有可能利用自身的权力和经济上的优势地位迫使劳动者屈从于己方的解决方式，而不理会劳动者的意见要求。然而劳动者一方的力量也可能通过团结而得到增强。例如在集体劳动争议中，劳动者一方的力量会更强而更有发言权。当然实践中也有个别地位较有优势的劳动者，在选择劳动争议处理方式时会享有更多的主动权。

2. 争议的类型

相对于处理个别劳动争议时可以选择协商、调解、仲裁等处理方式的情况，集体劳动争议处理方式的选择则会受到一些限制。

集体劳动争议产生后，协商是最快捷的解决纠纷的方式，虽然法律并未强制规定所有集体劳动争议都必须通过协商途径，但协商是争议双方基于相互信任，在自愿的基础上对争议事宜达成和解的一种快捷方式，具有很大的灵活性，能够降低处理集体劳动争议的成本，因此协商也是解决集体劳动争议的重要途径。

除此以外，还有一些特殊的集体争议，法律对其处理方式作出了特别规定。

我国《劳动法》第八十四条第一款规定："因签订集体合同发生争议，当事人协商解决不成的，当地人民政府劳动行政部门可以组织有关各方协调处理。"《集体合同规定》第四十九条规定："集体协商过程中发生争议，双方当事人不能协商解决的，当事人一方或双方可以书面向劳动保障行政部门提出协调处理申请；

未提出申请的,劳动保障行政部门认为必要时也可以进行协调处理。"由此可见,按照法律规定,协商已经成为解决因签订集体合同发生的争议的必经途径。因签订集体合同发生争议后,双方当事人,即用人单位工会代表与用人单位代表可以就争议事项召开专门会议进行协商。经协商达成一致意见的,应制作协议书并由双方自觉履行。协议书经工会代表和用人单位代表签字盖章后发生法律效力,对双方都具有约束力。

我国《劳动法》第八十四条第二款规定:"因履行集体合同发生争议,当事人协商解决不成的,可以向劳动争议仲裁委员会申请仲裁;对仲裁裁决不服的,可以自收到仲裁裁决书之日起十五日内向人民法院提出诉讼。"《集体合同规定》第五十五条规定:"因履行集体合同发生的争议,当事人协商解决不成的,可以依法向劳动争议仲裁委员会申请仲裁。"因此,因履行集体合同发生的争议,协商也是解决争议的必经途径。因履行集体合同发生争议后,双方当事人,即用人单位工会代表与用人单位代表可以就争议事项召开专门会议进行协商。经协商达成一致意见的,应制作协议书并由双方自觉履行。协议书经工会代表和用人单位代表签字盖章后发生法律效力,对双方都具有约束力。因履行集体合同发生的争议,当事人协商不成的,可以向劳动争议仲裁委员会申请仲裁,对仲裁裁决不服的,可以向人民法院提起诉讼。

我国《工会法》第二十七条规定:"企业、事业单位发生停工、怠工事件,工会应当代表职工同企业、事业单位或者有关方面协商,反映职工的意见和要求并提出解决意见。对于职工的合理要求,企业、事业单位应当予以解决。工会协助企业、事业单位做好工作,尽快恢复生产、工作秩序。"因此,在发生停工、怠工事件后,协商成为解决问题的唯一途径,此类争议无法适用于其他争议处理方式。

二、倡导用人单位与职工选择协商解决劳动争议

（一）推动用人单位建立劳动争议协商制度

从我国《劳动法》和《劳动争议调解仲裁法》中有关协商的规定来看，协商不仅是订立、终止和解除劳动合同的一种手段，而且还是解决劳动争议的一种方式。无论在劳动关系的建立过程中，还是在劳动争议的处理中，协商都处于一个至关重要的位置。协商处理劳动争议成本低，效率高。推动用人单位建立劳动争议协商解决机制，鼓励和引导争议双方当事人在平等自愿的基础上协商解决纠纷，同时指导用人单位完善协商规则，建立内部申诉和协商回应制度，改善协商解决争议的效果。

（二）加大工会参与协商力度

工会职能能否有效地发挥与协商程序是否可以顺利进行密切相关。因此，应当加大工会参与劳动争议协商的力度。工会作为劳动者的利益代表者，要全心全意地维护劳动者的合法权益。对于工作场所出现的纠纷，工会应当高度重视并且积极地作出反应，尽快通过与用人单位进行协商的方式化解劳动争议双方的矛盾，通过自己最大的努力为劳动者争取最大的利益。

（三）鼓励社会组织和专家协助劳动争议协商

鼓励社会组织和专家接受当事人申请或委托，为其解决纠纷予以协调或提供帮助。探索开展协商咨询服务工作，督促履行和解协议。这些社会组织和专家可以为劳动争议当事人提供相关法律信息，并同时向他们提供相关的建议和指导。社会组织和专家处于中立地位，不代表任何一方的利益，仅仅从客观上为当事人提供信息和法律上的帮助，这样可以消除劳动者因收集信息能力有限和法律知识欠缺而不愿与用人单位平等协商的顾虑，为促进劳动关系双方协商解决劳动争议起到积极的作用。

第二单元 劳动争议调解

知识要求

一、调解与仲裁的衔接

（一）仲裁委托调解

《人力资源社会保障部　司法部　中华全国总工会　中国企业联合会/中国企业家协会关于加强劳动人事争议调解工作的意见》规定："仲裁委员会认为可以委托调解组织调解的劳动人事争议案件，经当事人同意，可以委托调解组织进行调解。"经委托调解达成一致意见的，制发调解协议书；在调解期限内达不成协议的，当事人可向劳动争议仲裁委员会申请仲裁。

目前，我国正在探索建立"大调解"工作体系，仲裁委托调解制度则是调裁衔接的一大举措。劳动争议仲裁委员会在进行仲裁立案之前，对争议事实比较简单、当事人分歧不大、有较大调解可能的案件，可委托独立的调解组织进行调解。此举能够将劳动争议处理的重心前移，降低争议处理成本，提高争议处理效率。

（二）调解建议书

调解建议书是调裁衔接的另一举措。劳动争议仲裁委员会在进行仲裁立案之前，对争议事实比较简单、当事人分歧不大、有较大调解可能的案件发出调解建议书，引导当事人优先选择调解程序。此举能够加快劳动争议案件处理进程，减轻劳动争议仲裁委员会的压力，同时有效地维护当事人的合法权益，实现一些争议解决在萌芽状态，大部分争议解决在基层，少部分案件进入仲裁，极少案件进入人民法院的目标。

《人力资源社会保障部　司法部　中华全国总工会　中国企业联合会/中国企业家协会关于加强劳动人事争议调解工作的意见》规定："对未经调解组织调解，当事人直接申请仲裁的劳动争议案件，仲裁委员会可向当事人发出调解建议书，引导其在乡镇、街道、企业以及人民调解委员会等调解组织进行调解，就近就地解决争议。"逾期未达成调解协议的，当事人可以依法申请仲裁。

(三) 调解协议的仲裁审查确认

调解协议书虽然不具有法律上强制执行的效力，但这并不能说明调解协议书只是一纸空文，达成调解协议是无用功。为了提高处理劳动争议的效率，目前我国各地均实施了调解协议的仲裁审查确认制度。

调解协议的仲裁审查确认，是指劳动争议双方通过调解组织达成了调解协议，为了保障调解协议的顺利履行，维护劳动争议调解的成果，经双方协商一致，将调解协议书送交当地劳动争议仲裁委员会置换为仲裁调解书。按照法律规定，仲裁调解书具有法律上强制执行的效力，可以保障当事人的合法权益得以实现，这是确认劳动争议调解成果的有效方法。

(四) 当事人不履行调解协议，另一方可申请仲裁

根据《劳动争议调解仲裁法》的规定，劳动争议调解的双方当事人达成调解协议后，一方当事人在约定期限内不履行调解协议的，另一方当事人可以依法申请仲裁。调解协议的履行期限并不由法律统一规定，而是由双方当事人自行约定。

劳动争议调解协议成立，视为劳动争议双方当事人之间形成了一个民事合同关系。调解协议在性质上属于民事合同，不具有法律上强制执行的效力。调解协议的达成，需要双方当事人协商一致，具有很强的自治性。由于无法判断调解协议是否像仲裁裁决或者人民法院判决那样遵循了合法、公平的原则，因此不能赋予调解协议强制执行的效力。当事人虽然达成了调解协议，但是若有一方不履行，则视为劳动争议还没有得到妥善解决，另一方当事人可以依法申请仲裁，通过仲裁途径来解决劳动争议。

二、调解与诉讼的衔接

(一) 人民法院委托调解

当前，各地人民法院正在积极探索劳动争议委托调解制度。劳动争议当事人不服仲裁裁决向人民法院起诉的，立案后经当事

人同意，人民法院可以委托调解组织进行调解。人民法院出具书面委托函，根据案件适用简易程序还是普通程序来确定不同的委托调解期限。委托调解达成调解协议的，当事人可以撤回起诉，也可以申请人民法院对调解协议进行司法审查确认。调解不成的，人民法院应当及时对该劳动争议案件进行审判。

（二）调解协议的司法审查确认

根据《最高人民法院关于建立健全诉讼与非诉讼相衔接的矛盾纠纷解决机制的若干意见》的规定，经行政机关、人民调解组织、商事调解组织、行业调解组织或者其他具有调解职能的组织调解达成的具有民事合同性质的协议，经调解组织和调解员签字盖章后，当事人可以申请有管辖权的人民法院确认其效力。

劳动争议调解协议的司法审查确认，可以不经仲裁程序，直接向人民法院申请确认调解协议效力。人民法院不予确认的，当事人可以向劳动争议仲裁委员会申请仲裁。人民法院依法审查后，决定是否确认调解协议的效力。确认调解协议效力的决定送达双方当事人后发生法律效力，一方当事人拒绝履行的，另一方当事人可以依法申请人民法院强制其执行。

（三）支付令程序

支付令是人民法院依照民事诉讼法规定的督促程序，根据债权人的申请，向债务人发出的限期履行给付金钱或有价证券的法律文书，是人民法院根据债权人的申请，依法作出的督促债务人为一定给付义务的法律文书。这是处理债权债务关系明确的民事、经济纠纷的最好办法，但只能体现在债务人接到支付令之日起15日内，不向人民法院提出书面异议方可实现。债务人对债权债务关系没有异议，但对清偿能力、清偿期限、清偿方式提出不同意见的，不影响支付令的效力。若人民法院裁定终结督促程序，支付令自行失效，债权人可以提出诉讼。

《劳动合同法》首先在劳动关系领域引入支付令制度。该法第三十条第二款规定："用人单位拖欠或者未足额支付劳动报酬的，劳动者可以依法向当地人民法院申请支付令，人民法院应当依法发出支付令。"《劳动争议调解仲裁法》第十六条规定："因支付拖欠劳动报酬、工伤医疗费、经济补偿或者赔偿金事项达成调解协议，用人单位在协议约定期限内不履行的，劳动者可以持调解协议书依法向人民法院申请支付令。人民法院应当依法发出支付令。"两部法律规定申请支付令的范围有所不同，实践中应进行叠加，即申请支付令的范围包括劳动报酬、工伤医疗费、经济补偿、赔偿金等事项。

 **技能要求**

一、支付令的申请和处理

（一）支付令的申请要求

债权人申请支付令，必须向人民法院提交书面申请，并附有债权文书。申请书是人民法院受理案件、开始督促程序的前提和依据，也是人民法院审查的重要内容之一，因此申请书必须详细记明下列内容：当事人的自然状况，包括债权人与债务人双方的名称、地址等；请求给付的金钱、有价证券的种类和数量；请求发布支付令所根据的事实和证据，着重写明引起债权债务法律关系的产生、发展的时间，以及债权、债务关系的其他事实，并尽可能地提供证据，对事实和理由加以证明。

（二）支付令的审查处理

人民法院受理申请后，经审查债权人提供的事实、证据，对债权债务关系明确、合法的，应当在受理之日起15日内向债务人发出支付令；申请不成立的，裁定予以驳回。债务人应当自收到支付令之日起15日内清偿债务，或者向人民法院提出书面异议。债务人在前款规定的期间不提出异议又不履行支付令的，债权人可以向人民法院申请执行。人民法院收到债务人提出的书面异议后，经审查，异议成立的，应当裁定终结督促程序，支付令自行失效。

根据最高人民法院的司法解释，劳动者依据《劳动合同法》

第三十条第二款和《劳动争议调解仲裁法》第十六条规定向人民法院申请支付令，符合《民事诉讼法》第十七章督促程序规定的，人民法院应予受理。但是根据不同的事项，人民法院会有不同的处理结果。

1. 依据《劳动合同法》第三十条第二款规定申请支付令被人民法院裁定终结督促程序后，劳动者就劳动争议事项直接向人民法院起诉的，人民法院应当告知其先向劳动争议仲裁委员会申请仲裁。

2. 依据《劳动争议调解仲裁法》第十六条规定申请支付令被人民法院裁定终结督促程序后，劳动者依据调解协议直接向人民法院提起诉讼的，人民法院应予受理。

二、完善专业性劳动争议调解机制

（一）建立健全多层次劳动争议调解组织网络

推进县（市、区）调解组织建设，加强乡镇（街道）劳动就业社会保障服务所（中心）调解组织建设。在乡镇（街道）综治中心设置劳动争议调解窗口，由当地劳动就业社会保障服务所（中心）调解组织负责其日常工作。积极推动企业劳动争议调解委员会建设，指导推动建立行业性、区域性调解组织，重点在争议多发的制造、餐饮、建筑、商贸服务以及民营高科技等行业和开发区、工业园区等区域建立调解组织。加强事业单位及其主管部门调解组织建设，重点推动教育、科技、文化、卫生等事业单位及其主管部门建立由人事部门代表、职工代表、工会代表、法律顾问等组成的调解组织。加强专业性劳动争议调解与仲裁调解、人民调解、司法调解的联动，逐步实现程序衔接、资源整合和信息共享。同时，充分发挥人民调解组织在调解劳动争议方面的作用，在劳动争议多发的乡镇（街道），人民调解委员会可设立专门的服务窗口，及时受理并调解劳动争议。各级人力资源社会保障部门要加强统筹协调，指导推动劳动争议调解工作，建立专业性调解组织和调解员名册制度，加强工作情况通报和人员培训。

（二）加强劳动争议调解规范化建设

进一步规范调解组织工作职责、工作程序和调解员行为。建立健全调解受理登记、调解处理、告知引导、回访反馈、档案管理、统计报告、工作考评等制度。建立健全集体劳动争议应急调解机制，发生集体劳动争议时，人力资源社会保障部门要会同工会、企业代表组织及时介入，第一时间进行调解，调解不成的及时引导当事人进入仲裁程序。

（三）鼓励支持社会力量参与调解

引导劳动争议当事人主动选择、自愿接受调解服务。通过政府购买服务等方式，鼓励和支持法学专家、律师以及退休的法官、检察官、劳动争议调解员、仲裁员等社会力量参与劳动争议调解工作，有条件的可设立调解工作室。发挥社区工作者、平安志愿者、劳动关系协调员、劳动保障监察网格管理员预防化解劳动争议的作用。鼓励支持社会组织开展劳动争议调解工作。

第三节 劳动争议的仲裁和诉讼

第一单元 劳动争议仲裁

知识要求

一、一裁终局的特别规定

一般而言，劳动争议进入到仲裁程序之后，就有可能进入诉讼程序。诉讼阶段的两审终审制使得处理劳动争议的时间大大延长，不利于劳动者的维权。为了充分发挥劳动争议仲裁程序处理劳动争议的能力，《劳动争议调解仲裁法》创设了"一裁终局"制度。

根据《劳动争议调解仲裁法》第四十七条规定，下列劳动争议，除本法另有规定的外，仲裁裁决为终局裁决，裁决书自作出之日起发生法律效力：①追索劳动报酬、工伤医疗费、经济补偿或者赔偿金，不超过当地月最低工资标准12个月金额的争议；②因执行国家的劳动标准在工作时间、休息休假、社会保险等方面发生的争议。设立"一裁终局"的目的在于缩短处理劳动争议的时间，避免当事人，特别是用人单位进行恶意诉讼以拖延劳动争议案件的解决时间，使当事人的合法权益得到及时、有效的保障。需要指出的是，"一裁终局"并不适合所有的劳动争议案件，只有两类劳动争议案件可以列为"一裁终局"的案件。一是小额仲裁案件，涉案标的不超过当地月最低工资标准12个月的金额；二是涉及国家劳动标准的案件。这两类案件在全部劳动争议案件总数中所占比例较大，并且处理的标准和依据比较明确，比较容易作出仲裁裁决，因此将其列为可以进行"一裁终局"的案件。

在实行有条件的"一裁终局"制度的同时，《劳动争议调解仲裁法》又提供了其他的司法救济途径。劳动者对于上述规定的仲裁裁决不服的，可以自收到仲裁裁决书之日起15日内向人民法院提起诉讼。对于用人单位而言，只要其有证据证明终局裁决有下列情形之一，可以自收到仲裁裁决书之日起30日内向劳动争议仲裁委员会所在地的中级人民法院申请撤销裁决：①适用法律、法规确有错误的；②劳动争议仲裁委员会无管辖权的；③违反法定程序的；④裁决所根据的证据是伪造的；⑤对方当事人隐瞒了足以影响公正裁决的证据的；⑥仲裁员在仲裁该案时有索贿受贿、徇私舞弊、枉法裁决行为的。人民法院经组成合议庭审查核实裁决有前款规定情形之一的，应当裁定撤销。仲裁裁决被人民法院裁定撤销的，当事人可以自收到裁定书之日起15日内就该劳动争议事项向人民法院提起诉讼。

二、劳动争议仲裁案件的简易处理

劳动争议仲裁案件符合下列情形之一的，可以简易处理：①事实清楚、权利义务关系明确、争议不大的；②标的额不超过本省、自治区、直辖市上年度职工年平均工资的；③双方当事人同意简易处理的。劳动争议仲裁委员会决定简易处理的，可以指定一名仲裁员独任仲裁，并应当告知当事人。

劳动争议仲裁案件有下列情形之一的，不得简易处理：①涉及国家利益、社会公共利益的；②有重大社会影响的；③被申请人下落不明的；④劳动争议仲裁委员会认为不宜简易处理的。

简易处理的案件，经与被申请人协商同意，仲裁庭可以缩短或者取消答辩期。简易处理的案件，仲裁庭可以用电话、短信、传真、电子邮件等简便方式送达仲裁文书，但送达调解书、裁决书除外。以简便方式送达的开庭通知，未经当事人确认或者没有其他证据证明当事人已经收到的，仲裁庭不得按撤回仲裁申请处理或者缺席裁决。简易处理的案件，仲裁庭可以根据案件情况确定举证期限、开庭日期、审理程序、文书制作等事项，但应当保障当事人陈述意见的权利。

仲裁庭在审理过程中，发现案件不宜简易处理的，应当在仲裁期限届满前决定转为按照一般程序处理，并告知当事人。案件转为按照一般程序处理的，仲裁期限自劳动争议仲裁委员会受理仲裁申请之日起计算，双方当事人已经确认的事实，可以不再进行举证、质证。

 **技能要求**

一、仲裁建议书的效力和作用

仲裁建议书制度是指劳动争议仲裁委员会根据具体劳动争议案件的性质，针对企业在用工管理等方面存在的突出问题，提出改进工作的建议，做到"仲裁一个案件，警醒一个企业"，督促企业自查自纠的制度。这项制度的建立，有效保障了劳动关系双方的合法权益，努力构建和谐劳动关系，为企业的健康发展保驾护航。

仲裁建议书是一种补充性的仲裁文书，只是当劳动争议仲裁委员会作出裁决时，有些对当事人有参考意义的内容不便在裁决书中表述，才运用仲裁建议书向当事人说明情况。因此，该仲裁文书对当事人没有强制性的约束力，只起一种参考的作用。鉴于仲裁建议书的性质和作用，一般情况下，在仲裁尚未开始或仲裁结束后，需要向当事人提出建议时，才使用仲裁建议书。例如，当事人前来申请仲裁，劳动争议仲裁委员会可向双方当事人提供如何自行和解的仲裁建议书，如当事人不采纳，劳动争议仲裁委员会即可立案审理；当事人如果采纳，则可能在未走完法定仲裁程序的情况下便维护了自身的合法权益，减轻了诉累。在案件审理完毕后，为了使当事人能够认真吸取教训，增强法制观念，劳动争议仲裁委员会也可用仲裁建议书说明其败诉的原因及今后应如何办理，仲裁建议书的建议事项明确具体、针对性强、切实可行，有助于消除劳动争议隐患，减少处理劳动争议成本。

二、劳动争议仲裁制度的创新

（一）完善仲裁办案制度

建立仲裁办案基本制度目录清单，指导各地完善仲裁制度体系。创新仲裁调解制度，可在仲裁院设立调解庭开展调解工作。依法细化终局裁决规定，提高终局裁决比例。建立健全证据制度，制定体现劳动争议处理特点的仲裁证据规则。建立劳动争议仲裁委员会仲裁办案监督制度，提高仲裁办案纠错能力。推行劳动争议仲裁委员会三方仲裁员组庭处理集体劳动争议制度。实行"阳光仲裁"，逐步实行仲裁裁决书网上公开，接受社会监督。推进法律援助参与劳动争议仲裁，在案件多发、高发地区的仲裁机构设立法律援助窗口，依法为符合条件的农民工、工伤职工等群体提供法律援助服务。

（二）简化优化仲裁具体办案程序

实施案件分类处理，简化优化立案、庭审、调解、送达等具体程序，提高仲裁案件处理质量和效率。规范简易仲裁程序，灵活快捷处理小额简单争议案件。建立健全集体劳动争议快速仲裁特别程序，通过先行调解、优先受理、经与被申请人协商同意缩短或取消答辩期、就近就地开庭等方式，实现快调、快审、快结。深化仲裁庭审方式改革，推广以加强案前引导、优化庭审程序、简化裁决文书为核心内容的要素式办案，提高案件裁决效率。推进派驻仲裁庭、巡回仲裁庭和流动仲裁庭建设，为当事人提供便捷服务。

（三）加强仲裁办案管理和指导

建立仲裁案件管理标准体系，制定办案程序公正评价标准、办案质量效率评价标准和办案人员工作绩效考核标准。建立仲裁办案指导制度，统一仲裁办案适用标准，重点加强对新兴行业劳动争议、集体劳动争议等重大疑难案件处理工作的指导。加强案例指导，综合运用案例汇编、案例研讨会、庭审观摩等方式，发挥典型案例在统一处理标准、规范自由裁量权等方面的作用。统一仲裁文书格式。建立区域劳动争议处理交流协作机制。

第二单元　劳动争议诉讼

知识要求

一、劳动争议诉讼的二审程序

劳动争议当事人对于一审判决和裁定不服的，可以提起上诉。当事人在规定的期限内提起上诉的，劳动争议诉讼二审程序启动。

二审案件的审理围绕当事人上诉请求的范围进行，当事人没有提出请求的，不予审查。也就是说，二审只解决一审已经审理，但仍存在争议的问题。第二审人民法院一律组成合议庭审理上诉案件，原则上开庭审理。如果经过阅卷、调查和询问当事人后，事实清楚的，合议庭认为不需要开庭审理的，也可以径行判决、裁定。第二审人民法院对上诉案件，经过审理，按照以下情形分别处理：①原判决、裁定认定事实清楚，适用法律正确的，以判决、裁定方式驳回上诉，维持原判决、裁定；②原判决、裁定认定事实错误或者适用法律错误的，以判决、裁定方式依法改判、撤销或者变更；③原判决认定基本事实不清的，裁定撤销原判决，发回原审人民法院重审，或者查清事实后改判；④原判决遗漏当事人或者违法缺席判决等严重违反法定程序的，裁定撤销原判决，发回原审人民法院重审。

第二审人民法院审理上诉案件，可以进行调解。调解达成协议，应当制作调解书，由审判人员、书记员署名，加盖人民法院印章。调解书送达后，原审人民法院的判决即视为撤销。

劳动争议案件经过第二审人民法院的审理，当事人对第二审人民法院的判决或裁定不服的，不能再提起上诉。需要指出的是，二审程序并不是劳动争议审理的必经程序。如果劳动争议当事人在第一审人民法院判决或裁定后，没有在规定的期限内提起上诉，那么第一审人民法院的判决或裁定即发生法律效力，二审程序将不会再产生。

二、劳动争议诉讼的裁判依据

劳动争议诉讼在程序上适用《民事诉讼法》规定的程序。

就实体法的适用来说，人民法院在审理劳动争议案件时，主要适用《劳动法》《劳动合同法》和其他劳动法律、法规，还可以参照有关的劳动政策、规章等规范性文件。

用人单位根据《劳动法》第四条之规定，通过民主程序制定的规章制度，不违反国家法律、行政法规及政策规定，并已向劳动者公示的，可以作为人民法院审理劳动争议案件的依据。用人单位制定的内部规章制度与集体合同或者劳动合同约定的内容不一致，劳动者请求优先适用合同约定的，人民法院应予支持。当事人在劳动争议调解委员会主持下达成的具有劳动权利义务内容的调解协议，具有劳动合同的约束力，可以作为人民法院裁判的根据。

 **技能要求**

一、劳动争议案件的强制执行

一般情况下，有关法律文书（如判决书、仲裁裁决书、仲裁调解书）可以由当事人自觉履行。但如果当事人不履行，则可以通过人民法院执行程序予以强制执行。

执行程序是指人民法院依法对生效的法律文书，通过强制措施迫使当事人履行法律文书规定义务的诉讼活动。

对劳动争议仲裁委员会作出的生效的调解书、仲裁裁决书和人民法院作出的生效的调解书、判决书，当事人应自觉履行。一方当事人不履行的，人民法院可以根据对方当事人的申请强制执行。

向人民法院申请强制执行，应当提交申请执行书和有关法律文书（判决书、仲裁裁决书、仲裁调解书等）。当申请执行人民法院判决时，当事人应请求第一审人民法院执行；当申请执行仲裁裁决书或仲裁调解书时，应请求被执行人住所地或者被执行的财产所在地人民法院执行。申请执行劳动争议法律文书的期限为一年，从法律文书规定履行期间的最后一日起计算。

二、司法建议书的效力和作用

各级人民法院在审判活动中，发现有关单位在工作方法、管理体制、规章制度等方面存在重大问题，及时提出司法建议，有利于促进机关单位加强管理、堵塞漏洞、防范再犯、改进工作；有利于延伸司法审判职能，实现审判的法律效果与社会效果的统一；有利于维护社会稳定，促进和谐发展。

司法建议通常采用书面形式，人民法院在案件的审判和执行过程中发现有关单位存在重要问题，向该单位或其上级领导机关提出解决问题和改进工作的书面建议。司法建议书主要由"存在的问题"和"提出建议的理由"两部分构成，提出的建议要有法律、法规和政策依据，建议的事项也要具体明确，切实可行。然而，司法建议书虽然由人民法院发出，但仅仅具有"建议"作用，并不具备法律上强制执行的效力。

第四节 冲突管理

第一单元 劳动关系重大事件的处理

 **知识要求**

一、劳动关系重大事件的类型

（一）劳动安全卫生事故

劳动安全卫生又称职业安全卫生、劳动保护，是指以保障职工在职业活动过程中的安全与健康为目的的工作领域及在法律、技术、设备、组织制度和教育等方面所采取的相应措施。劳动安全卫生包括劳动安全和劳动卫生两个方面。劳动安全卫生事故是指职业活动过程中发生的意外的突发事件，这些突发事件通常会导致正常生产活动中断，造成人员伤亡和财产损失。劳动安全卫生事故的发生通常都是潜伏的危险突然爆发的结果，具有突发性和不可预期性。

（二）劳动关系群体性事件

群体性事件是指由某些社会矛盾引发，特定群体或不特定多数人聚合临时形成的偶合群体，以人民内部矛盾的形式，通过没有合法依据的规模性聚集、对社会造成负面影响的群体活动、发生多数人语言行为或肢体行为上的冲突等群体行为的方式，或表达诉求和主张，或直接争取和维护自身利益，或发泄不满、制造影响，因而对社会秩序和社会稳定造成负面影响的各种事件。而劳动关系群体性事件，则可理解为是由劳动关系矛盾所引发的以劳动者为主体的群体性事件，具体是指在劳动关系领域，以劳动者为主的利益诉求群体在现行的劳动争议处理程序之外，直接采取停工、上访、请愿等集体行动，以期达到维护自己切身利益目标的行为。

(三) 其他劳动关系重大事件

其他劳动关系重大事件是指劳动关系的当事人无法履行或不适当履行劳动合同、集体合同或企业内部劳动规章规定的义务，违反法律、法规，从而给企业的正常生产经营秩序或生产经营条件带来重大影响的事件。例如，因企业重大人事政策调整或生产经营决策失误而导致严重的经济性裁员，企业集中出现较多劳动争议仲裁或诉讼案件等。此类事件种类繁多，会严重影响企业的社会评价，甚至会影响到企业的正常运转。

二、劳动安全卫生事故的分类

职工伤亡事故和安全生产事故是与劳动安全卫生事故相关的两个概念。

根据我国《职业安全卫生术语》的规定，职工伤亡事故是指职业活动过程中发生的职工人身伤亡或急性中毒事件。职工伤亡事故按伤害程度分为：①轻伤事故，是指一次事故只有轻伤的事故；②重伤事故，是指一次事故只有重伤无死亡的事故；③死亡事故，是指一次事故死亡1~2人的事故；④重大死亡事故，是指一次事故死亡3~9人的事故；⑤特大死亡事故，是指一次事故死亡10人以上（含10人）的事故。

根据我国《生产安全事故报告和调查处理条例》的规定，生产安全事故是指生产经营活动中发生的造成人身伤亡或者直接经济损失的事故。根据生产安全事故（以下简称事故）造成的人员伤亡或者直接经济损失，事故一般分为以下等级：①特别重大事故，是指造成30人以上死亡，或者100人以上重伤（包括急性工业中毒，下同），或者1亿元以上直接经济损失的事故；②重大事故，是指造成10人以上30人以下死亡，或者50人以上100人以下重伤，或者5 000万元以上1亿元以下直接经济损失的事故；③较大事故，是指造成3人以上10人以下死亡，或者10人以上50人以下重伤，或者1 000万元以上5 000万元以下直接经济损失的事故；④一般事故，是指造成3人以下死亡，或者10人以下重伤，或者1 000万元以下直接经济损失的事故。

三、劳动关系群体性事件的特征

（一）经济利益取向突出

不论是从企业一级还是从行业一级的劳动关系群体性事件来分析，从性质上看，当前我国的劳动关系矛盾是属于根本利益一致基础上的人民内部矛盾，劳动关系矛盾和冲突主要是经济利益矛盾和冲突。所以，从劳动关系群体性事件的目标来看，也集中表现出物质利益取向的特征。

（二）以有限空间范围为主

目前，我国发生的劳动关系群体性事件一般都局限在有限的地理空间之内，或者是局限在一个企业之内，或者是局限在一个地域的范围内。企业一级的劳动关系群体性事件一般局限在一个企业或一个地区的几个企业内部。行业一级的劳动关系群体性事件一般也是局限在某个地域的范围之内。可见，我国的劳动关系群体性事件一般均以有限空间范围为主。

（三）自发形成、时间短暂且影响增大

目前，我国发生的劳动关系群体性事件普遍具有自发性特征，而且持续时间一般都比较短，不是高度组织化的和持久的劳动者行动。绝大部分劳动关系群体性事件持续时间都很短，一般在几天之内。但是，劳动关系群体性事件的影响增大，破坏性程度也有所增加。

技能要求

一、劳动安全卫生事故的处理

（一）事故报告

事故报告应当及时、准确、完整，任何单位和个人对事故不得迟报、漏报、谎报或者瞒报。用人单位发生劳动安全卫生事故后，现场有关人员应当立即报告本单位负责人。单位负责人接到事故报告后，应当迅速采取有效措施，组织抢救，防止事故扩大，减少人员伤亡和财产损失，并应当于1小时内向事故发生地县级以上人民政府安全生产监督管理部门和负有安全生产监督管理职责的有关部门报告，不得隐瞒不报、谎报或者迟报，不得故意破坏事故现场、毁灭有关证据。情况紧急时，事故现场有关人员可以直接向事故发生地县级以上人民政府安全生产监督管理部门和负有安全生产监督管理职责的有关部门报告。

安全生产监督管理部门和负有安全生产监督管理职责的有关部门接到事故报告后，应当依照下列规定上报事故情况，并通知公安机关、劳动保障行政部门、工会和人民检察院：①特别重大事故、重大事故逐级上报至国务院安全生产监督管理部门和负有安全生产监督管理职责的有关部门；②较大事故逐级上报至省、自治区、直辖市人民政府安全生产监督管理部门和负有安全生产监督管理职责的有关部门；③一般事故上报至设区的市级人民政府安全生产监督管理部门和负有安全生产监督管理职责的有关部门。安全生产监督管理部门和负有安全生产监督管理职责的有关部门依照前款规定上报事故情况，应当同时报告本级人民政府。国务院安全生产监督管理部门和负有安全生产监督管理职责的有关部门以及省级人民政府接到发生特别重大事故、重大事故的报告后，应当立即报告国务院。必要时，安全生产监督管理部门和负有安全生产监督管理职责的有关部门可以越级上报事故情况。负有安全生产监督管理职责的部门和有关地方人民政府对事故情况不得隐瞒不报、谎报或者迟报。安全生产监督管理部门和负有安全生产监督管理职责的有关部门逐级上报事故情况，每级上报的时间不得超过2小时。

报告事故应当包括下列内容：①事故发生单位概况；②事故发生的时间、地点以及事故现场情况；③事故的简要经过；④事故已经造成或者可能造成的伤亡人数（包括下落不明的人数）和初步估计的直接经济损失；⑤已经采取的措施；⑥其他应当报告的情况。事故报告后出现新情况的，应当及时补报。自事故发生之日起30日内，事故造成的伤亡人数发生变化的，应当及时补报。

有关地方人民政府和负有安全生产监督管理职责的部门的负责人接到生产安全事故报告后，应当按照生产安全事故应急救援预案的要求立即赶到事故现场，组织事故抢救。参与事故抢救的部门和单位应当服从统一指挥，加强协同联动，采取有效的应急救援措施，并根据事故救援的需要采取警戒、疏散等措施，防止事故扩大和次生灾害的发生，减少人员伤亡和财产损失。事故抢救过程中应当采取必要措施，避免或者减少对环境造成的危害。任何单位和个人都应当支持、配合事故抢救，并提供一切便利条件。

（二）事故调查

事故调查处理应当坚持科学严谨、依法依规、实事求是、注重实效的原则，及时、准确地查清事故经过、事故原因和事故损失，查明事故性质，认定事故责任，总结事故教训，提出整改措施，并对事故责任者依法追究责任。事故调查报告应当依法及时向社会公布。

特别重大事故由国务院或者国务院授权有关部门组织事故调查组进行调查。重大事故、较大事故、一般事故分别由事故发生地省级人民政府、设区的市级人民政府、县级人民政府负责调查。省级人民政府、设区的市级人民政府、县级人民政府可以直接组织事故调查组进行调查，也可以授权或者委托有关部门组织事故调查组进行调查。未造成人员伤亡的一般事故，县级人民政府也可以委托事故发生单位组织事故调查组进行调查。

事故调查组的组成应当遵循精简、效能的原则。根据事故的具体情况，事故调查组由有关人民政府、安全生产监督管理部门、负有安全生产监督管理职责的有关部门、监察机关、公安机关以及工会派人组成，并应当邀请人民检察院派人参加。事故调查组可以聘请有关专家参与调查。

事故调查组应当自事故发生之日起 60 日内提交事故调查报告；特殊情况下，经负责事故调查的人民政府批准，提交事故调查报告的期限可以适当延长，但延长的期限最长不超过 60 日。事故调查报告应当包括下列内容：①事故发生单位概况；②事故发生经过和事故救援情况；③事故造成的人员伤亡和直接经济损失；④事故发生的原因和事故性质；⑤事故责任的认定以及对事故责任者的处理建议；⑥事故防范和整改措施。

（三）事故处理

重大事故、较大事故、一般事故，负责事故调查的人民政府应当自收到事故调查报告之日起 15 日内作出批复；特别重大事故，30 日内作出批复，特殊情况下，批复时间可以适当延长，但延长的时间最长不超过 30 日。有关机关应当按照人民政府的批复，依照法律、行政法规规定的权限和程序，对事故发生单位和有关人员进行行政处罚，对负有事故责任的国家工作人员进行处分。负有事故责任的人员涉嫌犯罪的，依法追究刑事责任。

事故发生单位应当认真吸取事故教训，落实防范和整改措施，防止事故再次发生。防范和整改措施的落实情况应当接受工会和职工的监督。安全生产监督管理部门和负有安全生产监督管理职责的有关部门应当对事故发生单位落实防范和整改措施的情况进行监督检查。

事故处理的情况由负责事故调查的人民政府或者其授权的有关部门、机构向社会公布，依法应当保密的除外。

二、劳动关系群体性事件的处理

在我国，对于劳动关系群体性事件主要采取预防和应急处置机制。

在预防方面，主要采取的措施为：加强对劳动关系形势的分析研判，建立劳动关系群体性纠纷的经常性排查和动态监测预警制度，及时发现和积极解决劳动关系领域的苗头性、倾向性问题，有效防范群体性事件。

在应急处置方面，主要采取的措施为：完善应急预案，明确分级响应、处置程序和处置措施。健全党委领导下的政府负责，有关部门和工会、企业代表组织共同参与的群体性事件应急联动处置机制，形成快速反应和处置工作合力，督促指导企业落实主体责任，及时妥善处置群体性事件。

目前对于劳动关系群体性事件的处理方式主要包括：通过劳动行政部门和工会系统介入予以协调处理；对利益诉求群体过激的违法行为依法采取强制措施，敦促用人单位积极履行法定义务以平息劳资冲突，把符合劳动争议受案范围的争议引入仲裁和司法程序等。对群体性事件性质的定位，直接影响了其冲突解决的基调。应当充分认识到，劳动关系群体性事件的实质是劳动者争取利益的努力和表达，对于劳动关系群体性事件应纳入制度化的途径予以解决。

（一）依托法规政策，为事件处理提供依据

依法保障劳动者的合法权益是法律规定的政府的基本职责，也是执政为民的集中体现，政府在劳动领域的政策毫无疑问应以保障劳动权为中心。政策的灵活性和快速反应性在一定程度上可以弥补劳动立法的滞后性，坚持劳动权保障的政策原则可以极大地促进最低劳动标准的执行。因企业侵害劳动者权益等引发的群体性事件，劳动行政部门应当依法开展用工行为合法性调查。在企业依法裁员时，确保企业满足法定的裁员条件和程序，确保被裁劳动者享受到足额的经济补偿。劳动行政部门应当加强工资支付、劳动合同签订、社会保险费缴纳情况检查，规范劳动力市场秩序，落实劳动保障监察的及时结案。对发生劳动关系群体性事件的企业，建立固定联系人制度，加大涉事企业动态跟踪。

（二）优先协调化解，有效平息劳动纠纷

劳动行政部门应在劳动关系群体性事件发生时及早赶赴现场，讲明法律政策，稳定职工情绪，约谈企业负责人，全程跟踪引导职工合理维权。对于职工超出范围的补偿要求，搭建劳动关系双方沟通平台，引导双方在法律框架内促成事件解决。坚决贯彻落实工会的基本职责，强化工会的经济职能，使工会真正成为劳动者利益的代表。

（三）落实政法保障，开辟裁审绿色通道

如果在劳动关系群体性事件中出现过激违法行为，公安部门应当介入并采取必要的强制措施。对于企业拖欠劳动报酬等违法行为，劳动行政部门要及时查处，情节严重触犯刑法的，应及时向公安机关通报情况。对于进入劳动争议仲裁或者诉讼程序的重大复杂案件，由仲裁机构或者人民法院开辟绿色通道，快立、快审、快结、快执行。

（四）注重舆论宣传，树立正确舆论导向

劳动关系群体性事件发生后，应当密切关注各类媒体的相关报道，及时发现并妥善处理相关舆情，防止扩散和恶意炒作，把握正确的舆论导向，主动公开，引导舆论。同时，还应当加强劳动、社会保障法律法规的教育宣传，提高企业依法用工和劳动者理性维权的意识。

第二单元　冲突管理系统建设

知识要求

一、工作场所冲突管理的理论基础

（一）心理学

心理学的研究方法从微观视角出发，关注内心的、人际的、小组的行为变量，这些变量会影响冲突的原因、变化和产出。与冲突管理相关的心理学理论主要有角色冲突理论和组织公平理论。

角色冲突理论认为，每个成员在组织中占据相对固定的位置，按照岗位规范与其他个体发生互动行为和交互关系；组织中每个个体都需要在不同的关系情景中扮演不同的角色。角色冲突有三种表现形式，即角色外冲突、角色间冲突和角色内冲突。角色外冲突指的是发生在两个或两个以上的角色扮演者之间的角色冲突。角色间冲突指的是发生在同一个扮演者所扮演的不同角色之间的冲突。角色内冲突指的是发生在角色扮演者所扮演的同一个角色内部的矛盾。

组织公平理论侧重于研究报酬分配的公平性对职工生产积极

性的影响，比如对于职工工作满意度、承诺和退出的影响。在冲突管理领域，组织公平理论主要应用于申诉处理阶段。那些认为自己被公平对待的职工将从事有益于组织的行为，认为自己没有被公平对待的职工则很可能会怨恨和报复雇主。

（二）管理学

对于冲突的认识，按照出现的时间顺序，管理学界主要有三种观点。"传统观点"认为，冲突是暴乱、破坏、非理性的同义词，冲突的出现意味着组织内功能失调，必须加以避免。"人际关系观点"认为，群体内的冲突是不可避免的，存在对群体工作绩效产生积极动力的潜在可能性，组织应当接纳冲突。"相互作用观点"认为，一定水平的冲突能够使群体保持旺盛的生命力并不断创新。这个观点并不是忽视组织冲突的消极影响，它最大的贡献在于提醒人们从正反两方面看待冲突，并主动对冲突进行管理。

（三）经济学

可以将经济学的分析方法应用到经济理性、个人决策、复杂社会行为的模型中去。

补偿工资理论在冲突管理领域的应用可以理解为用人单位和劳动者在对申诉系统进行成本收益测算。在集体谈判中，工会和管理层需要决策是否采用申诉流程，以交换工资、福利、工作轮换或其他条件。同样，那些认为自己遭受不公平对待的职工也会将提出申诉的成本收益与其他选择，比如不申诉或离职进行权衡比较。

博弈论也是研究冲突管理的经典分析范式。参与者综合考虑相互依存的情况、可供选择的行动方案、可能的结果和当事人的偏好，来进行理性的行为选择。在典型的分析中，冲突会产生两个显著结果，即传统冲突结果和参考冲突结果。所有参与者提出的冲突解决方案的帕累托优于参考冲突结果；与传统冲突结果不同，参考冲突结果虽然是帕累托优越的冲突结果，但它不是帕累托最优的。

二、工作场所冲突管理的发展演变

在经济社会发展的历程中,曾经出现过多种解决冲突的方法和机制。这些方法从简单到复杂,从肤浅到深入,反映了人们对于冲突及冲突管理理念的重大转变,以及管理手段和管理技术的重大进步。如图6-2所示,冲突管理的发展趋势是工作场所冲突通过传统的集体谈判和向法院提起诉讼程序来解决的比例越来越少,取而代之的是通过非诉讼纠纷解决方式(ADR)和在此基础上产生的冲突管理系统(CMS)。到21世纪的最初10年,又产生了整体冲突管理系统(ICMS)。

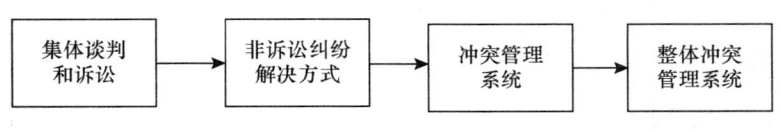

图6-2 冲突管理的发展历程

(一)工会与集体谈判

第二次世界大战以后,伴随着美国经济的持续繁荣,美国企业的工会运动达到了高峰。在20世纪50年代,集体谈判为解决劳资冲突和争议提供了一条明确的通道,成为当时解决工作场所冲突的一个主要渠道。同时,虽然罢工等激烈对抗的手段从来没有被视作积极的方式,但它也是解决集体利益纠纷的有效手段。集体劳动争议一般是依靠工会,由工会出面与企业交涉来解决争议。

随着集体谈判的兴起,美国的立法机构也制定了多部法律来规范雇佣关系。这些法律的出台和实施,从多个角度提高了劳动诉讼的发生率,越来越多的劳动争议被置于法院的监控之下。

(二)非诉讼纠纷解决方式

对于企业和雇主而言,与诉讼相伴而来的是高昂的成本。通过传统诉讼来解决劳资争议的方式既耗时又耗成本,劳资争议的诉讼解决方案对于企业和整个社会经济的正常运行都是十分低效的。

因此,从20世纪60年代开始,美国的企业界、司法界都开始转向于寻找成本较小的冲突解决方法。在这样的背景之下，非诉讼纠纷解决方式逐渐为人所知，并且逐步替代了传统的诉讼方式。所谓非诉讼纠纷解决方式，是相对于诉讼纠纷解决方式而言的，也可以翻译为替代性纠纷解决方式、审判外（诉讼外或判决外）纠纷解决方式。高效率、低成本以及民权运动、学术界和法律界的推动等原因都是推动非诉讼纠纷解决方式逐步替代传统诉讼方式的重要因素。

造成非诉讼纠纷解决方式在美国被广泛采用的一个主要原因是20世纪60年代爆发的"诉讼潮"。"诉讼潮"为法院和诉讼双方都带来了较高的成本，同时也耗费了大量的时间。相比而言，非诉讼纠纷解决方式不仅节约了诉讼成本，而且发生的交易成本和机会成本都较低。可见，非诉讼纠纷解决方式的流行是劳动争议相关方的社会的、理性的选择。

冲突解决方式在从诉讼转变到非诉讼纠纷解决方式的过程中，虽然企业一方同样作出了努力，但更多的是依靠企业外部的力量（如法律界、学术界）在推动，企业主要表现为被动的应对变化。同时，非诉讼纠纷解决方式对于企业内部组织的变化并没有太大的影响。非诉讼纠纷解决方式产生的根本原因是节约成本以及它可以为法院、企业和员工都节省大量的时间和金钱。

(三) 冲突管理系统

在1970—2000年这30年间，美国的许多企业在企业目标、员工权利和工作组织方式上发生了巨大的变化。在这个过程中，雇佣关系发生变化的一个主要标志就是工作层级的减少和团队合作的增加。同时，高绩效工作系统的产生导致了更少的工作监督和岗位层级。这种变化不仅使得工作团队承担了包括招聘、工作安排和维护工作纪律等更加广泛的职责，而且允许员工的岗位和工作任务有周期性的变动，即岗位轮换。同时，企业开始更多地采用基于技能的报酬和基于绩效的报酬等灵活多样的激励方式，并且为员工提供在职培训和技能发展的机会。一些采用较为先进工作方式的企业也更加倾向于使用先进的冲突管理方式。于是，在非诉讼纠纷解决方式的基础之上，产生了更加系统、更加全面的应对冲突的处理方法，即冲突管理系统。

相对于非诉讼纠纷解决方式作为一种对于传统诉讼的冲突解决替代机制，冲突管理系统不仅仅是去应对已经产生的争议，而且更加主动地去预防和阻止冲突转变为争议，把争议尽量解决在萌芽状态。非诉讼纠纷解决方式过于关注于司法程序，企业往往仅把它作为替代诉讼的一种方法，而运用冲突管理系统，不仅能够更加全面地解决冲突，而且能够满足企业劳动关系管理的需要。

三、中国情境下的和谐劳动关系治理体制

新中国成立以来，以改革开放为界限，我国的劳动关系冲突管理机制经历了两个不同的 30 年发展阶段。第一阶段的典型代表是"鞍钢宪法"，集中体现了社会主义特质和本土特色的企业经济民主思想。第二阶段是市场经济条件下在社会宏观层面上建立的"协商民主"。2015 年 3 月，《中共中央 国务院关于构建和谐劳动关系的意见》印发，将我国劳动关系工作的要点总结为依法保障职工基本权益、健全劳动关系协调机制、加强企业民主管理制度建设、健全劳动关系矛盾调处机制、营造构建和谐劳动关系的良好环境等。

首先，构建和谐劳动关系的过程中要保证坚持我国的党政领导体制，不应当简单套用西方的集体谈判理论，不能脱离党委和政府谈工会。习近平在中国工会第十五次全国代表大会上的祝词中强调"要在党和政府主导的维护职工权益机制中发挥工会的特点和优势"，具体体现为加快健全党委领导、政府负责、社会协同、企业和职工参与、法治保障的工作体制。

其次，我国工会存在双重角色甚至多重角色。"既维护职工利益又维护全国总体利益""既代表职工又代表党和政府"的双重角色使得我国的劳动关系协调机制不会采用西方的三方协调机制，在研究中不能简单地将西方工会相关的概念、职责、理论套用在我国工会上。

最后，我国存在形式多样而内涵统一的企业民主管理与冲突

管理机制。在公有制企业领域,工会组织建设的主要任务是组织的完善、职能的落实和民主要素的增进;但是在非公有制企业中,工会组织建设工作还不够充分,目前基本任务是组建工会与扩充会员。在将工作场所民主管理、化解劳动关系纠纷的理念与制度扩展到更广泛类型的企业中时,主要的体现形式有团队自主管理机制、职工代表大会、共同治理制度等。

技能要求

一、冲突管理系统的制度设计

冲突管理的方法是指冲突管理系统应对和处理组织中出现的冲突的各种手段。相对于非诉讼纠纷解决方式较为单一的解决手段(调解和仲裁)而言,冲突管理系统拥有较为丰富和全面的冲突管理方法,这些方法不仅涵盖了非诉讼纠纷解决方式,而且还延伸到了冲突产生、发展、激化的各个阶段。虽然在不同的组织中,冲突管理的方法不尽相同,而且各种方法具体的操作也不完全一样,但这些方法仍然具有一定的内在一致性。主要的冲突管理方法已在第五章第五节进行了总结,这里不再赘述。

二、冲突管理系统的程序设计

许多组织在冲突管理过程中,都把具有相同性质的方法归纳到一起,形成了冲突管理的程序。大部分的组织实践表明,当冲突管理系统对组织内的冲突进行管理时,通常会将其分为不同的阶段来进行处理。在各个阶段中,处理的手段也是根据冲突的激烈和复杂程度,先通过较为简单和低成本的方法来解决;如果有必要的话,再进入较为耗时和耗成本的程序。

不同企业由于国家背景、企业文化等方面的差异,形成的冲突管理程序也不尽相同。例如,美国有些企业将冲突管理分为预防/组织、问题解决、第三方介入和顾问建议四个程序;加拿大有些企业则将冲突管理分为三个级别的内部程序和一个外部程序;而以色列建立了冲突管理系统的一些企业则把冲突管理程序分为约束性程序和非约束性程序,其中,非约束性程序是指当冲突较为缓和时,冲突各方可以选择多种解决手段来处理矛盾,约束性手段则是指冲突较为激烈时,冲突各方必须按照规定的程序来进行解决,不能自主地选择解决程序。

虽然各企业对于冲突管理程序的划分并不完全一致,但是其中都体现着同一种思路,就是将解决的手段和程序分为两个大类——内部解决程序和外部解决程序,划分的标准是冲突的管理是否牵扯到冲突管理团队以外的第三方人员。冲突管理的程序如图6-3所示。这种分类方法在《财富》美国500强企业中并不少见。内部解决程序是指可以完全依靠组织内部人员解决的冲突管理方法的集合。外部解决程序则是指需要借助外部第三方来帮助解决的冲突管理方法。组织鼓励冲突各方优先选择简单的和低成本的内部解决程序来解决问题;如果不满意,他们也可以跳过某些步骤,选择使用较为复杂的和高成本的外部解决程序来处理。

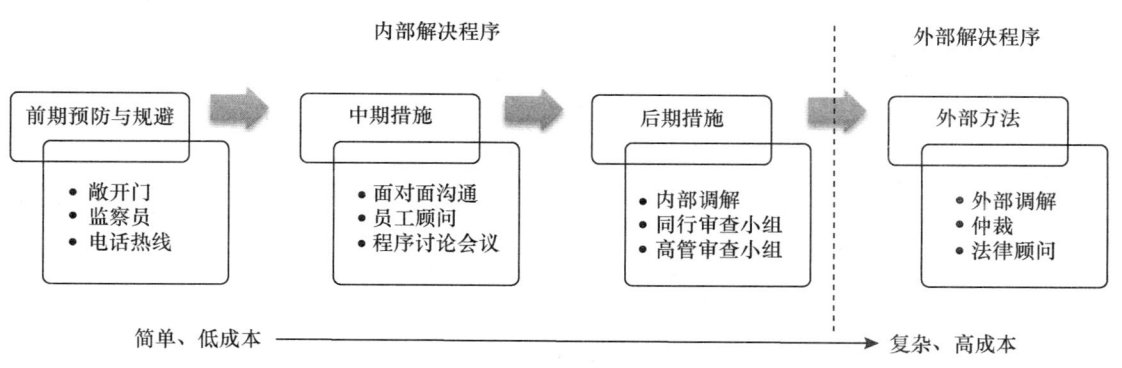

图6-3 冲突管理的程序图

三、冲突管理系统的实现

(一)前期准备阶段

在工作场所中,为创建一个有效的冲突管理系统,需要做大量的准备工作,目的是为建立冲突管理系统提供解释、研究和探索的基础。前期准备阶段需要完成的三项主要任务是建立冲突管理团队、获得高管人员支持以及组织状况评估。

1. 建立冲突管理团队

首先要做的是建立一个冲突管理团队。一个合格的冲突管理团队应该包括组织内部人员和组织外部人员。组织内部人员包括各利益相关者,如组织内的咨询师、调解员、法律专家、管理人员和人力资源管理专家;组织外部人员应是冲突管理领域的专家。团队的成员应该尽可能具有多元化的背景,包括性别、年龄、级别等,这样能够尽可能地做到公平公正,并且具有信服力。冲突管理团队不仅应该包含各利益相关者的代表,团队成员还应该拥有不同的专业技能,包括人力资源管理、法律、政治、沟通与谈判等方面的技能。

关于由谁来建立冲突管理团队的问题,主要有两种做法。一种做法是由内部发起人来建立冲突管理团队,一般认为内部发起人是组织中最迫切希望建立冲突管理系统的人,他们通常是纠纷频繁发生部门的经理、人力资源主管或者内部顾问等。内部发起人会主动地领导建立冲突管理团队,他们对于冲突管理系统的建立具有非常重要的作用和意义。第二种做法是由组织高层管理人员直接发起建立。在这种情况下,组织中一个或者几个部门的高管人员认识到建立冲突管理系统的必要性,因此直接由他们牵头来完成整个团队的建立工作。造成这种情况的原因可能是由于组织内部纠纷频发,从而引起了高管人员的关注。

冲突管理团队成立之后,将由其负责有关冲突管理系统建立和运行的事项。

2. 获得高管人员支持

建立冲突管理系统是组织的一次重大变革,因此获得高管人员的认同和支持是非常关键的。这一工作将由冲突管理团队来完成。如果冲突管理团队是由内部发起人牵头建立的,那么该内部发起人就需要负责向高管人员展示和说明建立冲突管理系统的必要性和紧迫性,以获得他们的支持。如果冲突管理团队是由高管人员牵头建立的,那么这些工作将会变得相对容易,只需要由这些高管人员与其他高管人员进行沟通即可。

关于如何获得高管人员支持，主要有两方面工作要做。第一个方面是提出需要改变的理由。冲突管理团队可以向高管人员展示组织当前的冲突管理方法存在的问题，包括直接或间接导致的生产率下降、法律纠纷、员工道德瑕疵、员工流失等方面的问题。第二个方面是展示改变的机会。比如，冲突管理团队可以建立一个商业案例，以此向高管人员展示有效的冲突管理系统将会给组织带来成本控制、法律风险降低等好处以及其他发展机会。

3. 组织状况评估

冲突管理团队需要对组织进行分析和认识。对组织的状况进行评估是建立冲突管理系统的前提。只有全面地掌握组织的现状，分析组织的特征与需求，才能正确地认知组织在冲突管理方面存在的问题和需要改进的地方。

冲突管理团队需要对组织的信息进行收集和分析，具体来讲应注意收集以下三个方面的重要信息：①组织文化和亚文化；②组织目前的冲突情况，包括组织中经常出现的冲突类型和频率，员工、管理人员、组织对于冲突类型认识的分歧等；③组织现行的冲突管理方法，包括当员工在工作场所遭遇冲突的时候，他们经常或者习惯去找什么人（部门）来解决。

（二）系统设计阶段

冲突管理团队在设计组织的冲突管理系统阶段需要完成的主要任务包括：形成初步设计方案、建立支持结构和试点运行。

1. 形成初步设计方案

在完成组织状况评估之后，冲突管理团队掌握了大量有关组织的重要信息，他们有能力对冲突管理系统作出初步的设计。系统的设计方案应该包括以下几个方面的内容：组织所面临的主要冲突类型和频率、冲突管理方法、冲突管理程序、员工参与程度、各程序相关人员的责任等。需要注意的是，在系统设计的时候，冲突管理团队要注意系统要与组织文化相协调。例如，在一个气氛宽松、管理层级较少的组织中，可以让员工来自由选择冲突管理的程序；而当组织层级较多、官僚气息较浓时，冲突管理的程序选择则需要管理者更多参与。

关于冲突管理系统人员的构成（见图6-4）问题，可以从理论界、实践界找到答案。例如，在美国企业中，冲突管理系统通常由企业专门指定的个人作为领导。这个人可以是冲突管理系统的建立者，可以是企业的高层管理者，也可以是监察员。理论界有学者分析了多个组织中的冲突管理方法，他们发现监察员制度是一个非常普遍且有效的制度设计。冲突管理系统中还应该包含拥有调解技能的人员，这些人员最好来自企业的不同部门，既有普通员工又有管理人员。当冲突发生时，冲突当事人可以寻找相同部门的调解人员进行沟通。这些调解人员具有非常重要的作用，发生冲突的员工可以向他们寻求帮助。

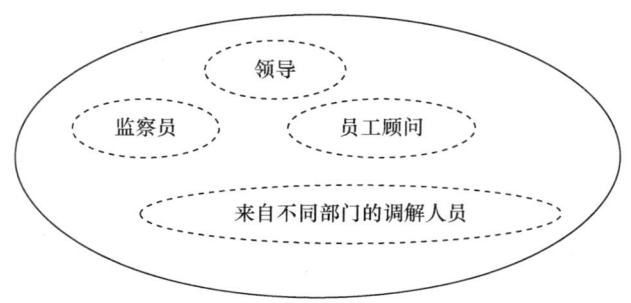

图6-4 冲突管理系统的人员构成

2. 建立支持结构

在完成初步设计方案之后，系统的运行需要有人力和财力的支持。系统的支持结构是一套能够保证冲突管理系统持续运转的措施和设计，包括系统由谁来运行和运行的经费来源。

从工作性质和内容上看，冲突管理系统的工作类似于人力资源管理和法律事务，但是不应该将其简单地交给人力资源管理部门或者法务部门来运行。从美国企业冲突管理的实践来看，冲突管理系统中的协调员在某些情况下是系统的监察员，由其直接向最高管理者汇报工作。

冲突管理系统的经费来源主要有两个：冲突管理系统内部解决程序的运行费用通常被纳入企业的预算，而冲突管理系统外部解决程序的费用则由使用者即员工与企业共同承担。当冲突处于内部解决程序的阶段时，企业应该为冲突管理系统"买单"，承担全部费用。当冲突管理需要由外部第三方人员（外部调解员、仲裁员或者律师）参与时，冲突管理的费用会大幅度提高。例如在某美国企业中，当员工要求采用外部解决程序进行冲突解决时，企业通常会为该员工设立一个费用上限，超过该费用的部分由企业来承担。另一家美国企业则以时间作为参考因素，即由企业来承担头两天的调解和仲裁费用，超过这个时限后，将由员工和企业一起分担费用。

3. 试点运行

为了保证建立起来的冲突管理系统有效运行，企业可以在系统设计的最后阶段，在内部的某个部门进行试点运行。对于企业而言，尤其是较大型的企业，这样有助于帮助冲突管理团队获得经验和数据。然而，由此带来的缺点是成本提高，并且较小的实施范围不足以提供有效的样本以供冲突管理团队参考。这些因素都会导致企业在进行试点运行决策时非常慎重。

（三）实施运行阶段

冲突管理系统在正式实施和运行阶段的主要工作包括系统宣传与推广以及对冲突管理团队进行培训。

1. 系统宣传与推广

冲突管理系统的宣传工作可以借鉴企业规章制度公示的方式。例如，编制有关冲突管理系统手册，发放给企业的所有员工，指导他们在各种情况下如何使用冲突管理系统来解决身边的冲突；各个部门举办活动来向员工面对面地展示冲突管理系统的运行流程，通过企业内部办公网络来宣传和普及冲突管理系统相关知识；冲突管理团队可以定期编制月度或者季度报告，向企业管理人员和普通员工通报一段时间内的工作内容，这样一方面可以向企业管理层展示冲突管理系统的作用，另一方面也可以向普通员工进行宣传，以便更好地指导他们使用冲突管理系统。

2. 对冲突管理团队进行培训

对于冲突管理团队，尤其是团队中的内部调解人员来说，具有较高的素质和技能水平是非常关键的。因此，从一定程度上看，冲突管理团队的培训效果直接影响着冲突管理系统的运行效果。

对冲突管理团队进行的培训，其内容至少应该包括三个部分。①法律素养。冲突管理团队不仅要熟悉相关的法律法规，还需要具有一定的调解和仲裁经验。②职业素养，如公正、公平和保密等品质。③多样化的实际操作技术，如搜集事实、分析问题、与人沟通和提出选择方案等。

关于培训师和培训方式的选择，除了常规的课程培训之外，还有一种行之有效的方法，即在企业内部建立冲突管理团队并进行实战的初期，可以引入企业外部的有经验的调解员进行联合调解，这可以让内部调解人员迅速地在实际工作中积累知识和经验。一段时间之后，当内部调解人员能够顺利地完成评估程序时，就不再需要外部调解员的帮助了。

（四）制度化阶段

冲突管理系统不是一个"一次性使用"的工具，应该通过一系列的制度设计，将冲突管理系统嵌入企业中，成为企业中的常设系统，即把冲突管理系统制度化。冲突管理系统的制度化主要包括建立激励制度，持续的沟通、反馈和改进等环节。

如何激励和引导员工使用冲突管理系统呢？最关键的是避免员工因为使用冲突管理系统而遭到中层管理人员或者其他人的报复。这就涉及信息的保密性。冲突管理系统应该采取严格的保密措施，工作人员应该接受保密方面的培训。除了保密程序之外，企业的高管人员可以定期向员工宣传冲突管理系统的好处，公布冲突管理的成功案例，表达对于冲突管理系统的认可和支持。另外，企业可以把成功的冲突管理与绩效考核联系起来，用以激励冲突管理团队成员以及有效使用了冲突管理系统的管理者和员工。

除了激励制度之外，与员工持续的沟通也必不可少，这样可以获得员工的反馈意见，对冲突管理系统作出持续的改进。

相关法律法规

1. 《中华人民共和国劳动争议调解仲裁法》
2. 《劳动人事争议仲裁办案规则》
3. 《劳动人事争议仲裁组织规则》
4. 《企业劳动争议协商调解规定》
5. 《最高人民法院关于审理劳动争议案件适用法律若干问题的解释》
6. 《最高人民法院关于审理劳动争议案件适用法律若干问题的解释（二）》
7. 《最高人民法院关于审理劳动争议案件适用法律若干问题的解释（三）》
8. 《最高人民法院关于审理劳动争议案件适用法律若干问题的解释（四）》
9. 《中华人民共和国安全生产法》

复习思考题

1. 什么是劳动争议预防机制？如何建立劳动争议预防机制？
2. 简述员工支持计划项目的效果评估。
3. 如何选择合适的劳动争议处理方式？
4. 劳动争议调解与仲裁、诉讼程序如何衔接？
5. 简述劳动争议一裁终局的特别规定。
6. 简述仲裁建议书和司法建议书的效力和作用。
7. 劳动关系重大事件主要有哪些类型？应如何处理？
8. 为什么要建立冲突管理系统？
9. 简述冲突管理系统的制度设计。
10. 简述冲突管理系统的程序设计。

案例分析题

竞业限制生效条款附期限，限制劳动者权益属无效

周某于2015年11月1日入职某信息科技公司，从事研发类工作，双方订立了为期3年的劳动合同。合同约定，周某的月工资为3万元；离职后一年内周某履行竞业限制义务，每月竞业限制经济补偿的数额为1万元；如果周某违反竞业限制规定，则应当按照全部竞业限制经济补偿的3倍向信息科技公司支付违约金；是否需要履行竞业限制义务以离职时信息科技公司发出的通知为准。2017年6月1日，周某本人提出离职。在签署公司印制的离职交接清单时，他看到上面列着"如本人收到公司发出的《竞业限制补偿金通知》，则本人将严格履行竞业限制义务。如本人未收到公司发出的《竞业限制补偿金通知》，则公司无须向本人支付竞业限制补偿金且本人无须履行竞业限制义务"的规定。

2017年8月15日，周某入职某快递公司。同年9月1日，信息科技公司向周某发出履行竞业限制义务通知，其中列明该快递公司为其竞争对手。同日，信息科技公司向周某的银行账户转账支付了竞业限制经济补偿金12万元。9月15日，信息科技公司向劳动争议仲裁委员会申请仲裁，要求周某返还竞业限制经济补偿金12万元，支付违约金36万元并继续履行竞业限制义务。

劳动争议仲裁委员会审理后认为，信息科技公司在周某离职后3个月才告知其需要履行竞业限制义务，这种做法明显限制了劳动者的就业权利，应属无效，故周某无须履行竞业限制义务，无须向信息科技公司支付违约金；信息科技公司也无支付竞业限制经济补偿的义务，故周某须返还12万元竞业限制经济补偿金。

本案中，信息科技公司虽然与周某订立了竞业限制条款，但同时约定是否履行竞业限制义务应以公司发出的书面通知为准。依据《劳动合同法》第二十三条第二款的规定，用人单位在负有竞业限制义务的员工解除或终止劳动合同后应按月向劳动者支付

经济补偿。信息科技公司在周某离职3个月后才发出书面通知，这种将竞业限制义务附期限生效的行为显然让劳动者无所适从。劳动者既担心入职新公司会被原用人单位以违反竞业限制义务为由追究其违约责任，又担心不工作就没有经济来源，因此这种限制劳动者权利、免除用人单位责任的条款或行为应属无效。用人单位在要求劳动者履行竞业限制义务时，最迟应在解除或终止劳动合同时明确告知劳动者。

劳动争议的发生贯穿于用人单位的日常管理活动中，也会时常出现在劳动者的职业生涯中。一旦发生劳动争议，对双方当事人而言，无论结果胜负，都要付出额外的时间、精力和金钱。只有积极预防劳动争议，防患于未然，才能减少不必要的付出，从而获得更大的收益。对于整个社会而言，积极预防劳动争议，才能构建和谐稳定的劳动关系。

资料来源：《海淀区劳动争议情况白皮书——互联网企业劳动争议纠纷裁审情况暨十大典型案例（2018）》（内容经过编辑）。

请思考：用人单位在劳动关系管理工作中应如何有效避免劳动争议？

参考文献

[1] 常凯. 劳动关系学 [M]. 北京：中国劳动社会保障出版社，2005.

[2] 常凯. 劳动法 [M]. 北京：高等教育出版社，2011.

[3] 程延园. 员工关系管理 [M]. 上海：复旦大学出版社，2004.

[4] 程延园. 劳动法与劳动争议处理 [M]. 北京：中国人民大学出版社，2013.

[5] 戴文宪. 怎样召开职工代表大会工会会员代表大会 [M]. 北京：红旗出版社，2007.

[6] 法律出版社法规中心. 劳动法律纠纷处理依据与解读 [M]. 北京：法律出版社，2016.

[7] 关怀，林嘉. 劳动法 [M]. 5版. 北京：中国人民大学出版社，2016.

[8] 国务院法制办公室. 劳动人事法律法规规章司法解释大全 [M]. 北京：中国法制出版社，2011.

[9] 劳动和社会保障部劳动工资研究所. 中国劳动标准体系研究 [M]. 北京：中国劳动社会保障出版社，2003.

[10] 姜俊禄. 劳动人事争议典型案例评析：第3辑 [M]. 北京：中国劳动社会保障出版社，2017.

[11] 廖名宗. 劳动规章制度研究 [M]. 北京：法律出版社，2009.

[12] 李德齐. 中国劳动关系学院工会干部培训教程 [M]. 北京：中国工人出版社，2009.

［13］李新建，孙美佳，等. 员工关系管理［M］. 北京：中国人民大学出版社，2015.

［14］李琪. 产业关系概论［M］. 北京：中国劳动社会保障出版社，2008.

［15］李艳. 员工关系管理实务手册［M］. 2版. 北京：人民邮电出版社，2012.

［16］林嘉. 劳动法和社会保障法［M］. 3版. 北京：中国人民大学出版社，2014.

［17］刘兰，唐鑛. 劳动争议处理［M］. 2版. 大连：东北财经大学出版社，2020.

［18］刘燕斌. 国外集体谈判机制研究［M］. 北京：中国劳动社会保障出版社，2012.

［19］刘元文. 工会工作理论与实践［M］. 北京：中国劳动社会保障出版社，2008.

［20］曲清，欧阳华，颜琴，等. 新编工会干部培训教材［M］. 北京：中央文献出版社，2012.

［21］中华全国总工会组织部，中华全国总工会集体合同部. 全国工会工资集体协商培训教材［M］. 北京：中国工人出版社，2011.

［22］任小平. 会计信息与工资集体协商［M］. 北京：电子工业出版社，2008.

［23］石先广. 劳动合同法下的企业规章制度制定与风险防范［M］. 北京：中国劳动社会保障出版社，2008.

［24］宋湛. 集体协商与集体合同［M］. 北京：中国劳动社会保障出版社，2008.

［25］宋湛，詹婧. 企业员工关系管理文案全程指引［M］. 北京：首都经济贸易大学出版社，2010.

［26］唐鑛. 战略劳动关系管理［M］. 上海：复旦大学出版社，2011.

［27］唐鑛，嵇月婷. 集体协商与集体谈判［M］. 北京：中

国人民大学出版社，2019.

［28］唐鑛，刘兰. 劳动合同管理［M］. 大连：东北财经大学出版社，2015.

［29］唐鑛，汪鑫. 企业劳动关系管理基础［M］. 大连：东北财经大学出版社，2015.

［30］唐鑛，杨振彬. 人力资源与劳动关系管理［M］. 北京：清华大学出版社，2017.

［31］田辉. 员工关系管理［M］. 上海：复旦大学出版社，2015.

［32］王桦宇. 劳动合同法实务操作与案例精解：增订 7 版［M］. 北京：中国法制出版社，2017.

［33］王全兴. 劳动合同法条文精解［M］. 北京：中国法制出版社，2007.

［34］王振麒. 劳动人事争议处理［M］. 上海：复旦大学出版社，2011.

［35］肖胜方. 劳动合同法下的人力资源管理流程再造［M］. 北京：中国法制出版社，2016.

［36］信春鹰. 中华人民共和国劳动争议调解仲裁法释义［M］. 北京：法律出版社，2008.

［37］薛丁齐. 职工代表与职工代表大会操作指南［M］. 北京：中央文献出版社，2012.

［38］杨鼎家. 新编职工民主管理工作培训教程［M］. 北京：中国言实出版社，2011.

［39］杨志明. 劳动关系［M］. 北京：中国劳动社会保障出版社，2012.

［40］张建国，徐微. 集体协商的策略与技巧［M］. 北京：中国友谊出版公司，2016.

［41］张健明，王宇熹，尹乃春. 劳动标准与劳动监察：政策与实务［M］. 北京：北京大学出版社，2008.

［42］郑桥. 劳资谈判［M］. 北京：中国工人出版社，2003.

[43] 赵应文. 工资集体协商 [M]. 北京：研究出版社，2011.

[44] 卡茨，科钱，科尔文. 集体谈判与产业关系概论 [M]. 李丽林，吴清军，译. 大连：东北财经大学出版社，2010.

[45] 孙瑜香，李天国. 新中国成立 70 年我国劳动人事争议处理制度的演变、成就与经验 [J]. 中国劳动，2019（10）：16-31.

[46] 张胜辉. 希克斯工资谈判模型对我国工资集体协商的启示 [J]. 职大学报，2009（4）：111-113.